Das Buch

Eine alte Frau wird missbraucht und ermordet in ihrem Laden gefunden. Der Verdacht fällt auf ihren größten Schuldner – doch der erste DNA-Test in Deutschland entlastet ihn. Erst Jahrzehnte später geben Forschung und das Profiling dem Fall eine überraschende Wende.

Eine Frau und ihre beiden Kinder werden getötet. Der Ehemann hat scheinbar kein Motiv. Oder etwa doch?

Wenn alle herkömmlichen Ermittlungsmethoden versagen und die Kommissare neue Ideen brauchen, dann landen die Fälle auf dem Schreibtisch von Axel Petermann. Petermann war stellvertretender Leiter im Kommissariat für Gewaltverbrechen und ist jetzt Tatortanalytiker, ein sogenannter Profiler. Er wertet die Spuren vom Tatort aus, rekonstruiert aus vielen Mosaiksteinen das Tatgeschehen und erstellt daraus ein detailliertes Täterprofil. Axel Petermann berichtet Schritt für Schritt von seinen Ermittlungen, zusammen mit dem Profiler taucht der Leser ein in die bizarre Realität der Täter. Authentische Fälle – hautnah und hochspannend erzählt.

Der Autor

Axel Petermann ist Kriminalkommissar und Tatortanalytiker. Petermann arbeitet seit mehr als 30 Jahren bei der Bremer Kriminalpolizei und hat in über 1 000 Fällen ermittelt. Er leitet die Dienststelle *Operative Fallanalyse*, lehrt Kriminalistik, veranstaltet eine interdisziplinäre Fachtagung für Gewaltverhalten und berät die Redaktion *Tatort*.

AXEL PETERMANN
mit Lothar Strüh

AUF DER SPUR DES
BÖSEN

EIN PROFILER BERICHTET

Ullstein

Die in diesem Buch geschilderten Fälle entsprechen den Tatsachen. Alle Namen der genannten Personen und Orte des Geschehens wurden anonymisiert. Etwaige Übereinstimmungen oder Ähnlichkeiten wären rein zufällig.

Besuchen Sie uns im Internet:
www.ullstein-taschenbuch.de

Dieses Taschenbuch wurde auf FSC-zertifiziertem Papier gedruckt.
FSC (Forest Stewardship Council) ist eine nichtstaatliche,
gemeinnützige Organisation, die sich für eine ökologische und
sozialverantwortliche Nutzung der Wälder unserer Erde einsetzt.

Originalausgabe im Ullstein Taschenbuch
1. Auflage Juni 2010
4. Auflage 2010
© Ullstein Buchverlage GmbH, Berlin 2010
Umschlaggestaltung: HildenDesign, München
Titelabbildung: © Hans Scherhaufer
Satz: KompetenzCenter, Mönchengladbach
Gesetzt aus der Berkeley
Papier: Pamo Super von Arctic Paper Mochenwangen GmbH
Druck und Bindearbeiten: CPI – Ebner & Spiegel, Ulm
Printed in Germany
ISBN 978-3-548-37325-6

»Das Entscheidende sind die Details. Wenn man sie übersieht, ist man verloren; wenn man nicht versteht, worauf man da schaut, wird man es sowieso nicht erkennen. Es ist wie bei der Besichtigung eines altägyptischen Grabraums: Man sieht, dass die Wände voller Hieroglyphen sind. Wenn man die Sprache, die Syntax und die Grammatik kennt, vermag man die Botschaften zu lesen und mehr über die Menschen zu erfahren, die das Grab erbaut haben. Doch wer die Schrift nicht zu lesen vermag, für den sind die Reliefs einfach bloß schöne Bilder an der Wand und ohne jede Bedeutung; oder schlimmer noch, er wird sie falsch deuten und zu völlig unsinnigen Schlüssen kommen.«

Paul Britton: *Das Profil der Mörder*

Inhaltsverzeichnis

Vorwort 9

Torso
Wer verstümmelt eine Leiche? 20

Serienmord: Muster gültig
Wie werden Phantasien tödlich? 81

Bei Ankunft Mord
Blutiges Geheimnis im Zugabteil 140

Die Früchte der Forschung
Späte Gerechtigkeit 189

Beziehungstod
Was heißt hier böse? 240

Vorwort

Ich weiß nicht, was das Böse ist, auch wenn sich seit 1970 in meinem Beruf nahezu alles um Mord und Totschlag, Opfer und Täter, Schuld und Sühne dreht: zunächst in verschiedenen Positionen in der Mordkommission und seit 1999 als Fallanalytiker – als sogenannter Profiler.

Der Erste, der mir beibringen wollte, was das Böse ist, war ein Pastor. Es war märchenhaft, wie gut er sich mit Paradies, Sündenfall, Hölle und Teufel auskannte. Ich habe aber schon damals nicht an Märchen geglaubt. Als wir später in der Schule *Faust* durchnahmen, versuchte unser Lehrer uns klarzumachen, dass Goethe an Mephisto zeigt, was das Böse ist, »das Böse schlechthin«. Aber auch das überzeugte mich nicht. Für mich bleibt Mephisto die literarische Neuauflage des Teufels aus dem Konfirmandenunterricht, ein Böser, der mit den Bösen der Wirklichkeit nicht viel zu tun hat. Viele Jahre später habe ich meinen Lehrer wiedergetroffen. Er wollte wissen, was ich beruflich mache. Ich antwortete wahrheitsgemäß: »Ich bin Kriminalkommissar in der Mordkommission.« »Ah, auf der Spur des Bösen!«, sagte er prompt.

Sie werden sich wundern, aber als ich 1970 als junger Eleve zur Bereitschaftspolizei ging, war mir nicht bewusst, dass sich mein weiteres berufliches Leben fast ausschließlich um Mord und Totschlag drehen würde. Mit meinem Pilzkopf passte ich so gar nicht in das Bild des typischen Polizeibeamten, und mein Anliegen bestand damals auch vornehmlich darin, keinen Wehrdienst ableisten zu müssen – denn als Polizist war ich davon befreit. Als mich jedoch später mein Kriminalistikdozent – ein früherer Leiter der Mordkommission – mit seinen differenzierten Berichten von wahren Morden aus Bremen fesselte, reifte schnell mein Entschluss: Ich wollte auch Mordermittler werden.

Heute kann ich gar nicht mehr genau sagen, was mich damals so sehr an dieser Vorstellung reizte: War es meine jugendliche Begeisterungsfähigkeit? Die Faszination und das Unerklärbare des Verbrechens? Die Suche nach der Wahrheit? Vielleicht von allem ein bisschen. Wenige Jahre später und nach weiteren Ausbildungsschritten war ich dann tatsächlich in der Mordkommission angekommen. Eine Entscheidung, die ich nie bereut habe, denn einen selbständigeren, einen verantwortungsvolleren und abwechselungsreicheren Beruf kann ich mir nicht vorstellen – auch und gerade weil er sich fast immer mit den Abgründen des menschlichen Verhaltens beschäftigt.

Meinen Lehrer habe ich nicht gefragt, wie er das mit der Spur des Bösen gemeint hat. Ich bin auch nicht sicher, ob ich eine befriedigende Antwort erhalten hätte. Eine vage Vorstellung davon hat sicher jeder, aber wer käme nicht ins Stottern, wenn er erklären sollte, was genau das Böse eigentlich ist oder wie es entsteht.

Zum Glück muss ich diese Frage auch nicht klären, ich käme gar nicht mehr dazu, meine Arbeit zu machen. Lieber halte ich mich an einen Satz, der weder besonders philosophisch ist noch pastoralen oder pädagogischen Tiefsinn enthält: »Das Gute ist, dass das, was das Böse ist, im Strafgesetzbuch steht.« Nur ein Satz aus der Sprüchesammlung der Kriminalpolizei, aber eine gute und klare Arbeitsgrundlage – vorausgesetzt, man lebt und arbeitet in einem demokratischen Rechtsstaat.

Das deutsche Strafgesetzbuch gibt sich mit einer Schwarzweißbetrachtung von Gut oder Böse nicht zufrieden. Unser StGB verbindet die spezielle Art eines Tötungsdelikts jeweils mit einem besonderen Strafmaß. Das Strafmaß für einen Mord fällt höher aus als das für einen Totschlag. Auch bei den Tatmotiven sieht das Strafgesetzbuch dann noch einmal sehr genau hin. Es bewertet den Mörder, der seine Tat aus Habgier begangen hat, anders als denjenigen, der seinen Peiniger auf die gleiche Art und Weise tötete. Schlicht gesagt: Das Gesetz unterscheidet zwischen mehr oder weniger böse. Und die Staatsanwälte, die bei Tötungsdelikten die Anklage vertreten, erwarten von mir, dass ich ihnen die

Möglichkeit gebe, das Mehr und Weniger beurteilen zu können. Genau darin bestand und besteht meine Arbeit, als Mordermittler wie als Fallanalytiker: präzise Aussagen über Opfer, Täter, Tathergang, Tatumstände und Tatmotiv zu machen.

In Deutschland werden seit Jahren konstant zwischen neunzig und fünfundneunzig Prozent aller Tötungsdelikte in sehr kurzer Zeit aufgeklärt – oft bereits noch am selben Tag. Häufig sind es Beziehungsdelikte; die Täter stammen zumeist aus dem Kreis der Bekannten und Verwandten des Opfers. Dabei hinterlassen die Täter am Tatort materielle Spuren, die inzwischen sehr viel leichter gelesen werden können als früher: Blut, Speichel, Sperma. Es sind besonders die Biologie mit ihren scheinbar unbegrenzten Möglichkeiten bei der DNA-Analyse und die moderne Rechtsmedizin, die helfen, Mördern und anderen Gewalttätern schneller auf die Spur zu kommen. Zum Beispiel reichen heute bereits winzige Mengen von biologischen Spuren, um einen Täter zu identifizieren.

Aber was ist mit den Fällen, bei denen trotz umfangreicher Ermittlungen und den ständig verbesserten wissenschaftlichen Methoden diese materiellen Spuren der Tat zwar ausgewertet, die Taten dennoch nicht aufgeklärt werden können? Tötungsdelikte, bei denen es keine Beziehung zwischen Opfer und Täter zu geben scheint und manchmal auch das Verhalten des Täters bizarr und unerklärbar wirkt, so dass ein Motiv auf den ersten Blick nicht zu erkennen ist.

Bevor ich Sie allerdings in diese Fälle hineinziehe, noch ein paar grundsätzliche Anmerkungen zu einem wichtigen Thema: der Beziehung zwischen den Beamten der Mordkommission und den Fallanalytikern.

Mordkommissionen arbeiten bei ungeklärten Fällen unter extremem Stress: hohe eigene Ansprüche, interner und externer Druck. Klar, es gibt einen Tatort und eine Leiche und somit auch eine Vielzahl von objektiven Spuren. Doch manchmal muss das Opfer erst mühsam identifiziert werden, und die Ermittler verbringen viel Zeit damit, durch Zeugenbefragungen und Recherchen Hinweise zur Opferpersönlichkeit zu sammeln. Zudem kann die Auswertung der Spuren Tage, manchmal auch Wochen dauern. Trotzdem arbeitet die Mordkommission von der ersten Minute an »auf der Spur«: Das heißt, jedem Hinweis muss nachgegangen werden – obwohl das Bild der Tat nur unvollständig ist und manchmal noch das Verständnis für den Fall fehlt. Zwar kursieren in der Mordkommission viele Erklärungsmodelle, doch ob das richtige dabei ist, bleibt häufig unbeantwortet. Ich jedenfalls habe es oft erlebt, dass für eine analytische Aufarbeitung des Deliktes bei der »Arbeit auf der Spur« schlichtweg keine Zeit blieb.

Für solche Konstellationen ist der Einsatz von externen Fallanalytikern gedacht. Weil sie eben nicht in das

Tagesgeschäft des Morddezernats eingebunden sind, haben sie mehr Zeit, Zusammenhänge zu ergründen, Theorien zu entwickeln und Profile zu erstellen.

Das Ergebnis der Analyse mündet dann in Ermittlungsempfehlungen, die von der Mordkommission umgesetzt werden können, aber nicht müssen. Damit dieses jedoch geschieht, muss ich als Fallanalytiker durch die Analyse und durch die anschließende Präsentation derselben vor der Mordkommission zunächst für meine Überlegungen werben. Aber sind Ermittler, die lange an einem Fall gearbeitet haben, auch tatsächlich bereit, von ihren Vorstellungen abzurücken und neue Ideen zu akzeptieren?

In meiner Zeit als Mordermittler war ich froh über externe Meinungen. Über den Tellerrand zu schauen und Experten anderer Disziplinen zu befragen und deren Einschätzungen zu berücksichtigen, gehörte für mich von Anfang an zum professionellen Arbeiten dazu. Als Fallanalytiker erhoffe ich mir eine solche Einstellung natürlich auch von den Mordermittlern, die ich mit meiner Arbeit unterstützen soll. Wenn ein Kommissar Fallanalytiker jedoch für praxisferne Theoretiker hält, habe ich kaum eine Chance, mit meinen Einschätzungen zu ihm durchzudringen.

Umgekehrt hängt es aber auch von meiner Sorgfalt, von meinem Verständnis für die anders gelagerte Arbeit eines Mordermittlers und der Durchführbarkeit meiner Vorschläge ab, ob die Resultate angenommen werden und es zu einer fruchtbaren Zusammenarbeit kommt. Ein Profiler, der sich wegen seiner intensiven Studien überlegen fühlt und das sein Gegenüber spüren lässt, wird zu Recht nicht ernst genommen.

Bei der Argumentation hilft mir tatsächlich nur die genaue Analyse des Täterverhaltens und die Beantwortung der Frage, warum hat der Täter so gehandelt und nicht anders – das sogenannte Profiling. Wer war das Opfer, und welche Sequenzen des Verbrechens waren für den Täter besonders wichtig?

Doch bei dieser Arbeit ist Vorsicht geboten. Nicht immer sind die Spuren einfach zu deuten. Wenn der Täter bei der Tat seine individuellen Bedürfnisse, Gefühle und Phantasien auslebt, ähneln sich die Spuren der unterschiedlichen Verbrechen – obwohl jeder Täter aus seiner ihm eigenen Motivation Entscheidungen trifft. Die Interpretation dieser Spuren gleicht daher manchmal dem Gang durch ein Labyrinth, denn den wahren Grund für seine Handlung kennt nur – wenn überhaupt – der Täter allein.

Manchmal hilft mir schon allein die Feststellung, dass ein bestimmtes, für den Täter besonders bedeutendes Verhalten vorliegt, um eine Ermittlungsrichtung vorzuschlagen.

Und noch einen Aspekt muss ich bei meiner Arbeit berücksichtigen: Entscheidend ist nicht nur die Betrachtung des einzelnen Details, sondern es ist die Gesamtheit der Spuren.

Profiling wurde in den USA schon professionell praktiziert, als der Begriff in Deutschland noch nicht einmal richtig bekannt war. Das deutsche Profiling ist die Geschichte des verspäteten Imports einer kriminalistischen Methode aus den USA. Bereits Mitte der siebziger Jahre des letzten Jahrhunderts begannen Mitarbeiter des FBI im Nationalen Analysezentrum für Verhaltensforschung (National Center for the Analysis of Violent Crime), Morde zu untersuchen, bei denen die Täter außergewöhnliches und für die Kriminalisten nicht erklärbares Verhalten gezeigt hatten wie Verstümmelungen, degradierendes Ablegen der Leichen, exzessive Gewalt.

Erste Antworten gaben Interviews von sechsunddreißig verurteilten Serienmördern, die erklärten, weshalb sie nach bestimmten Mustern getötet und welche Tatmotive sie dabei angetrieben hatten. 1999 begann auch ich mich – mittlerweile war ich stellvertretender Leiter des Kommissariates für Gewaltdelikte – für diese Methode zu interessieren: Hieß bis dahin mein kriminalistischer Ansatz: »Wer hat das getan?«, fragte ich mich jetzt: »Welche Bedeutung hat bestimmtes Täterverhalten?«

Mich faszinierte auch die Vorstellung, dass es durch die Bewertung dieses Verhaltens auf einmal möglich sein sollte, nicht nur das Tatgeschehen zu rekonstruieren, sondern auch das Motiv des Täters zu bestimmen und sein psychologisches Profil zu erstellen, das – fingerabdruckgleich – seine Persönlichkeit beschreiben könnte. Heute weiß ich, dass dieser Ansatz, auch wenn er nicht alle meine Erwartungen erfüllen konnte, prinzipiell richtig ist.

Als Fallanalytiker gehe ich davon aus, dass es an jedem Tatort Spuren gibt, aus denen sich ein Bild vom Täter erstellen lässt, ein Profil. Ein kriminalistischer Ansatz, der im Laufe der Jahre für mich immer größere Bedeutung bekam: die Auseinandersetzung mit der Frage, was genau ist bei einem Verbrechen passiert und warum gerade in dieser Form?

Dass in Deutschland rund neunzig Prozent aller Tötungsdelikte eher schnell aufgeklärt werden, bedeutet nicht, dass es bei den übrigen Fällen dann eben nur ein bisschen länger dauert. Sondern es bedeutet vor allem, dass nicht alle Fälle gelöst sind, zumindest noch nicht. Etwas zugespitzt kann ich sagen, dass es zu den wichtigsten Aufgaben von Profilern gehört, unlösbare Fälle zu lösen.

Wie versuchen wir das? Wir bearbeiten einen Fall auch dann noch, wenn wir ein Opfer, aber keine unmittelbar Verdächtigen haben – und nur einen einzigen Zeugen, der zudem stumm ist: den Tatort. Den analysieren wir sehr viel differenzierter und operativer, als dies vorher in der Geschichte der deutschen Kriminalistik üblich war. Aber daran arbeiten wir Fallanalytiker nicht allein: Rechtsmediziner, Psychologen, Psychiater und Experten auf unterschiedlichsten Gebieten und für unterschiedlichste Milieus unterstützen uns bei dieser Aufgabe, so dass sich nach und nach ein vielschichtiges, ein interdisziplinäres Bild des Tatgeschehens ergibt und das Profil des Täters aus mehreren Perspektiven bewertet wird. Das gehört für mich zum professionellen Arbeiten. Die Tätersuche ist definitiv keine One-Man-Show.

In diesem Buch berichte ich in fünf Kapiteln über meine kriminalistische Arbeit – teils als Mordermittler, teils als Fallanalytiker – an zwölf Verbrechen aus meiner beruflichen Praxis, alte Fälle aus den Anfängen meiner Arbeit und neuere. Selbstverständlich sind Namen, Zeiten und Orte geändert, um die Anonymität der Betroffenen zu wahren. Aber ich habe der Versuchung widerstanden, den Unterhaltungswert der geschilderten Fälle zu steigern, indem ich sie ausschmücke oder etwas hinzuerfinde. Ebenso wenig verschweige ich Irrwege, falsche Ermittlungsresultate oder persönliche Unsicherheiten. Denn all das gehört zu meiner Arbeit. Ich will mich hier schließlich nicht zum unfehlbaren »Star-Profiler« stilisieren, sondern Ihnen einen ungeschönten Blick hinter die Kulissen der Ermittler- und Profiling-Realität ermöglichen. Überhaupt will ich so wenig wie möglich zwischen den Fällen und Ihnen stehen. Möchte Sie stattdessen durch eine detailreiche und lebendige Beschreibung der Tatumstände sowie der handelnden Personen in meine Gedanken und Rückschlüsse bei den Ermittlungen und bei der Skizzierung von Täterprofilen einbeziehen. Immerhin geht es um ein ebenso wichtiges wie komplexes Thema: das menschliche Verhalten.

Dass Sie nach der Lektüre des Buches allerdings wissen, was das Böse ist, halte ich für unwahrscheinlich. Ich fürchte, es wird eher komplizierter ...

Axel Petermann im März 2010

Torso

Wer verstümmelt eine Leiche?

Das neue Jahr hat gerade begonnen, als mehrere Schuljungen in der Mittagszeit auf dem Hof ihrer Schule im Bremer Westen Fußball spielen. Einer von ihnen schießt neben das Tor. Der Ball rollt in die Nähe zweier großer Mülltüten. Doch die sehen gar nicht aus wie normale volle Müllsäcke. Stattdessen erinnern ihre Konturen an die eines menschähnlichen Körpers. Vielleicht eine Schaufensterpuppe? Die Jungen sind neugierig, wollen es genauer wissen. Was sie beim Nähertreten erblicken, lässt sie erstarren. Es ist keine Puppe, sondern der nackte und verstümmelte Körper einer Frau. Die Leiche hat weder einen Kopf noch Hände und Füße.

Ich weiß nicht, wie lange die Jungen so dastanden und voller Entsetzen ihren grausigen Fund anstarrten. Doch einer von ihnen schaffte es irgendwann, zum Hausmeister der Schule zu rennen. Der ließ sich den Fund zeigen und wählte sofort die Nummer der Polizei. Die Notrufzentrale schickte einen Streifenwagen, wenig später sperrten zwei Beamte den Fundort ab, notierten die Personalien der Kinder und des Hausmeisters und informierten die Kriminalbereitschaft, die auch Kriminaldauerdienst (KDD) heißt. Die wiederum benachrichtigte Rechtsmedizin, Staatsanwaltschaft und Erkennungsdienst (ED). Und natürlich die Mordkommission (MK). So landete der Fall vor über fünfundzwanzig Jahren bei mir.

Ich arbeitete damals erst seit etwa drei Jahren in der Mordkommission. Es war mein erster großer Fall, den ich als sogenannter Hauptsachbearbeiter übertragen bekam. Allerdings hatte ich schon einige Erfahrungen bei der Bearbeitung von Tötungsdelikten sammeln können, denn damals hatten wir in Bremen zwischen fünfzehn und zwanzig Fälle im Jahr. Häufig traten sie nach Streitigkeiten innerhalb einer Familie oder Partnerschaft oder nach Alkohol-Exzessen auf.

An jenem besagten Tag wollte ich eigentlich freimachen, doch daraus wurde nichts: Ich musste zum Leichenfundort, um mir aus nächster Nähe ein Bild zu machen und erste Ansätze für die Ermittlung zu finden. Mit meinem Wagen fuhr ich zum inzwischen weiträumig abgesperrten Tatort. Der Fund des Torsos hatte sich bereits wie ein Lauffeuer herumgesprochen. Zahlreiche Schaulustige und Pressevertreter hofften hinter der Absperrung auf Sensationen und neue Informationen. Der Gerichtsmediziner war schon vor Ort und wartete darauf, die Leiche untersuchen zu können. Die Spuren-

sucher fotografierten die verstümmelte Tote, den Fundort und die nähere Umgebung. Meine Kollegen der MK
hatten damit begonnen, Bewohner der angrenzenden
Häuser nach auffälligen oder verdächtigen Beobachtungen der letzten Zeit zu befragen.

Kaum dass ich aus dem Wagen gestiegen war, informierte mich ein Kollege über den Sachstand. Anschließend nahm ich den Torso selbst in Augenschein.
Womöglich ließen meine Beobachtungen bereits Rückschlüsse auf den Täter zu.

Ein Täter trifft ständig Entscheidungen. Das beginnt bei
der Tatplanung, der Auswahl des Opfers, des Tatortes,
der Tatzeit, der Tatwaffe, der Form der Tötung und endet
mit der Ablage der Leiche. Ich wusste aus eigener Erfahrung, dass sich die meisten Täter nach der Tötung nicht
mehr um die Leiche kümmern: Sie lassen sie am Tatort
zurück und denken häufig nur an Flucht. Andere Täter,
die mir bei meinen Ermittlungen begegnet waren, hatten
sich hingegen auf unterschiedliche Art und Weise mit
der Leiche beschäftigt: sie zum Beispiel abgedeckt, sich
an ihr sexuell vergangen, Gegenstände in Körperöffnungen eingeführt oder sie auch manchmal vom Tatort ab-
transportiert und an einem anderen Ort abgelegt oder
versteckt. Schon ein erster Blick auf die Szenerie verriet
mir Folgendes:

Unser Täter hatte sich mit dem Verstecken seines
Opfers keine große Mühe gegeben und den Torso keine

20 Meter von einer Straße entfernt auf der Zufahrt zur Schule abgelegt. Hatte offensichtlich nicht einmal den Versuch unternommen, die Leiche auch nur ansatzweise zu verbergen. Lange konnte der Torso dort nicht gelegen haben, denn die Schule befand sich mitten in einem Wohngebiet, und auf dem Hof lagen abgebrannte Feuerwerkskörper der Silvesternacht. Diese Vorgehensweise des Täters deutete darauf hin, dass er in großer Eile gehandelt hatte. Wie und wo er die Leiche ablegte, war ihm nicht wichtig gewesen. Wichtig war für ihn nur, dass die Tote nicht dort bleiben konnte, wo er sie getötet hatte.

Der Torso der Frau steckte in zwei großen blauen Plastiksäcken, die jeweils einzeln über die Schultern bzw. die Beinstümpfe der Toten gezogen waren. Die Plastiksäcke waren herkömmliche Massenware, wie sie in jedem Supermarkt oder Baumarkt verkauft werden, weshalb sie uns keine speziellen Ermittlungsansätze boten.

Heftiger Wind hatte die Beutel aufgeweht, so dass der verstümmelte Körper zu sehen war. Auch mussten die Säcke längere Zeit im Regen gelegen haben, da sich auf ihnen fast ein Liter Wasser angesammelt hatte. Diese Feststellung war ein erster Ansatz, um den Zeitpunkt der Leichenablage zu bestimmen. Ich rief später vom Büro beim Wetteramt an und erfuhr, dass es am Vortag ab 18.10 Uhr bis in die Nacht um 2.20 Uhr stark geregnet hatte. Danach war es trocken geblieben.

Den Anblick von Toten war ich gewohnt, doch einen

solchen verstümmelten und geschändeten Frauenkörper hatte ich noch nie gesehen. Obwohl ich gespannt auf den Anblick der Toten war und alle Details sehen wollte, musste ich an das Leid des Opfers denken und mich überwinden, genauer hinzusehen. Es drängten sich mir sofort die Fragen auf: »Wer tut so was?« und »Warum muss der Täter die Ermordete auch noch so zurichten?«. Heute würde ich eine solche Nähe nicht mehr zulassen, nach über dreißig Jahren als Ermittler, Mordkommissionsleiter und Fallanalytiker kann ich inzwischen vieles ausblenden und mich einfach auf die Fakten konzentrieren.

Ich beugte mich über die Leiche und sah ein Bild der Zerstörung. Der Kopf der Toten fehlte; Brüste und Schambereich waren herausgeschnitten. Von Hals, Armen und Beinen waren nur noch Stümpfe vorhanden. An dem, was von ihrem Hals übrig war, zeichneten sich deutlich Kratzer und Hämatome ab. Vermutlich war die Frau erwürgt worden.

Das Ergebnis der Spurensuche war enttäuschend: Die Beamten des Erkennungsdienstes konnten keine weiteren Spuren sichern, die vom Täter stammten: keine Zigarettenkippen, keine weggeworfenen Gegenstände, keine Reifen- oder Schuhspuren im feuchten Boden. Sofern es Letztere gegeben hatte, waren sie durch den heftigen nächtlichen Regen vernichtet worden. Auch die Durchsuchung des Schulgeländes verlief erfolglos. Weder die fehlenden Körperteile der Toten noch Kleidungsstücke oder persönliche Gegenstände wurden gefunden.

Damit befand sich unsere Mordkommission gleich in dreifacher Hinsicht in einer schlechten Ausgangslage für die Aufklärung des Verbrechens:

- Wir hatten nur einen Leichenfundort, kannten also den Tatort nicht.
- Die Leiche war verstümmelt, was die Identifizierung erheblich erschwerte.
- Es gab keine Gegenstände, die uns bei der Identifizierung des Opfers und der Suche nach dem Täter hätten weiterhelfen können.

Was wir hatten, war eine Leiche ohne Kopf, Hände und Füße, die zudem in Brust- und Schambereich verstümmelt war.

Solche extremen Verstümmelungen von Leichen geschehen sehr selten, nicht nur in Bremen, sondern überall auf der Welt. Ich selbst habe in drei Jahrzehnten nur fünf Fälle bearbeitet.

Wenn Täter einen Menschen oder eine Leiche verstümmeln, tun sie das nie zufällig. In allen Fällen ist es ein spezielles Bedürfnis oder ein innerer Drang, der sie dazu treibt. Das hat auch Auswirkungen auf die Ermittlungen. So muss außer dem Tatmotiv auch das Motiv zur Verstümmelung geklärt werden.

Der hier beschriebene Fall soll Ihnen ein detailreiches Bild vermitteln, wie in einem solchen Fall die Tätersuche verläuft. Dabei werden Sie auch Zeuge einer ausführlichen Vernehmung werden und quasi mit im Gerichtssaal sitzen. Denn auch die Bewertungen durch Gutachter und Richter gehören zum Gesamtbild. Erst alles zusammen zeigt, wie komplex die Bearbeitung jedes einzelnen Verbrechens ist. Und was vereinfacht gern als »das Böse« bezeichnet und verurteilt wird.

Ein Fundort ohne sichtbare Täterspuren und ein Opfer ohne Kopf und damit auch ohne ein Gesicht, von dem wir Fotos hätten machen und herumzeigen können – das hieß: Für erste Hinweise auf die Identität des Opfers und die Motivation des Täters mussten wir die rechtsmedizinische Untersuchung abwarten. Die Obduktion sollte unter anderem klären, welche Verletzungen und Verstümmelungen der Täter seinem Opfer konkret zugefügt hatte und wann sie entstanden waren: bereits zu Lebzeiten, also *vital*, oder erst nach dem Tode, also *postmortal*. Ich hoffte, die Antworten auf diese Fragen würden dazu beitragen, die Gründe für die Verstümmelung zu erkennen.

Aber zunächst richtete ich mein Augenmerk auf die Klärung der Todesursache und die Identifizierung der ermordeten und verstümmelten Frau. Also ließ ich den Torso vom Fundort durch ein Beerdigungsinstitut in die Pathologie transportieren. Hier begann ein Rechtsmediziner in meinem Beisein die Tote zu obduzieren:

Die Frau hatte tatsächlich Würgemale am Hals, Einblutungen im Bereich der Schilddrüse sowie überblähte Lungenflügel. Diese Befunde sprachen für einen Tod durch Erwürgen.

Die Wundränder an den Stümpfen sahen aus, als wären Kopf und Gliedmaßen laienhaft mit einer Feinsäge amputiert worden. Bei einer späteren mikroskopischen Untersuchung konnten wir erkennen, dass der Täter bis zu vierzigmal pro Knochen das Werkzeug ansetzen musste, bis es ihm endlich gelang, ihn durchzusägen.

Und noch eine Besonderheit wurde sichtbar: Das Abschneiden des Kopfes schien dem Täter nicht leichtgefallen zu sein. Zahlreiche oberflächliche und parallel verlaufende Schnitte am Hals des Opfers zeigten, dass der Täter gezögert haben musste, bevor er den Kopf abtrennte. Solche vorsichtigen Versuche werden als Probierschnitte bezeichnet. Damit dokumentierte der Täter nach meiner Einschätzung seine Unsicherheit. So kenne ich es auch von Selbstmördern, die sich zunächst eher zaghaft und oberflächlich an den Hals- oder Handgelenksgefäßen verletzen, bevor sie sich die finalen und tödlichen Schnitte oder Stiche zufügen.

Auch die Brüste und die äußeren Geschlechtsorgane seines Opfers hatte der Täter nicht verschont. Diese hatte er mit einem scharfen Messer sehr sauber und vollständig herausgeschnitten.

Neben den beschriebenen Verstümmelungen hatte der Täter die Frau noch weiter verletzt:

Dort, wo sich ursprünglich die rechte Brust befand, hatte er einmal mit dem Messer zugestochen. Auch Unterbauch und linker Oberschenkel wiesen jeweils eine Stichverletzung auf. Während bei den Stichverletzungen im Oberkörper nicht geklärt werden konnte, ob sie dem Opfer vor oder nach dem Tod zugefügt worden waren, ließen sich alle anderen Verletzungen als postmortal bestimmen.

Außerdem hatte sich der Täter sexuell an seinem Opfer vergangen: Verletzungen am After deuteten auf eine Penetration mit einem stumpfen Gegenstand hin, in der Vagina der Toten fand der Obduzent Spermien. Ob der Geschlechtsverkehr vor oder nach der Tat stattgefunden hatte, konnten Obduktion und Laboruntersuchung der Spermien nicht klären.

Nachdem die Todesursache ermittelt war, ging es jetzt bei der Obduktion darum, körperliche Merkmale zur Identifizierung der Frau zu finden. Denn wie bei allen Tötungsdelikten galt: Sobald ich wusste, wer die verstümmelte Frau war, konnten weitere Ermittlungen die wichtigen Fragen beantworten: Wo hat sie gelebt? Wie waren ihre persönlichen und familiären Verhältnisse? Wann und wo war sie zuletzt gesehen worden? Wie hatte sie ihre Freizeit verbracht?

Antworten auf diese Fragen liefern bei Mordermittlungen zum einen Verwandte, aktuelle oder ehemalige Sexualpartner und Freunde, Bekannte, Kollegen oder Geschäftspartner. Sehr häufig ist der Täter oder die Täterin unter diesen zu finden. Zum anderen kann uns das Wissen über die Aufenthaltsorte des Opfers aber auch weiterhelfen, falls das Verbrechen von einem vollkommen Fremden begangen wurde. Denn der Ort, an dem ein Verbrechen begann, gibt uns natürlich auch Aufschluss über den Täter.

Zu diesem Zeitpunkt der Ermittlung hoffte ich darauf, dass es gelingen würde, eine Täter-Opfer-Beziehung herzustellen. Ansonsten mussten wir mit vielen Hinweisen auf potenzielle Täter rechnen. Da läge dann der Vergleich mit der berühmten Nadel im Heuhaufen nahe.

Nach der Obduktion stand fest: Die Frau war etwa fünfzig Jahre alt geworden, hatte nie ein Kind entbunden und war auffällig klein: nur etwa 145 cm groß, buckelig und dabei relativ dick. Die geringe Körpergröße erklärte sich durch eine Verkrümmung ihrer Wirbelsäule. Und noch ein weiteres auffälliges Merkmal stellte der Rechtsmediziner am Torso fest. Ihre stark vergrößerte Schilddrüse hatte einen auffälligen Kropf gebildet.

Das Ergebnis der Obduktion ließ uns auf eine schnelle Identifizierung des Opfers hoffen. Eine solche eher ungewöhnliche Erscheinung musste doch jemandem aufgefallen sein. Und so war es auch. Bereits die ersten Nachfragen meiner Kollegen in Gaststätten in der Nähe des Torso-Fundortes waren erfolgreich. Mehrere Inhaber und Gäste von Lokalen meinten nach der Beschreibung die 50-jährige Sozialhilfeempfängerin Agnes Brendel zu erkennen.

Agnes Brendel galt in der Kneipenszene als lebens-
lustige, gesellige Frau, die gerne trank, aber nur selten
eigenes Geld hatte. Wegen ihrer kauzigen Art und ihres
ungewöhnlichen Aussehens galt sie in ihrem Stadtteil
und den Gaststätten als Original. Zwar war sie in den
letzten Tagen nicht mehr gesehen worden, hatte zuvor
aber regelmäßig verschiedene Lokale besucht. Das passte
zu dem mir inzwischen vorliegenden toxikologischen
Untersuchungsergebnis, waren bei der Toten doch 2,7
Promille Blutalkohol nachgewiesen worden. Als sie
starb, musste sie im Vollrausch gewesen sein.

Bei allen Mordermittlungen wie auch in der Fallanalyse
spielt das Opfer immer eine große Rolle. Deshalb muss
bei beiden Ansätzen immer nach der Opferpersönlichkeit gefragt werden. Denn es geht auch darum, ob das
Opfer vom Täter gezielt ausgesucht wurde oder einfach
nur das Pech gehabt hatte, zur falschen Zeit am falschen
Ort zu sein. Zu Agnes Brendel konnte ich also sagen,
dass sie gerne und viel trank. Genauer gesagt: Sie war
Alkoholikerin, und die von ihr frequentierten Kneipen
hatten nicht den besten Ruf. Die Umschreibung »gesellige Frau« besagte auch, dass sie häufig Kontakte mit
Männern hatte und bei der Wahl ihrer spontanen Intimpartner anscheinend nicht sehr wählerisch gewesen war.

Für unsere Ermittlungen bedeuteten diese Auskünfte,
dass der Täter ganz schnell und einfach mit Agnes Brendel Kontakt aufnehmen konnte. Ein oder zwei spen-

dierte Biere dürften ausgereicht haben, um ihr Interesse zu wecken.

Agnes Brendel wohnte gemeinsam mit ihrem langjährigen, jüngeren Lebensgefährten Egon Finck in einer kleinen Siedlung. Während der Zeit des Nationalsozialismus war das Quartier mit einer Mauer umgeben und als sogenannte »Besserungsanstalt« missbraucht worden. Hier lebten vollständig überwacht vermeintlich »Asoziale«, denen nach der Ideologie der damaligen Machthaber »deutsche Familienwerte vermittelt« werden sollten. Auch wenn diese Mauer zur Tatzeit längst abgerissen war, so hatte die Siedlung ihren geschlossenen Charakter noch nicht abgelegt. Die meist sozial schwachen Bewohner kannten sich untereinander und somit auch Agnes Brendel. Dieser Umstand konnte für die weiteren Ermittlungen von Vorteil sein.

Da ich aber Sicherheit brauchte, ob es sich bei der unbekannten Toten tatsächlich um Agnes Brendel handelte, und die kriminalistische Erfahrung zeigt, dass Frauen häufig von ihrem aktuellen oder einem früheren Intimpartner getötet werden, bat ich als Erstes zwei Kollegen, Egon Finck zur Vernehmung zur Dienststelle zu holen.

Egon Fincks Beschreibung von seiner Lebensgefährtin deckte sich mit den Obduktionsbefunden des Torsos: sehr klein, verkrümmte Wirbelsäule, buckelig, Kropf, keine Kinder. Die endgültige Bestätigung, dass es sich bei der Toten tatsächlich um Agnes Brendel handelte, bekam ich allerdings erst später, nachdem ein Radiologe die bereits in einem Krankenhaus vorliegenden Röntgenaufnahmen von ihrer Wirbelsäule mit den bei der Obduktion gemachten Aufnahmen verglichen hatte. An die Möglichkeiten, wie sie heute die moderne DNA-Analytik mit ihren genauen Nachweismethoden bei Blut, Haaren oder Speichel bietet, war Anfang der 80er Jahre noch nicht zu denken. Aber trotzdem, der Torso war auch so eindeutig als Agnes Brendel identifiziert.

Als ich Egon Finck erklärte, dass seine Freundin ermordet worden war, schien er ehrlich erschüttert. Eine Idee, wer der Täter sein könnte, hatte er nicht. Ziemlich unwirsch antwortete er: »Bestimmt jemand aus den Kneipen. Weiß auch nicht, mit wem sie da zusammen ist. Da gehe ich auch nicht hin. Will doch nicht dabei sein, wenn sie mit anderen rummacht.«

Die weitere Vernehmung von Egon Finck gestaltete sich schwierig. Der intellektuell eher minderbegabte Mann hatte große Probleme sich zu erinnern, wann er zuletzt mit Agnes zusammen gewesen war. Vor einigen Tagen wahrscheinlich. Auf jeden Fall vor Silvester. Vermutlich aber am 29. Dezember. An dem Tag, so sagte er aus, habe seine Agnes vormittags die Wohnung verlassen und sei danach wohl nur noch einmal zurückgekehrt. Da habe sie in der Küche Reis für ihre Tiere gekocht und sie gefüttert. Vermutlich habe sie auch etwas Kartoffelsalat gegessen, von dem noch immer ein Rest in der Küche stehe. »Nee, gesehen habe ich sie seit ein paar

Tagen nicht mehr. War doch auf Arbeit. Im Hafen. Bin da Stauer.«

Obwohl Egon Finck angab, sich um seine Partnerin gesorgt zu haben, hatte er sie noch nicht als vermisst gemeldet. Angeblich hatte er sich mit dem Gedanken beruhigt, dass Agnes schon wieder zu ihm zurückkehren werde. So wie sie es in der Vergangenheit immer wieder getan habe, wenn sie mit flüchtigen Bekanntschaften spontane und intime Beziehungen eingegangen war.

Agnes Brendel hatten auch andere Zeugen als eine Frau beschrieben, die stets auf der Suche nach Liebe und Glück war. Zum Beispiel habe sie sich einmal beklagt: »Alle wollen mich körpern, nur küssen will mich keiner!« Die ungewöhnliche, aber anschauliche Formulierung legte die Interpretation nahe, dass ihre Männerbekanntschaften nur auf Sex und nicht auf eine Beziehung aus waren.

Auf meine Frage, ob er Agnes Brendel getötet habe, vielleicht in einem Streit, geriet Egon Finck in Rage. Er wurde laut und beschimpfte uns. »Nee, nee. Nun ist aber gut. Ich lasse mir doch von euch keinen Mord anhängen. Da müsst ihr euch schon einen anderen suchen!« Die Art und Weise, wie sich Egon Finck gegen die Anschuldigungen wehrte, wirkte auf mich überzeugend. Ich hatte nicht den Eindruck, dass er uns etwas vorspielte. Zur Sicherheit ließ ich mit seiner Erlaubnis trotzdem sein kleines Häuschen vom Erkennungsdienst auf mögliche Tatspuren untersuchen. Ergebnislos. Kein Blut, kein

Tatwerkzeug, keine abgeschnittenen Körperteile. Es gab keinen einzigen Beweis für Egon Fincks Täterschaft. Also mussten wir unsere Aufmerksamkeit ganz auf Agnes Brendels Bekanntenkreis und ihre Aufenthaltsorte richten.

Nun begann die mühsame Ermittlungsarbeit. Galt es doch, wie oben bereits erwähnt, genau zu recherchieren, was Agnes Brendel bis zu ihrem Tode gemacht und wo sie sich aufgehalten hatte. Wir gaben Pressemeldungen heraus und befragten Bewohner ihrer Siedlung und Stammgäste in Gaststätten des Stadtteils. Zusätzlich hatte ich ein Fahndungsplakat entworfen, das ein Foto von Agnes Brendel zeigte, überschrieben mit der provokativen Frage: »Wer hat Agnes Brendel ermordet?« Das Plakat wurde überall in ihrem Viertel aufgehängt und als Handzettel in Geschäften und Kneipen ausgelegt. Wie erhofft, erhielten wir zahlreiche Hinweise, wo sich Agnes Brendel an den Tagen vor dem Leichenfund aufgehalten hatte.

Nicht immer sind Zeugenaussagen zuverlässig. Besonders dann nicht, wenn eine Tat schon längere Zeit zurückliegt oder die Hinweise aus dem Kneipenmilieu und von Trinkern stammen, die oft unter starkem Alkoholeinfluss stehen. Doch diesmal schienen wir uns auf die Aussagen verlassen zu können: Agnes Brendel war wegen ihrer kauzigen Art und wegen ihres Aussehens bekannt wie ein bunter Hund, die Tat lag noch nicht lange zurück, und an so spezielle Tage wie Silvester und Neujahr können sich Zeugen normalerweise recht gut erinnern.

Die verschiedenen Zeugenaussagen zeichneten folgendes Bild:

Zunächst saß Agnes Brendel in den Nachmittagsstunden des 29. Dezember in einer Gaststätte und trank dort mit anderen Gästen Bier und Schnaps. Gegen 17 Uhr wollte sie bei einer Sparkassenfiliale ihre Sozialhilfe abholen, aber der monatliche Scheck war auf ihrem Konto noch nicht gutgeschrieben worden. Etwa um neun Uhr abends ging sie in eine Imbissstube, wo sie sich von einem Gast zum Bier einladen ließ. Etwa eine Stunde später verließen die beiden gemeinsam den Imbiss.

Auch in den folgenden Tagen hatten zahlreiche Zeugen Agnes Brendel gesehen und sich mit ihr unterhalten. Mal in ihrer Wohnung, mal auf der Straße oder in Lokalen in der Nähe ihrer Wohnung. Einen besonders wichtigen Hinweis erhielt ich von dem direkten Nachbarn des Opfers. Er hatte sie nämlich am Silvesterabend gegen 22 Uhr in ihrer Wohnung besucht, um schon einmal mit ihr und einigen Flaschen Bier ins neue Jahr zu feiern. Doch nach etwa einer Stunde war er wieder gegangen. Auf die Frage, ob es zum Geschlechtsverkehr gekommen sei, hatte er entrüstet reagiert und abgewehrt. Egon Finck sei nicht dabei gewesen. Ein Arbeitskollege von Egon Finck bestätigte uns später, er habe sich zu der Zeit mit ihm in seiner Wohnung betrunken.

Nachdem der Nachbar gegangen war, hatte es Agnes

Brendel anscheinend nicht mehr lange in ihrer Wohnung ausgehalten, denn etwa eine halbe Stunde später beobachtete eine Zeugin aus der Siedlung, wie sie in Richtung Innenstadt ging. Die Frau wunderte sich darüber, galt Agnes Brendel doch als »Pflanze« ihres Stadtteils und verkehrte eigentlich nur in Lokalen in der Nähe ihrer Wohnung.

Überhaupt schien Agnes Brendel in der Silvesternacht ruhelos und sehr mobil gewesen zu sein. Gegen 4 Uhr war sie bereits in ihren Stadtteil zurückgekehrt und fiel der Wirtin einer Gaststätte dadurch auf, dass sie ziemlich betrunken war und sich von einem unbekannten Gast Sekt ausgeben ließ. Wie lange Agnes Brendel sich in der Gaststätte aufgehalten hatte und ob sie mit dem spendablen Gast weitergezogen war, ließ sich nicht weiter ermitteln.

Lange konnte Agnes Brendel an diesem Morgen nicht geschlafen haben, denn am 1. Januar war sie schon wieder früh unterwegs. Das sagte jedenfalls der Inhaber eines Lebensmittelgeschäftes aus. Schon um 10 Uhr sei Agnes Brendel mit ihm beim Verlassen ihrer Siedlung ins Gespräch gekommen und habe ihm ein schönes neues Jahr gewünscht. Der Mann wunderte sich, dass sie schon so früh auf den Beinen war. Normalerweise hätte sie nach seiner Meinung um diese Zeit noch ihren Rausch ausschlafen müssen. Und noch eine andere Zeugin, die Agnes Brendel kurze Zeit später sah, wunderte sich über ihr frühes Aufstehen. Vermutete dann aber, dass sie wohl ihren »Nachdurst« in einer Gaststätte löschen wollte. Wohin Agnes Brendel wirklich ging und wie sie den Neujahrstag verbrachte, konnten wir nicht rekonstruieren. Erst gegen 17 Uhr wurde sie noch ein letztes Mal von einer weiteren Nachbarin gesehen – vermutlich auf dem Nachhauseweg. Das habe ihr Agnes Brendel in einem kurzen Gespräch gesagt.

Für die Zeit danach rissen die Hinweise auf Agnes Brendels Aufenthaltsorte bis zu ihrem Tod endgültig ab. War sie tatsächlich nach Hause gegangen, wie sie der Nachbarin gesagt hatte? Oder hatte sie ihren späteren Mörder zufällig auf der Straße getroffen und war ihm in seine Wohnung gefolgt? Diese Fragen konnten wir zunächst nicht beantworten. Aber viel Zeit konnte bis zu ihrem Tode nicht vergangen sein, denn inzwischen hatte ich das Gutachten zur Bestimmung der Todeszeit erhalten: Agnes Brendel war demnach vermutlich am späten Nachmittag oder frühen Abend des Neujahrtages gestorben.

Mit der Berechnung des Todeszeitpunktes hatte ich einen externen Rechtsmediziner beauftragt. Der wendete ein damals noch ganz neues Verfahren an, bei dem die Parameter Körpergewicht, Bekleidungszustand, Umgebungs- und Leichentemperatur zur Fundzeit mit der Abkühlung der Leiche ins Verhältnis gesetzt werden. Nach dem Tod eines Menschen endet seine Stoffwechsel- und Wärmeproduktion, und der Körper kühlt allmählich aus, bis er sich seiner Umgebungstemperatur ange-

glichen hat. Allerdings bleibt nach dem Tod die Körper-
kerntemperatur von 37°C noch etwa zwei bis drei
Stunden erhalten. Dann nimmt sie pro Stunde etwa um
1°C ab. Diese damals noch neue Methode zur Todeszeitbestimmung ist inzwischen längst Standard.

Je genauer die Todeszeit bestimmt werden kann, desto
besser können Ermittler natürlich auch die Alibis von
Verdächtigen überprüfen.

Der Rechtsmediziner teilte mir auch mit, dass er im
Magen von Agnes Brendel Reste von Kartoffeln, Zwie-
beln, Gurken und Zitrusfrüchten nachgewiesen hatte, die
sie kurz vor ihrem Tode noch gegessen haben musste.
War sie am 1. Januar doch nach Hause gegangen und
hatte dort vom Kartoffelsalat gegessen?

Während wir die letzten Tage in Agnes Brendels Leben
bis auf einige Stunden genau recherchierten, begann
parallel die intensive und zeitaufwendige Fahndung nach
dem Täter. Ich versuchte, aus all den Hinweisen und
Fakten, die uns zu dem Zeitpunkt vorlagen, Rückschlüsse auf den Täter zu ziehen. Im Grunde wollte ich
damit aus der Not eine Tugend machen. Wir hatten zwar
das Opfer identifiziert, aber die letzten Stunden von
Agnes Brendel waren noch immer nicht rekonstruierbar,
und wir verfügten über keinerlei am Fundort hinter-
lassene Spuren. Also dachte ich darüber nach, was das
wenige, was wir wussten, über den Täter aussagte. Ohne
es auch nur zu ahnen, wandte ich damit eine zentrale
Profiling-Methode an: Ich erstellte ein Täterprofil.

Die folgenden Überlegungen galten damals für mich als sicher: Der Täter tötet und verstümmelt Agnes Brendel in seiner Wohnung oder einem anderen ihm gut bekannten sicheren Ort, wie z. B. seiner Schrebergartenparzelle, um die Leiche einfacher und unauffälliger transportieren zu können. Dort kann er sich längere Zeit ungestört aufhalten. Er lebt daher wahrscheinlich alleine. Vermutlich hat der Täter zwischen seiner Wohnung und dem Fundort des Torsos einen *Sicherheitsabstand* eingehalten, damit keine Rückschlüsse auf ihn möglich sind. Doch er kennt die Schule. Er handelt in großer Eile, nimmt sich keine Zeit, den Torso zu verstecken. Das kann dafür sprechen, dass man ihn dort kennt. Er wird auch kein Auto haben, da er den Torso sonst nicht auf dem Schulgelände abgelegt, sondern ihn vermutlich an einer einsamen Stelle außerhalb des Wohngebietes versteckt hätte. Da er den gut 55 kg schweren Torso kaum eine längere Strecke getragen haben wird, steht ihm wahrscheinlich ein Fahrrad oder ein Handwagen zum Transport zur Verfügung. Auch die zum Abtrennen der Extremitäten benutzte Säge ließ sich in die Profilerstellung einbeziehen: Scheinbar ohne Probleme kann der Täter am Neujahrstag auf das Werkzeug zurückgreifen. Bedeutete dieser Umstand, dass er möglicherweise Handwerker oder Hobbybastler ist?

Auch Agnes Brendels Lebensweise und Freizeitverhalten ließen weitere Aussagen zu: Der Täter hält sich vermutlich in den Gaststätten auf, die auch von ihr besucht werden. Und auch er scheint dem Alkohol nicht abgeneigt zu sein, denn wer gibt sich nüchtern schon mit einer sturzbetrunkenen Frau mit fast 3 Promille Alkohol im Blut ab?

Dieses »Täterprofil«, das im Original etwa eine halbe DIN-A4-Seite füllte, ließ ich an die rund hundert Kriminalbeamten verteilen, die mir für die Überprüfung zur Verfügung standen. Für diesen Zweck war unsere etwa fünfundzwanzigköpfige Kommission um Kollegen aus anderen Kommissariaten erweitert worden. Diese suchten in den nächsten vierzehn Tagen über 4000 Wohnungen in einem Umkreis von einem Kilometer vom Fundort auf. Wie im Profil beschrieben, konzentrierten sie sich dabei auf allein lebende Männer. Doch alle Überprüfungen verliefen erfolglos. Nirgendwo fanden die Kollegen Blut: in keiner Wohnung, in keinem Keller, auf keinem Boden. Ein deprimierendes Ergebnis. Der ganze Aufwand schien umsonst gewesen zu sein.

Zudem verschlechterte sich die Stimmung in der Mordkommission von Tag zu Tag. Hatten wir doch alle seit dem Fund des Torsos täglich 16 bis 18 Stunden am Tag gearbeitet und kaum geschlafen. Auch an den Wochenenden.

Hatte ich mich in meiner Analyse und dem Täterprofil geirrt? Oder hatte ich wesentliche Informationen bei der Beurteilung des Falls übersehen?

Um eine Antwort auf diese entscheidende Frage zu finden, blieb mir nichts anderes übrig, als die inzwischen weit über zweihundert eingegangenen Hinweise noch einmal zu lesen und gegebenenfalls neu zu bewerten. Es waren auch einige neue dabei, aber meine Aufmerksamkeit erregte eine Zeugenaussage älteren Datums. Der Imbissbesitzer Harry Stölzel hatte zu Protokoll gegeben, dass Agnes Brendel am 29. Dezember abends bei ihm im Imbiss gewesen sei. Sie habe dort seinen Stammgast Walter Krabonke getroffen, der ihr einige Biere spendiert habe. Schon nach kurzer Zeit hätten sich die beiden zur Belustigung der anderen Gäste heftig geküsst. Beim Verlassen des Ladens seien beide »ganz schön voll gewesen; ich würde wetten, der hat die dann zu Hause gleich flachgelegt«.

Walter Krabonke war bereits von Kollegen überprüft worden. Er hatte tatsächlich bestätigt, Agnes Brendel ein paar Getränke ausgegeben und mit ihr »so um zehn rum« den Imbiss verlassen zu haben. Er habe mit ihr schlafen wollen, doch dann habe man sich noch auf der Straße vor seinem Haus getrennt. Laut Krabonke wollte Agnes Brendel nicht in seine Wohnung mitkommen, da er ihr nur Wein anbieten konnte. Den habe Agnes aber nicht gewollt. Sie sei ziemlich uneinsichtig gewesen und habe penetrant auf Bier und Korn beharrt. Dann sei sie gegangen. Wohin, das wisse er nicht. Er habe die Frau seither nicht mehr gesehen.

Seine Wohnung hatte Krabonke freiwillig für eine Durchsuchung zur Verfügung gestellt. »Klar, verstehe ich doch. Sie müssen Ihre Arbeit machen. Sehen Sie sich in aller Ruhe um.« Die Durchsuchung war jedoch negativ verlaufen. Die Beamten fanden keine Blutspuren oder persönliche Gegenstände von Agnes Brendel.

Auf den Teppichböden im Flur und Schlafzimmer gab es jedoch kleinere rotbraune Flecken. »Ja, da ärgere ich mich auch drüber«, hatte Walter Krabonke erklärt, »das ist von der Beize.« Walter Krabonke zeigte den Kollegen auch gleich die braun gebeizten Hölzer, die er zur Renovierung seiner Wohnung vorbereitet hatte. Die Kollegen waren nicht misstrauisch geworden, zumal er ja nicht als Hauptverdächtiger galt und die Begegnung mehrere Tage vor Agnes Brendels Tod stattgefunden hatte.

Allerdings war die Überprüfung seines Alibis für den 1. Januar nur bedingt möglich gewesen. Walter Krabonke hatte nachweislich an Silvester ab 17 Uhr bis zum nächsten Morgen Objektschutz bei einem Wachdienst versehen, für den er gelegentlich arbeitete. Danach sei er mit seinem Fahrrad nach Hause gefahren, wo er sich gegen 8 Uhr ins Bett gelegt und bis zum Mittag geschlafen habe. Nach seiner Aussage hatte er sich noch im Fernsehen einen Spielfilm angesehen und war danach ins Bett gegangen, da er am nächsten Tag früh zur Arbeit musste. Zeugen, die seine Angaben hätten bestätigen können, gab es nicht. Walter Krabonke lebte alleine.

Das klang alles plausibel und konnte der Wahrheit entsprechen. Aber ich war auf der Suche nach Ungereimtheiten, die mir einen Ansatzpunkt lieferten. Die festgefahrenen Ermittlungen sollten endlich wieder in

Gang kommen. Skeptisch machten mich die rotbraunen Flecken auf dem Teppichboden. Und war es glaubhaft, dass Krabonke keinen eigenen Keller besaß und nur den allgemeinen Fahrradkeller mitbenutzen konnte? Immerhin wohnte er in einem Mehrfamilienhaus, in dem allen anderen Mietern Kellerräume zur Verfügung standen. Außerdem machte mich noch etwas stutzig: Weshalb sollte Agnes Brendel, die doch so gerne trank und ziemlich wahllos Beziehungen mit Männern einging, sich auf einmal von Walter Krabonke auf der Straße getrennt haben, zumal sie kein Geld für weitere Drinks hatte? Würde eine volltrunkene Frau wirklich so wählerisch sein, dass sie Wein kategorisch ablehnte?

Ich versuchte mir die Situation vorzustellen: Krabonke und Agnes Brendel sind völlig besoffen. Er investiert Geld und will sich einen schönen Abend machen. Zunächst läuft auch alles nach Plan, doch dann fängt Agnes Brendel an zu zicken und will angeblich nur Bier und Korn trinken, auf keinen Fall Wein. Und das, obwohl sie Alkoholikerin ist. Wie wahrscheinlich ist das? Würde ein Mann wie Walter Krabonke nicht versuchen, die Frau umzustimmen? Wie glaubhaft ist es, dass er sich einfach abspeisen lässt? Und wohin sollte sie anschließend gegangen sein? Nach Hause offensichtlich nicht, denn dann hätte ihr Freund Egon Finck sie ja sehen oder ihren Aufenthalt bemerken müssen. Diese Zweifel an der Aussage von Walter Krabonke reichten mir. Auch wenn es nur eine Annahme, eine Vermutung ist, gilt für mich als

Ermittler die Devise: Will ich eine Tat aufklären, muss ich manchmal auch meinem Bauchgefühl nachgehen. Vielleicht konnte man mein Bauchgefühl ja auch Gespür nennen. Also entschied ich, dass Walter Krabonke noch einmal überprüft werden musste. Aber zunächst wollte ich mehr über ihn wissen.

Wieder wandte ich unbewusst eine Methode des Profilings oder der Fallanalyse an. Durch meine Zweifel an der Aussage eines potenziell Tatverdächtigen motiviert, recherchierte ich dessen Vergangenheit und sammelte Hinweise auf seine Persönlichkeit: aus seiner Biografie, die Rückschlüsse auf seine Sozialisation ermöglichte, und aus den mir zur Verfügung stehenden polizeilichen Informationsquellen, wie zum Beispiel der Kriminalakte, der Meldedatei, des Straßenverkehrsamtes oder Befragungen von Menschen, die Walter Krabonke kannten. Die zentrale Frage bei diesem Vorgehen lautet: Gibt es Übereinstimmungen mit dem erstellten Täterprofil, oder fällt der Verdächtige durch das Raster?

Krabonke wurde während des Krieges in der Nähe von Gumbinnen in Ostpreußen geboren und war im Januar 1945 mit seiner Mutter und seinen Großeltern vor den herannahenden russischen Truppen nach Bremen geflüchtet. Sein Vater hatte als Soldat an der Ostfront gedient, geriet dort in russische Kriegsgefangenschaft und war erst 1955 nach dem Adenauer-Besuch in Moskau nach Deutschland zurückgekehrt. Bald darauf wurde

Walter Krabonkes Schwester geboren. Für ihn war kein Platz mehr in der kleinen Wohnung, und er wurde bis zu seinem sechzehnten Geburtstag zu seinen Großeltern verfrachtet. Während Krabonkes Verhältnis zu seiner Mutter und zur Großmutter sehr gut war, verstand er sich mit seinem strengen Vater schlecht.

Nach achtjähriger Volksschulzeit begann er eine Lehre als Maler und Anstreicher, die er mit der Gesellenprüfung abschloss. Mit Mitte zwanzig heiratete er, vier Jahre später wurde seine Tochter geboren. Krabonkes Ehe währte nicht lange. Ein Jahr nach der Geburt des Kindes trennte sich seine Frau von ihm und ließ sich wegen seiner Alkoholexzesse scheiden. Neben einer Anstellung in einem Malereibetrieb arbeitete Krabonke seit Anfang der Siebzigerjahre an Wochenenden und während seines Urlaubs als Wachmann. Die Referenzen, die ich bei seinen Chefs einholte, waren ausschließlich positiv: korrekt, höflich, pünktlich und akkurat gekleidet. Stets zuverlässig und immer bereit, auch an Feiertagen Dienste zu übernehmen. Deshalb wurde Walter Krabonke auch in Bereichen mit Publikumsverkehr eingesetzt und durfte bei besonderen Aufgaben eine Dienstpistole tragen. Über sein Privatleben war in den Unternehmen nicht viel bekannt. Nur, dass er wegen Unterhaltsverpflichtungen ständig in finanziellen Engpässen steckte.

Doch es gab noch mehr: Schon zweimal hatte Walter Krabonke wegen Trunkenheit am Steuer den Führerschein verloren, und aktuell war kein Auto auf seinen

Namen zugelassen. Eine frühere Freundin hatte eine Anzeige gegen ihn erstattet, weil er laut ihrer Aussage nachts in ihre Wohnung eingedrungen war und sich im Vollrausch nackt zu ihr und ihrem neuen Freund ins Bett gelegt hatte.

Der Profilvergleich bestätigte, dass Krabonke als Täter in Frage kam: Er lebte allein, betrank sich oft in Kneipen und hatte Kontakt zum Mordopfer gehabt. Also befragte ich den Imbissinhaber erneut. Harry Stölzel erzählte, dass Agnes Brendel bei ihm im Imbiss gerne Wein getrunken habe. Walter Krabonke beschrieb er als jemanden, der »so ziemlich jede nahm, die er kriegen konnte. Die meisten von den Frauen sind total blau gewesen und, ich sag mal, auch sonst unterste Schublade. Und hinterher erzählt er denn haarklein, was zu Hause bei ihm alles so abgegangen ist.« Schon am Tag vor der Begegnung mit Agnes Brendel habe Walter Krabonke eine sinnlos betrunkene Frau abgeschleppt. Das alles bestätigte bereits meine Zweifel am Wahrheitsgehalt von Krabonkes Aussage. Und dann sagte Stölzel noch: »Zugedröhnt« könne Krabonke gegenüber Frauen aggressiv und sexuell übergriffig werden.

Siebzehn Tage nach dem Fund des Torsos klingelten ein Kollege und ich morgens gegen 6.30 Uhr an Walter Krabonkes Wohnungstür, um ihn ein zweites Mal zu überprüfen. Er wohnte in der Nähe des Tatortes in einem Mehrfamilienhaus. Es dauerte fast eine halbe Stunde, bis Krabonke öffnete. Ich war auf sein Aussehen gespannt gewesen. Vor mir stand ein stattlicher Mann: 180 cm groß, kräftige Statur mit Bauchansatz. Dazu Fasson-schnitt: die Haare kurz geschnitten und im Nacken und an den Seiten ausrasiert. Krabonke war bereits für die Arbeit angezogen. Unter seiner braunen Lederjacke trug er ein frisch gebügeltes helles Hemd und dazu eine braune Stoffhose mit exakter Bügelfalte.

An diesem Morgen wirkte Walter Krabonke unsicher und fragte mich, was wir wollten. Gleichzeitig erklärte er, er hätte keine Zeit, er müsse zur Arbeit, wo eine wich-tige Terminsache auf ihn warte. Als ich ihn damit kon-frontierte, dass es wegen seines Treffens mit Agnes Bren-del noch einige Fragen gebe, schien Krabonke erleichtert zu sein. Die Anspannung wich sichtbar aus seinem Kör-per. Unaufgefordert zeigte er mir ein Schreiben eines Gerichtsvollziehers, der sich für diesen Morgen zum Pfänden wegen nicht gezahlter Unterhaltsleistungen an-gekündigt hatte: Die Forderungen beliefen sich auf fast 3000 Mark. Aus diesem Grunde habe er auch nicht die Tür geöffnet. Krabonke verband diese Erklärung mit wütenden Tiraden über seine Exfrau: »Die will mich fertigmachen, geldmäßig.« Walter Krabonke schien auf einmal alles recht zu sein: Er war sogar damit einverstan-den, dass wir uns in seiner kleinen Zweieinhalb-Zim-mer-Wohnung ausführlich umsahen.

Die rotbraunen Flecken auf den Teppichböden in Flur und Schlafzimmer waren noch immer da, zudem entdeckte ich eine größere, anscheinend frisch gereinigte Stelle. Ich bat meinen Kollegen, sich von Walter Krabonke das Wohnzimmer zeigen zu lassen. So konnte ich die Flecken prüfen, ohne dass der Befragte etwas davon mitbekam. Für den Fleckentest hatte ich mir ein Fläschchen mit Wasserstoffperoxid eingesteckt. Diese Flüssigverbindung wurde früher in Laboren als Vorprobe bei Blutuntersuchungen eingesetzt, denn Blut schäumt auf, sobald es mit Wasserstoffperoxid in Kontakt tritt. Die von mir erwartete Reaktion trat sofort ein. Bei den braunen Flecken handelte es sich also mit einiger Sicherheit um Blut. Natürlich musste es nicht das Blut von Agnes Brendel sein. Die Herkunft sollte in späteren serologischen Untersuchungen geklärt werden. Vielleicht konnte aber auch die Vernehmung von Walter Krabonke die Wahrheit ans Licht bringen. Jedenfalls bestärkte das Resultat des Fleckentests meine Hoffnung, dass wir die richtige Spur verfolgten.

Trotz der Flecken schien Krabonke nahezu pedantisch ordnungsliebend zu sein. Wände und Decken waren anscheinend erst vor kurzem gestrichen worden, auch die Profilholzverkleidung in der Küche wirkte neu. Die Räume waren sehr sauber und penibel aufgeräumt. Als ich Krabonke auf die Verschmutzungen auf dem Bodenbelag ansprach, reagierte er gelassen. Antwortete auch mir ruhig, dass es Beize sei. Sie sei beim Streichen von Hölzern auf den Boden getropft, als er sie für seine Hausbar vorbereitet habe. Den Teppich habe er liegen gelassen, um ihn noch vor seinem Geburtstag in wenigen Tagen zu erneuern. Dann sei die Renovierung abgeschlossen. Voller Stolz zeigte er mir sein letztes Werk: sein »Weinstübchen« – eine Bar aus Holz. Ganz offensichtlich ein Bausatz aus einem Baumarkt, den er zusammengeschraubt und zusätzlich mit gebeiztem Profilholz verkleidet sowie mit einem Reetdach versehen hatte.

Auf meine Frage, ob er wirklich keinen Kellerraum hätte, gab Krabonke ohne Zögern zu, dass er meine Kollegen bei seiner ersten Überprüfung belogen hatte. Der Raum sei unaufgeräumt gewesen, deswegen habe er sich geschämt. Er könne Unordnung nicht ertragen. Dann ließ er uns in seinen Keller schauen. Ein fast leerer Raum, in dem außer seinem Fahrrad mit einem platten Reifen nur ein paar gestapelte Kartons standen. Auch hier meinte ich auf dem dunklen Boden Flecken zu erkennen, bei denen es sich ebenfalls um Blut handeln konnte. Hatte Walter Krabonke hier Agnes Brendel verstümmelt? Konnte er mit dem Rad trotz des platten Reifens den Torso transportiert haben? Und wann wollte Krabonke seinen Keller aufgeräumt haben? Den leeren Raum hätte er meinen Kollegen doch zeigen können. Aber mit diesen Gedanken konfrontierte ich Walter Krabonke jetzt noch nicht. Stattdessen erklärte ich ihm, dass wir ihn wegen seines Kontakts mit Agnes Brendel noch einmal ausführlich sprechen müssten. Er war sofort einverstanden, uns zu begleiten. Ich belehrte ihn über seine Rechte als Zeuge und wies ihn darauf hin, dass er sich bei einer Aussage nicht selbst zu belasten brauchte. Als ich Walter Krabonke fragte, ob er mit der Durchsuchung seiner Wohnung während der Vernehmung einverstanden sei, willigte er ebenfalls ein: »Na klar, aber bringen Sie bitte nicht zu viel durcheinander.« Ohne seine Zustimmung hätte ich einen Durchsuchungsbeschluss für die Wohnung über die Staatsanwaltschaft beim Gericht beantragen müssen. Das hätte länger gedauert und mir die Chance verbaut, Resultate der Durchsuchung gegebenenfalls in die Vernehmung einfließen zu lassen.

Für die Befragung hatte ich das Vernehmungszimmer gewählt, um in den nächsten Stunden ungestört zu sein. Der Raum war sehr klein. Nur etwa drei mal vier Meter groß und schallisoliert. Vergilbte Wände zeugten von vielen ähnlichen Situationen, bei denen Verdächtige über viele Stunden und noch mehr gerauchte Zigaretten vernommen worden waren. Spartanische Einrichtung: drei Schreibtische, drei Stühle, eine Schreibmaschine und an der Wand ein Stillleben mit Sonnenblumen. Ein Zimmer mit wenig Ablenkung, das aber nichts Einschüchterndes hatte.

Eine karge, störungsfreie Umgebung zwingt einen förmlich dazu, sich aufeinander zu konzentrieren, und auch die zu vernehmende Person erhält die Chance, zur Ruhe zu kommen. Ein alter Vernehmungsgrundsatz besagt: Die wichtigste Voraussetzung für ein mögliches Geständnis ist die Atmosphäre bei der Vernehmung. Der mutmaßliche Täter soll sich und sein Motiv verstanden wissen. In diesem Fall war besonders wichtig, dass Walter Krabonke gesprächsbereit blieb. Ich traute ihm zwar durchaus zu, die Tat begangen zu haben, sah ihn aber bisher nicht als Beschuldigten. Deshalb kam es nicht in Frage, Walter Krabonke »in die Mangel zu nehmen«, wie es so gern in Krimis heißt. Er sollte weiter von seinem Zusammentreffen mit Agnes Brendel erzählen, ohne sich unter Druck gesetzt zu fühlen.

Wir saßen zu viert in dem Vernehmungszimmer: Walter Krabonke, eine Schreibkraft, ein Kollege und ich. Eine Zwangsgemeinschaft und abgeschlossen von der Außenwelt. Zumindest sah es für Walter Krabonke danach aus, denn er konnte nicht wissen, dass im Hintergrund ein speziell geschulter Ermittlungsapparat für uns arbeitete, der half, steinchenweise ein Mosaik der Tat zusammenzusetzen: Erkennungsdienst, Rechtsmedizin, andere Kollegen der Mordkommission. Ein Rechtsanwalt hätte ihn sehr wahrscheinlich darüber aufgeklärt, doch unser Verdächtiger wollte keinen sprechen: »Dafür sehe ich keine Veranlassung. Ich bin hier ja freiwillig bei der Polizei. Ich habe mir nichts vorzuwerfen!«

Walter Krabonke zeigte sich aufgeschlossen und zugewandt. Er antwortete bereitwillig auf unsere Fragen und legte kein sichtbares Misstrauen an den Tag. Im Gegenteil wirkte er regelrecht zutraulich und machte insgesamt einen sehr unreifen, jungenhaften und dabei sehr weichen Eindruck. Spontan duzte er meinen Kollegen und mich und war auch sofort damit einverstanden, dass wir uns mit Vornamen ansprachen. Seine Schilderungen waren detailliert und weitschweifig. Ohne jede Scheu machte er Angaben zu seinen persönlichen Verhältnissen, schilderte seinen Tagesablauf nach der Begegnung mit Agnes Brendel und wich auch nicht aus, als wir nach seinem letzten sexuellen Verkehr mit der Frau fragten, von der uns der Imbissbesitzer erzählt hatte. Trotzdem verliefen die ersten Stunden der Befragung zäh und brachten uns keinen Schritt weiter. Denn wann immer die Sprache auf Agnes Brendel kam, blieb Walter Krabonke stereotyp und fast wortwörtlich bei seiner Aussage, sie und er hätten sich auf der Straße vor seinem Haus getrennt. Ich musste schmunzeln, als Walter Krabonke in Mundart verfiel und den ostpreußischen Begriff für Mädchen benutzte: »Das Marjellchen hat mir gefallen, und ich wollte sie auch bumsen. Doch wollte sie nicht mit in meine Wohnung kommen. Sie verlangte auf einmal Bier und Korn. Ich hatte aber nur Wein.« Walter Krabonke räumte allerdings freimütig ein, dass er wegen der Abfuhr enttäuscht gewesen sei. Schließlich habe er ihr ja auch ein paar Bier spendiert. Letztlich habe er sich aber in die Situation gefügt. Denn: »Was hätte ich denn machen sollen, damit die sich das noch mal überlegt? Ich konnte doch nix machen. Gab ja nix. Aber so wichtig war mir das ja nun auch wieder nicht.«

Immer wieder leierte Walter Krabonke die gleichen, wie auswendig gelernten Antworten herunter. Und mit der Zeit wurde seine unterschwellige Anspannung deutlich spürbar. Er rauchte eine Zigarette nach der anderen, schüttete Kaffee und Cola in sich hinein. Ich musste umdenken. Neue kleine Vernehmungsziele abstecken und Schritt für Schritt vorgehen. Als Erstes wollte ich Walter Krabonke dazu bringen, zuzugeben, dass Agnes Brendel ihn ins Haus begleitet hatte. Ein solches Eingeständnis sah ich als ersten Schritt zu einem späteren Geständnis, weil dadurch die Wahrscheinlichkeit wuchs, dass Agnes Brendel auch mit in seine Wohnung gegangen war. Aber dazu musste ich weiterhin auf Krabonkes Gesprächsbereitschaft hoffen. Musste ihn weiter bei Laune und in Plauderstimmung halten. Für konkrete Anschuldigungen war jetzt noch nicht die Zeit. Das bedeutete: Ich musste Geduld haben.

Ich entschied mich, weiterhin scheinbar unverfängliche Fragen zu stellen, die aber notwendig waren, damit ich schon jetzt theoretische Möglichkeiten ausschließen konnte, wenn in der Wohnung tatsächlich Blut von Agnes Brendel gefunden werden sollte. Ich erfuhr, dass für Krabonkes Wohnung drei Schlüssel existierten. Einen habe er seiner Mutter gegeben, während er zwei selbst verwahre. Verliehen oder verloren habe er in der letzten Zeit keinen. Auch würde außer ihm niemand die Wohnung nutzen. Die Flecken auf dem Fußboden schrieb er weiter der Holzbeize zu. Er schloss sogar ausdrücklich die Möglichkeit aus, dass er sich beim Renovieren verletzt haben und sein Blut auf den Teppich getropft sein könnte. Meine Frage, ob er denn auch in seinem Keller handwerkliche Arbeiten durchführen würde, verneinte er ebenfalls. Dafür sei ausschließlich der Flur in seiner Wohnung vorgesehen, der ja erst zum Schluss renoviert werden solle. Seine sexuellen Präferenzen beschrieb Walter Krabonke mit den Worten, dass er etwas gegen »Mundverkehr« habe. Egal, ob er es bei einer Frau mache oder sie bei ihm. »Ich liebe das Normale, und so mache ich es auch im Bett.« Auch das Küssen des Busens hielt er für abnormal: »Für mich sind diese Sachen pervers und Schweinkram.«

Mit solchen und ähnlichen Antworten verging die nächste Zeit, und allmählich ahnte ich, dass sich die Vernehmung zu einem Verhörmarathon auswachsen würde. Mitten im Gespräch bat Walter Krabonke dann um einen Zettel. Darauf notierte er untereinander die Tage vom 29. bis zum 31. Dezember. Nach einer Weile malte er neben das mittlere Datum eine Figur, eine Art Strichmännchen. Ich sah mein Gegenüber fragend an. Er erklärte: »Ist kein normales Strichmännchen, ist ein besonderes. Ich brauch das jetzt!«

Ich wurde hellhörig. Warum brauchte er das jetzt? Fühlte er sich in die Enge getrieben? Hatten unsere penetranten Fragen ihm ins Bewusstsein gedrängt, was er tagelang verdrängt hatte? Sah er womöglich die von ihm getötete und verstümmelte Agnes Brendel vor seinem inneren Auge?

Statt darüber zu spekulieren, entschloss ich mich, er-

neut die Taktik zu ändern. Ich ließ die wörtliche Proto-
kollierung der Vernehmung unterbrechen und rutschte
mit meinem Stuhl ganz nah an seinen heran. Damit
signalisierte ich ihm, dass er ab jetzt einem Zwiegespräch
ausgesetzt sein würde, dass ich seine bisherigen Erklärungen für Ausreden oder Halbwahrheiten hielt.

Diese Taktik habe ich immer dann eingesetzt, wenn
ich merkte, dass der Verdächtige nicht die Wahrheit sagt
und gleichzeitig großer Druck auf ihm lastet. Denn diese
Kombination ist typisch für Täter, die eigentlich ein Geständnis ablegen möchten, sich aber noch nicht dazu
durchringen können. Eine solche Vorgehensweise wird
in den Gerichtsverhandlungen häufig von Rechtsanwäl-
ten angeprangert: Den zuständigen Ermittlern wird vor-
geworfen, den Verdächtigen außerhalb des Protokolls
einschüchtern oder mit falschen Versprechungen oder
sonstigen Täuschungen zu einem Geständnis bringen zu
wollen. Diese Möglichkeit ist nicht von der Hand zu
weisen. Daher war es mir immer wichtig, dass diese Pau-
sen im Vernehmungsprotokoll erwähnt wurden, das Gespräch weiter korrekt verlief und der Inhalt in einem
separaten Vermerk notiert wurde.

Ich sagte Walter Krabonke ins Gesicht, dass ich ihm
kein Wort glaubte. Dann schaute ich ihn lange an. Walter Krabonke wurde nervös, wich meinem Blick aus und
schaute aus dem Fenster, als ich ihm vorhielt, nie im
Leben hätten er und Agnes sich auf der Straße getrennt.
Agnes Brendel hätte viel zu gerne getrunken, als dass

man sie mit Wein in die Flucht schlagen konnte. Und da ich inzwischen wüsste, dass er stets auf der Suche nach sexuellen Abenteuern war, wüsste ich auch, dass er ihr Nein niemals akzeptiert hätte. Schließlich wäre der Sex doch abgemachte Sache gewesen. Und da wollte er mir einreden, er hätte nicht mal versucht, Agnes zu überreden?

Als ich fertig war, wurde Walter Krabonke nachdenklich. Er stand auf, sah schweigend aus dem Fenster. Setzte sich wieder. Sagte immer noch kein Wort, sondern zeigte mit der Hand fahrig auf das Bild mit den Sonnenblumen. Lächelte. Und dann gab er zu, gemeinsam mit Agnes das Treppenhaus betreten zu haben. Allerdings habe sie sich dort sofort von ihm getrennt und sei gegangen. Nein, in seiner Wohnung sei sie nicht gewesen. Das könne er beschwören.

War dieses Eingeständnis endlich der von mir erhoffte Durchbruch? Vermutlich ja, denn warum hatte sich Walter Krabonke so lange gewehrt, dieses Detail zuzugeben, wo er doch sonst bereitwillig alle Fragen beantwortete? Außerdem war ich mir inzwischen sicher, dass Krabonke etwas mit dem Mord zu tun hatte.

Wenige Minuten zuvor hatte mich ein Kollege nach draußen gebeten, um mich über die Resultate der erkennungsdienstlichen Untersuchungen zu informieren. Nicht nur in der Wohnung, sondern auch im Keller von Walter Krabonke hatten die Spurensucher an verschiedenen Stellen größere eingetrocknete und nur oberflächlich gereinigte Blutflecke gefunden. Ich hatte prophylaktisch darum gebeten, gesammelte Proben umgehend mit einem Hubschrauber in das rechtsmedizinische Institut zu bringen, das bereits die Todeszeitbestimmung durchgeführt und auch den Mageninhalt untersucht hatte. Jetzt hieß es für mich, das Untersuchungsergebnis abzuwarten.

Ich spielte auf Zeit und ließ Walter Krabonke seine neue Version der Geschichte ausbreiten. Die Schreibkraft notierte alle seine Erklärungen, obwohl sie nicht weiter von Belang waren.

Schließlich war es so weit. Das Telefon klingelte, und ein Kollege meldete sich. »Die Blutflecken im Keller sind identisch mit der Blutgruppe des Opfers – beide Male A.« Das hieß zunächst nur, dass das im Keller gefundene Blut derselben Blutgruppe angehörte wie das von Agnes Brendel und denselben Gamma-Globulin-Marker hatte wie sie. So erfreulich das Ergebnis auch war, ich musste jedoch berücksichtigen, dass diese Merkmalskombination auch auf viele andere Menschen zutrifft. So weisen in Deutschland knapp über 40 Prozent der Bevölkerung die Blutgruppe A auf. Bei dem festgestellten Gm-Marker verhält es sich ähnlich. Aber wie wahrscheinlich war die theoretische Überlegung, dass eine andere Person mit identischen Blutmerkmalen im Keller von Walter Krabonke stark geblutet hatte?

Ich konnte getrost davon ausgehen, dass Walter Krabonke der Mörder von Agnes Brendel war. Auf der anderen Seite gab diese Feststellung Anlass für weitere Fragen. Was bedeutete dieser Nachweis für die Todeszeitbestimmung? Die sagte ja aus, dass Agnes Brendel aller Wahrscheinlichkeit nach am Nachmittag des 1. Januar getötet worden war – also drei Tage nach ihrer Begegnung mit Walter Krabonke. Und was war von den Aussagen von Egon Finck und den zahlreichen Zeugen zu halten, die sich sicher waren, Agnes Brendel nach dem Verlassen von Harry Stölzels Imbiss noch gesehen oder mit ihr getrunken zu haben? War Agnes Brendel bei Walter Krabonke geblieben, oder war sie etwa noch einmal in seine Wohnung zurückgekehrt? Und wann hatte er sie getötet? Die Vernehmung war also noch lange nicht zu Ende, aber die Ausgangslage hatte sich jetzt zu unserem Vorteil verändert. Wir konnten jetzt bei unseren Fragen und Vorhaltungen energischer vorgehen.

Ich ging zurück in den Vernehmungsraum, setzte mich wieder neben Walter Krabonke und sagte ihm, dass es schlecht um ihn stünde und er wegen des dringenden Tatverdachts vorläufig festgenommen war. Ich berichtete ihm von den gefundenen Blutspuren und dem serologischen Untersuchungsergebnis. Aus dem Zeugen war der Beschuldigte Walter Krabonke geworden. Deshalb musste ich mich erkundigen, ob er weiter aussagen, schweigen oder jetzt doch einen Anwalt sprechen wollte. Er sah mich fragend an, als wunderte er sich, dass ich ihm schon wieder mit dem Anwalt kam, und verzichtete auch dieses Mal auf sein Recht. Ich war erleichtert, denn ein Anwalt hätte ihm garantiert geraten, bis auf weiteres die Aussage zu verweigern. Stattdessen durften wir weiter unsere Fragen stellen.

Was sofort auffiel: Seine Ruhe und seine scheinbare Ausgeglichenheit waren endgültig dahin. Er stammelte nervös ein paar Sätze, im nächsten Moment verfiel er in minutenlanges Schweigen. Er saß regungslos da, ließ seine Zigarette zwischen seinen Fingern verglimmen, um sich sofort eine neue anzustecken. Irgendwann begann er leise und anhaltend zu weinen. Minuten später bat er mich um einen neuen Zettel. »Da darf noch nix drauf stehen. Der muss ganz sauber sein«, erklärte er. Ich nahm ein leeres Blatt vom Schreibtisch und gab es ihm. Eine Weile starrte er das Blatt mit »noch nix drauf« einfach nur an. Mein Kollege und ich hüteten uns, das, was auch immer in Walter Krabonke vorging, zu stören. Wir hielten einfach den Mund und warteten. Auch Schweigen ist manchmal eine Vernehmungstaktik.

Schließlich schien Walter Krabonke einen Entschluss gefasst zu haben. Mit kindlicher und leicht zittriger Schrift schrieb er etwas auf das obere Drittel des Blattes. Dann zerknüllte er es, überlegte einen Moment, glättete dann aber gleich wieder das Papier und schob es zu mir hin. Auf dem Blatt stand:

Ich habe diese Frau umgebracht. Die Frau war bei mir oben.

Ich ließ mir meine Erleichterung nicht anmerken, denn

jetzt ging es darum, das Geständnis mit Details zu untermauern, damit es vor Gericht Bestand haben konnte. Zwar wussten wir nun, wer der Täter war, aber nicht, wie sich die Tat abgespielt hatte und wie es zu den Verstümmelungen gekommen war. Beides ist für das Urteil und das Strafmaß von großer Bedeutung.

Die Vernehmung war also nicht beendet, aber ich hielt eine Verschnaufpause für angemessen. Ich fragte Walter Krabonke, ob ich ihm erst einmal einen frischen Kaffee holen sollte, damit er sich etwas beruhigen konnte. Wortlos nickte er mir zu. Ich verließ den Vernehmungsraum, informierte meine wartenden Kollegen und holte den Kaffee.

Nach dem Geständnis wirkte Walter Krabonke wie befreit. Bereitwillig schilderte er detailliert, wie es zu der Tat gekommen war. Er geriet nahezu ins Plaudern wie jemand, der seinen Freunden oder am Stammtisch von seinem Wochenende oder vom letzten Streit mit seiner Frau erzählt. Wortwahl und Tonfall waren mitunter plump vertraulich. Aber war alles so passiert, wie er es schilderte?

Zusammengefasst lautete seine Version so: In der Wohnung war es zu einem Streit gekommen. Agnes wollte auf einmal nicht mehr mit ihm ins Bett gehen. »Sie hat irgendwas von einem Freund gefaselt und wollte plötzlich Bier und Korn trinken.« Wein lehnte sie kategorisch ab. »Dann habe ich *sie* eine gedonnert, weil ich so vergrellt war! Wie ein dummer Junge kam ich mir vor. Erst wollte sie, dann wieder nicht!«

Nach dem Schlag war Agnes Brendel mit ihrem Kopf gegen einen Türpfosten »geknallt, voll dagegen« und regungslos liegen geblieben. Er trug sie zum Bett und hoffte, sie würde sich wieder erholen. Plötzlich wurde ihr Atem kurz und hechelnd, als würde sie ersticken. Als sie dann noch Flüssiges erbrach, schrie er sie an und rüttelte sie. Damit wollte er ihr helfen, »denn schließlich hab ich doch einen Erste-Hilfe-Kurs gemacht«. Aber Agnes Brendel reagierte nicht mehr. Irgendwann merkte er, dass sie tot war. Daraufhin überlegte er, was er tun sollte. Seine Trunkenheit war verflogen, ersetzt durch eine verzweifelte Nüchternheit. Er dachte daran, einen Notarzt zu rufen, entschied sich jedoch dagegen, aus Angst, im Gefängnis zu landen. Stattdessen drängte sich ihm quasi die Vorstellung auf, er müsste Agnes ausziehen und ihre nackte Leiche in seinen Keller schaffen. Das tat er dann auch, wickelte sie vorher aber in ein Bettlaken ein. Ihre Kleidung und ihre Handtasche steckte er anschließend in einen Altglascontainer in der Nähe seiner Wohnung. Danach ging er ins Bett. Erst am nächsten Tag machte er sich dann an die Verstümmelung der Toten – »das Grauenhafte«, wie Walter Krabonke es formulierte –, damit er sie »besser wegschaffen« konnte.

Auch wenn Walter Krabonke sich alle Mühe gab, mich von seiner Tatschilderung und Motivation zu überzeugen, ich glaubte ihm nicht in allen Einzelheiten. So konnte sich das Verbrechen nicht zugetragen haben. Wie zum Beispiel waren die Spermien in Agnes Brendels

Scheide und die vitalen Stichverletzungen in ihrer Brust zu erklären? Wie war Agnes Brendels Blut auf den Teppich gekommen? Es war nicht zu übersehen, dass Walter Krabonke die Nachfragen unangenehm waren. Er wand sich wie ein Aal, versuchte Ausflüchte und bestritt einen anderen Tatablauf als seine geschilderte Version. Dieses Verhalten wunderte mich nicht. Selbst wenn Agnes Brendel so gestorben war, wie Walter Krabonke behauptete, und es kein Mord, sondern Körperverletzung mit Todesfolge war, so hatte er dann die Leiche nicht nur verstümmelt, sondern zudem in sie ejakuliert. Das musste auch aus seiner Sicht ein doppelter Tabubruch sein, fand er doch schon Oralsex abnorm.

Meiner Interpretation nach wiesen die Verstümmelungen von Brüsten und Scham des Opfers auf sexuelle Erregung hin, die sich alleine aus pragmatischen Erwägungen über den Leichentransport nicht erklären ließen. Genau das sagte ich dem Geständigen: Ich erklärte ihm, dass ich sein Zögern, seine Ausflüchte verstehen konnte, aber trotzdem sicher war, dass er nicht die ganze Wahrheit erzählt hatte.

Nach minutenlangem Hin und Her zeigten meine Einwände schließlich Wirkung. Auf einmal hielt Krabonke es auch für möglich, dass er Agnes nicht nur einmal ins Gesicht geschlagen hatte. Seine neue Version: Als sie mit ihrem Kopf gegen den Türpfosten »geknallt« war und er sie aufs Bett gelegt hatte, ging er zwar davon aus, dass Agnes Brendel nicht mehr lebte. Aber um sicherzugehen, holte er aus der Küche ein Messer. Damit stieß er ihr zweimal in den Oberkörper. Anschließend, so behauptete Walter Krabonke weiter in Übereinstimmung zu seiner ersten Version, habe er die Tote in ein Bettlaken gewickelt und in den Keller getragen. Dabei könne ihr Blut auf den Fußboden getropft sein.

Mittlerweile war es 16 Uhr geworden. Über acht Stunden Vernehmung lagen bereits hinter uns, und immer noch gab es viele ungeklärte Fragen. Wir machten eine kurze Pause. Walter Krabonke aß zwei Stücke Butterkuchen und versicherte auf meine Frage, wie er sich denn fühle, es gehe ihm gut, er habe keinen »Nervenzusammenbruch«. So kam er mir auch nicht vor. Eher hatte ich den Eindruck, er verhielt sich abwartend und versuchte die Situation einzuschätzen. Er legte eine gewisse Bauernschläue an den Tag. Nach mehrfacher Wiederholung seiner Behauptungen und weiteren Zigaretten begann Walter Krabonke, seine dritte Version zu erzählen.

Zunächst stockend, dann aber immer zusammenhängender, flüssiger und wütender: Nachdem er Agnes Brendel geschlagen und zum Bett getragen hatte, zog er sie aus. »Ich hab mir doch nur geholt, was abgemacht war.« Dabei griff er ihr an den Hals, um so »wie schon bei früheren Freundinnen« schneller zum Höhepunkt zu kommen: »Bisschen ge-würgt, ja, kann sein, aber nicht er-würgt. Das doch nicht!« Nach seinem Orgasmus baute sich dann bei ihm ein großer Hass gegen seine frühere Ehefrau auf, den er an Agnes Brendel abreagierte,

»obwohl sie gar nichts dafür konnte«. In seiner Wut kam
er auf die Idee, der Frau ein Tischbein in den Hintern zu
rammen. Aber dann wurde ihm plötzlich bewusst, dass
sie dafür auf jeden Fall tot sein musste. Deshalb stieß er
ihr zweimal das Messer in die Brust.

Krabonke redete sich in Fahrt. Dann könne er das
Nächste auch gleich noch erzählen. Also berichtete er
sehr detailliert und in auffällig vulgärer Wortwahl, wie er
die Tote beschimpft und dabei ihre Brüste und ihre
Scham mit einem Messer »abgesäbelt« habe. Er habe
jetzt rot gesehen und nur noch daran gedacht, »sie platt-
zumachen und alles zu zerstören, was mich an eine Frau
erinnert. In dem Moment hatte sich der Hass auf meine
Frau so richtig aufgestaut, dass ich das dann gemacht
habe! Schließlich hat sie mich mit ihren unberechtigten
Unterhaltsforderungen in den Abgrund getrieben.«

Diese Version des Tathergangs schien mir plausibel und
passte zu den Fakten, über die wir inzwischen verfügten.
Nur in einem Punkt hatte ich noch meine Zweifel. Auch
wenn der von ihm beschriebene Hass sogar noch im Vernehmungsraum deutlich spürbar war, glaubte ich nicht,
dass es die ganze Wahrheit war. Lag nicht doch auch ein
sexuelles Motiv vor? Hatte er die Brüste von Agnes Brendel und ihren Intimbereich wirklich ausschließlich aus
Wut und Hass verstümmelt? Hatte er dabei tatsächlich
keine zusätzliche sexuelle Befriedigung empfunden?
Aber Walter Krabonke wollte davon nichts wissen. Nein,
sexuelle Gründe habe es bei ihm nicht gegeben. Nur

Wut und Hass. Dabei blieb er. Ich hatte immer noch Zweifel. Aber in diesem Moment störte mich das nicht weiter. Hauptsache war: Walter Krabonke hatte gestanden.

Und so widmete ich den Rest der Vernehmung der Frage, was zwischen der Tötung mit anschließender Verstümmelung der primären Geschlechtsmerkmale und der Beseitigung der Leiche passiert war. Dieser Teil war für Walter Krabonke offenbar weniger heikel, denn er erzählte deutlich ruhiger davon. Diesmal gab es für mich keinen Grund, seine Version anzuzweifeln:

Die Brüste und die Weichteile, die er aus dem Schambereich seines Opfers geschnitten hat, wirft Walter Krabonke später in den Mülleimer in seiner Küche und wischt die Blutspuren im Treppenhaus auf. In der Nacht wäscht er noch seine blutige Hose, weil er sie ja bald wieder als Wachmann tragen muss. Als er am nächsten Tag nach der Arbeit nach Hause kommt, mag er sich dort gar nicht aufhalten, weil es ihm immer bewusster wird, dass er, im wörtlichen Sinne, eine Leiche im Keller hat. Und die muss weg. Den ganzen Tag hat er überlegt, wie er das am besten anstellen kann. Dann fasst er einen Entschluss. Er muss die Leiche zersägen. Nur so kann er sie unauffällig aus dem Keller tragen und zur Schule transportieren.

Zunächst sucht Walter Krabonke jedoch Harry Stölzels Imbiss auf und trinkt sich Mut an. Dann kehrt er in seine Wohnung zurück. Er sägt dem Leichnam beide Unterarme ab, dann folgen die Unterschenkel. Zum Schluss der Kopf. Das kostet ihn die meiste Überwindung. Anschließend steckt er »die Einzelteile«, wie Walter Krabonke sie nennt, in Plastiktüten und will sie kurz vor Mitternacht mit seinem Fahrrad zu einem nahegelegenen Müllcontainer bringen. Obwohl er hofft, dass um diese Uhrzeit niemand mehr auf der Straße ist, trifft er beim Verlassen des Hauses seine Nachbarn, die ihren Hund ausführen. Er erinnert sich, dass sie ebenfalls im Imbiss waren, als er Agnes Brendel kennengelernt hat. Dann rutscht der Beutel mit dem Kopf vom Gepäckträger seines Rades. Walter Krabonke ist entsetzt und fühlt sich schon überführt, doch die Nachbarn merken nichts. Geistesgegenwärtig hebt er den Beutel mit dem Kopf auf und schiebt das Rad zum nächsten Abfallcontainer, in den er die Beutel hineinwirft. Für diese Nacht hat er genug getan, und so bleibt der Torso bis zum 1. Januar in seinem Keller liegen, denn zum Transport benötigt Walter Krabonke große Müllsäcke. Diese will er sich bei der Firma besorgen, für die er Silvester als Wachmann im Nachtdienst arbeiten wird. Mit den zwei blauen Müllsäcken fährt Walter Krabonke am Neujahrsmorgen nach dem Dienst früh um sechs Uhr nach Hause. Er legt sich ins Bett und versucht zu schlafen. Doch es gelingt ihm nicht. Er ist unruhig, steht wieder auf, trinkt Weinbrand. Dann geht er in den Keller. Hier steckt er den Torso zunächst in die Müllsäcke und dann in einen großen Koffer. Bei einbrechender Dunkelheit schiebt er den Koffer mit seinem Fahrrad die wenigen hundert Meter bis zur Schule. Dort nimmt er die Leiche aus dem Koffer und legt sie hastig auf der Zufahrt ab. Er kennt die Schule und hat sich diese Stelle sorgfältig überlegt, denn zu dieser Zeit dürfte sich niemand dort aufhalten. Seine Überlegung erweist sich als zutreffend. Niemand beobachtet ihn.

Die Säge und den Koffer wirft er am nächsten Tag von der Kaimauer eines Hafenbeckens in die Weser. Während der folgenden Tage lebt er weiter in Angst und Schrecken. Walter Krabonke weiß nicht, wie er sich verhalten soll, um sich nicht verdächtig zu machen: »Die Kraft der Angst ließ mein Denken verschwinden.«

Als wir gegen 18.30 Uhr nach über zwölf Stunden die Vernehmung für diesen Tag beendeten, wirkte Walter Krabonke immer noch erleichtert – eine Reaktion, die ich später bei zahlreichen Tätern erlebt habe, die sich wie Krabonke nach einem heftigen inneren Kampf und stundenlangem Leugnen zu einem Geständnis durchrangen.

Auch in den nächsten Tagen war Walter Krabonke kooperativ und zeigte die Orte, an denen er die Kleidung von Agnes Brendel und ihre Körperteile weggeworfen hatte. Doch wir fanden nichts. Auch mit einer Tatrekonstruktion in seiner Wohnung war er einverstanden. An einer Schaufensterpuppe demonstrierte er uns, wie er Agnes Brendel an den Hals fasste und sie vergewaltigte. Mit einem Gummimesser deutete er dann an, wie er auf die Frau einstach und sie anschließend verstümmelte. Allerdings weigerte er sich, uns vorzuführen, wie er Kopf und Extremitäten entfernt hatte. Stattdessen sagte er nur immer wieder, wie grauenhaft seine Tat gewesen sei.

Die Umstände, die zum Tod von Agnes Brendel geführt hatten, waren nun geklärt, aber es blieb eine zentrale Unstimmigkeit: Walter Krabonke hatte gestanden, Agnes Brendel am späten Abend des 29. Dezember getötet zu haben. Nach den bisherigen Ermittlungsergebnissen musste sie jedoch noch am Spätnachmittag des 1. Januar gelebt haben. In den folgenden Tagen vernahm ich deshalb noch einmal alle Zeugen. Doch niemand korrigierte seine Aussage.

Die Auflösung brachte ein Besuch beim Rechtsmediziner: Ich war die ganze Zeit über von einer falschen Todeszeit ausgegangen. In meiner Auflistung der Daten hatte ich die einzelnen Werte hinter Spiegelstriche geschrieben. Und der Rechtsmediziner hatte die Striche als Minuszeichen interpretiert und war damit für die Berechnung des Todeszeitpunkts von falschen Werten ausgegangen. Da er nicht aus Bremen kam, war er mit den dortigen Wetterverhältnissen nicht vertraut gewesen. Der von ihm festgelegte Sterbezeitpunkt hatte natürlich die weiteren Ermittlungen und Alibiüberprüfungen bestimmt. Diese Zeit musste jetzt revidiert werden. Agnes Brendel war tatsächlich früher getötet worden. Mindestens dreißig Stunden und länger vor dem Fund ihres Torsos. Einige der Zeugen mussten sich geirrt haben. Auf jeden Fall der Nachbar, der angeblich mit ihr Silvester gefeiert hatte, und die Zeugen, die Agnes Brendel noch Neujahr bis 17 Uhr gesehen haben wollten. Vieles sprach nun dafür, dass es tatsächlich so gewesen war, wie Walter Krabonke gesagt hatte.

Für die Gerichtsverhandlung, in der es nach dem Geständnis neben der weiteren Sachaufklärung um die strafrechtliche Bewertung und das Strafmaß ging, wurde ein psychiatrisches Gutachten angefertigt, um Walter Krabonkes Schuldfähigkeit zu klären.

Zu diesem Zwecke wurde Walter Krabonke von einem Psychiater mehrere Tage exploriert, das heißt, er wurde umfangreichen psychologischen Untersuchungen unterzogen. Dem Gutachten nach stammte Walter Krabonke aus einer zwar äußerlich intakten, aber in ihrer Binnenstruktur auffälligen Familie. Zur Mutter habe er eine sehr enge Beziehung, von der er sich innerlich nie habe lösen können. Das erkläre seine mangelnde Selbständigkeit und seine ungefestigte männliche Identität. Er neige zu Schuldverlagerungen und mache für seinen hohen Alkoholkonsum Ärger mit anderen verantwortlich. Auch sei Krabonke darauf stolz, keine sexuellen Probleme zu haben und »immer zu können«. In früheren Jahren habe sich keine Aggressionsproblematik im sexuellen Bereich gezeigt. In den Jahren nach der Trennung von seiner früheren Ehefrau jedoch seien gehäuft Anzeichen für eine aggressiv aufgeladene Sexualität aufgetreten: Das Würgen als Atemkontrolle beim Geschlechtsverkehr gehöre zu seinen Spielchen, das hatte Walter Krabonke dem Psychiater bei der Untersuchung versichert. Walter Krabonke hatte sich selber als jemanden beschrieben, zu dem das Geschehen mit Agnes Brendel gar nicht passte. Diese »fremde Tat« habe nicht wirklich er begangen. Er habe die Tötung nicht gewollt, und mit Sexualität habe sie nichts zu tun. An allem sei nur die Wut auf seine geschiedene Frau schuld gewesen.

Doch der Gutachter ließ sich davon nicht überzeugen. Stattdessen bewertete er die Verstümmelung als »Entladung sexualisierter Destruktivität«, bei der Gefühle wie sexuelle Erregung und Wut so eng miteinander verwoben seien, dass sie nicht auseinandergehalten werden könnten. In den Zerstückelungshandlungen drücke sich ferner eine »massive destruktive Dynamik aus, bei der nicht nur die Frau als Frau, sondern auch der Mensch als Mensch vernichtet werden sollte«.

Bei der Beurteilung der Schuldfähigkeit befand der Gutachter, dass der Täter nicht minderbegabt sei. Auch fand er keine Hinweise auf eine Psychose oder eine »hirnorganische Symptomatik«, wie eine Verletzung oder einen Tumor. Der Psychiater stellte jedoch bei Walter Krabonke eine hochgradige Persönlichkeitsproblematik fest, die als »schwere andere seelische Abartigkeit« angesehen werden müsse. Selbstkontrolle und Steuerungsfähigkeit des Mannes seien durch die vermutlich vorliegende erhebliche Alkoholisierung stark eingeschränkt gewesen, so dass bei ihm »zur Tatzeit eine verminderte Schuldfähigkeit vorgelegen« haben dürfte.

Der Staatsanwalt stellte in seinem Plädoyer die These auf, dass Walter Krabonke Agnes Brendel vorsätzlich zur Befriedigung seines Geschlechtstriebes bzw. zur Verdeckung einer anderen Straftat getötet hatte, und forderte eine lebenslange Freiheitsstrafe. Walter Krabonkes Verteidiger dagegen äußerte Zweifel daran, dass sein Mandant die Frau heftig geschlagen habe. Er bewertete die Tat als Missbrauch einer Widerstandsunfähigen und mutmaßte, dass die sexuellen Handlungen erst nach dem Tod von Agnes Brendel erfolgt waren. Als Strafrahmen empfahl er dem Gericht eine »Freiheitsstrafe von einem bis zu zehn Jahren«.

Beiden Anträgen mochte sich das Gericht nicht anschließen. Es verurteilte Walter Krabonke »wegen Vergewaltigung mit Todesfolge zu einer Freiheitsstrafe von zwölf Jahren«. Die drei Richter und die beiden Schöffen der Großen Strafkammer des Landgerichts sahen es als erwiesen an, dass er Agnes Brendel mit körperlicher Gewalt zum Geschlechtsverkehr gezwungen und dabei leichtfertig ihren Tod verursacht hatte. Krabonke habe wissen müssen, dass ein heftiges und lang anhaltendes Würgen zum Tod führen konnte. Auch den vom Psychiater angeführten Gründen für eine verminderte Schuldunfähigkeit widersprach das Gericht. Der Mann sei nicht erheblich angetrunken gewesen, sondern »voll orientiert«. Er sei schlicht verärgert gewesen über Agnes Brendels Weigerung, mit ihm intim zu werden.

Ausdrücklich wies der Vorsitzende Richter in seiner mündlich vorgetragenen Urteilsbegründung darauf hin, das »Zersägen der Leiche« dürfe nicht straferschwerend berücksichtigt werden. Es sei ausschließlich zum Zwecke des leichteren Transportes erfolgt. Die Verstümmelung der Brüste und des Schambereichs kommentierte das Gericht nicht.

Viele Jahre nach dem Fall, ich hatte meine Ausbildung zum Fallanalytiker bereits begonnen, holte ich mir den längst abgeschlossenen Fall von Walter Krabonke aus dem Archiv. Ich wollte mein damals erstelltes Täterprofil nachträglich überprüfen und die Übereinstimmungen oder Differenzen bei meiner zukünftigen Arbeit berücksichtigen.

Meine früheren Vermutungen hatten sich als zutreffend erwiesen: Walter Krabonke lebte in der Nähe des Fundortes, kannte die Schule und wohnte alleine. Ohne Probleme konnte er auf eine Säge zurückgreifen, die er für die Renovierung seiner Wohnung benötigte. Er hatte kein Auto und fuhr mit dem Fahrrad. Und Walter Krabonke trank gerne und suchte Gaststätten auf, in denen auch Agnes Brendel verkehrte. Allerdings hätte mein Profil noch differenzierter ausfallen können. Ein Fallanalytiker weiß heute, dass die Gründe, einen Menschen zu verstümmeln, sehr unterschiedlich sind und bestimmte

Formen der *Mutilation*, so der Fachausdruck für Verstümmelung, mit bestimmten Tätertypen korrelieren. Entsprechend lassen sich aus dem Zustand der Leiche Rückschlüsse auf das Profil des Täters ziehen.

Als erwiesen gilt: Es ist immer der Täter selbst, der die Leiche verstümmelt. Einzige Ausnahme sind die sehr seltenen Fälle von *Nekrophilie*. Der Begriff stammt aus dem Griechischen (nekrós = Toter, philia = Zuneigung) und bezeichnet einen Sexualtrieb, der sich auf Leichen richtet. Nekrophile Täter brechen beispielsweise in Beerdigungsinstitute oder Leichenhallen ein, um Tote zu missbrauchen und auch zu verstümmeln.

Eine Verstümmelung sagt nichts über Altersgruppe, Bildungsgrad oder soziale Herkunft des Täters aus. Täter sind fast immer Männer, Opfer meistens Frauen.

Der Täter kennt sein Opfer sehr häufig, weil es aus dem direkten sozialen Umfeld stammt: Familie, Beziehung, private oder geschäftliche Kontakte.

Die Todesursache ist wegen der oft massiven Verstümmelung auch bei der Obduktion nicht immer einfach zu bestimmen. In den meisten Fällen wird das Opfer erstochen (scharfe Gewaltanwendung), erschlagen (stumpfe Gewaltanwendung), erdrosselt oder, wie Agnes Brendel, erwürgt.

Heute kann ich dank meiner Erfahrung und wissenschaftlicher Erkenntnisse sagen, dass Walter Krabonke tatsächlich zwei verschiedene Formen der Verstümmelung beging. Den Kopf und die Extremitäten von Agnes

Brendel entfernte er ausschließlich zu Transportzwecken. Schließlich konnte er die Leiche nicht einfach am Tatort liegen lassen. Eine solche Zerstückelung der Leiche aus rein pragmatischen Erwägungen wird als *defensive Mutilation* bezeichnet und ist der häufigste Grund für Verstümmelungen.

Für das Täterprofil hätte diese Bewertung bedeutet, dass Agnes Brendel an einem Ort getötet wurde, an dem der Täter entweder selbst lebte oder einen sogenannten *Ankerpunkt* hatte wie seinen Arbeitsplatz. Zudem musste die soziale Kontrolle durch Nachbarn, Anwohner und Passanten so groß sein, dass der Transport einer kompletten Leiche nicht infrage kam.

Eine völlig andere Motivation führt zur Verstümmelung primärer Geschlechtsteile oder des Gesichts. Eine solche Verstümmelung geschieht immer aus emotionalen Gründen: Wut oder Hass, sexuelle Erregung, Demütigung. Häufig ist sie schlicht die Fortsetzung der exzessiven Gewalt, die schon zum Tod des Opfers geführt hat. Die emotional motivierte Verstümmelung wird als *aggressive Mutilation* bezeichnet. Häufig werden die Opfer enthauptet. Aber auch symbolische Schnittverletzungen im Gesichts- und Genitalbereich kommen vor. Immer geht es dem Täter, ob bewusst oder unbewusst, um Depersonifizierung, die Entmenschlichung des Opfers. Nichts soll den Täter mehr an die Persönlichkeit des Opfers erinnern. Das ist bei etwa jeder zwanzigsten verstümmelten Leiche der Fall.

Beinahe lehrbuchmäßig hatte Walter Krabonke seine Motivation für die Verstümmelung beschrieben, als er uns gestand, dass er Agnes Brendel als Frau und Mensch zerstören wollte. Dabei richtete sich sein Hass jedoch nicht originär gegen Agnes Brendel, sondern gegen Frauen im Allgemeinen. Speziell seiner geschiedenen Ehefrau gab Walter Krabonke alle Schuld für sein desaströses Leben, für alle Unannehmlichkeiten und Einschränkungen.

Bei der Bearbeitung des Falles hatte ich mir wegen der Genitalverstümmelung und der abgeschnittenen Brüste auch ein sexuelles Motiv bei Walter Krabonke vorstellen können. Die Verstümmelung zur sexuellen Befriedigung heißt *offensive Mutilation* und ist von der aggressiven Mutilation oft nicht zu unterscheiden: Enthauptung, Abtrennen von Extremitäten, Entfernen der inneren und äußeren Geschlechtsorgane. Typisch für die offensive Verstümmelung ist allerdings, dass Täter den Bauchraum ihrer Opfer öffnen, Organe entnehmen, ihr Opfer häuten oder in einem Akt von Kannibalismus gar Körperteile verspeisen. Wenn Ermittler bei einer gefundenen Leiche solche Hinweise finden, wird das Täterprofil auf sogenannte »Lustmörder« oder sexuelle Sadisten lauten. Während der Lustmörder das Opfer zur Befriedigung seiner sexuellen Phantasien verstümmelt und tötet, liegt beim Sadisten das Augenmerk auf dem Quälen. Er bringt das Opfer in seine Gewalt, nimmt es gefangen, quält es über Stunden oder Tage und verstümmelt es dabei. Seine sexuelle Gratifikation erfährt er durch die Reaktionen auf den zugefügten Schmerz. Die drehbuchartig vorbereitete und geplante Tat soll seinen abnormen sexuellen Vorstellungen nahekommen.

Die offensive, also sexuell motivierte Leichenverstümmelung nimmt etwa ein Viertel aller Mutilationen ein.

In den vergangenen Jahren habe ich Walter Krabonke einige Male besucht. Ich wollte wissen, ob er die Tat nach all den Jahren im Gefängnis anders schilderte oder beurteilte. In gewisser Weise nahm ich den FBI-Ansatz der nachträglichen Täterbefragung auf und wollte mehr über das Verbrechen und Walter Krabonkes Motivation erfahren – vom Experten lernen.

Ein großer Vorteil der nachträglichen Befragung besteht darin, dass die Täter strafrechtlich nichts mehr zu befürchten haben, weil nach geltendem Recht niemand wegen eines Verbrechens zweimal bestraft werden darf. Bei allen Tätern, die ich bisher aufgesucht habe, bin ich immer auf Verständnis für mein Anliegen gestoßen, bietet ihnen das späte Gespräch doch die Chance, die ganze Wahrheit zu erzählen und dadurch gegebenenfalls ihr Gewissen zu erleichtern.

Wenn ich die Dynamik und die Motivation einer Tat verstanden habe, kann ich zukünftige Verbrechen besser begreifen und einschätzen. Das mag Sie verwundern, ist menschliches Verhalten doch sehr vielschichtig und individuell und kein Täter wie der andere. Dennoch zeigt sich immer wieder, dass sich das Verhalten verschiedener Täter im Kern oft ähnelt. Und immer geht es um Motivationen, die auch im Alltag eine Rolle spielen und von grundlegenden menschlichen Bedürfnissen und Gefühlslagen herrühren.

Leider werden die Täter nach ihrer Verurteilung nur sehr selten befragt. Das finde ich vor allem deshalb fatal, da ohne eine Evaluation Ermittler und auch Fallanalytiker dazu neigen, die eigenen Einschätzungen von Tätern und Täterverhalten unkritisch als der Weisheit letzten Schluss zu sehen. Wie unterschiedlich Einschätzungen sein können, zeigt der Fall von Walter Krabonke. Alle am Verfahren Beteiligten hatten bei gleicher Informationslage sein Verhalten unterschiedlich bewertet: der Staatsanwalt, der Verteidiger, der Psychiater, das Gericht und ich als Ermittler.

Als ich Walter Krabonke das erste Mal nach seiner Haftentlassung besuchte, erkannte er mich sofort und freute sich über meinen Besuch. Sein Aussehen hatte sich sehr verändert. Sein früherer Fassonschnitt war schulterlangen Haaren gewichen, und er hatte sich einen Vollbart wachsen lassen. Statt Stoffhose mit Bügelfalte und gestärktem Hemd trug er verwaschene Jeans und ein weißes T-Shirt und darüber einen weißen Kittel mit dem Aufdruck »Art-Malerei W. Krabonke«. Ich hatte wieder Butterkuchen gekauft, und so saßen wir wie vor über zwanzig Jahren bei Kaffee und Kuchen beisammen. Für mich war das eine ungewohnte Situation, denn Walter

Krabonke war der erste Täter, den ich Jahre später aufsuchte und zu seiner Tat befragte: zwei gleichwertige Gesprächspartner, kein vorsichtiges Taktieren.

Walter Krabonke schilderte den Tagesablauf genauso, wie er es damals in der Vernehmung getan hatte. Nach wie vor war er davon überzeugt, dass Agnes Brendel nur aufgrund unglücklicher Umstände starb. Er bedauerte den Tod des »Marjellchen«, wie er Agnes Brendel immer noch nannte, stritt aber weiterhin jede sexuelle Motivation bei der Verstümmelung ab. Als ich meine Zweifel in diesem Punkt äußerte, drohte die harmonische Stimmung zu kippen. Walter Krabonke wurde ernst und bestimmt. Nein, es sei so gewesen, wie er es gesagt habe. Ohne Wenn und Aber. »Ich fühlte mich von meiner früheren Ehefrau erlöst. Ich hatte keinen Hass mehr. Für mich war sie nicht mehr da!« Alles andere sei spekulativ und würde nicht der Realität entsprechen.

Mir wurde bewusst, dass ich hier an Grenzen stieß. Ich musste akzeptieren, dass er gut fünfundzwanzig Jahre nach der Tat bei seinen Erklärungen blieb.

Im Gefängnis hat Walter Krabonke über sein Leben und das Verbrechen etwas aufgeschrieben, das er selbst »Tatsachenbericht« nennt. Seine handschriftlichen Aufzeichnungen, die er in der Haft in schwarzes Leinen hat binden lassen, tragen die Titel *Eine Nacht ohne Abschied* und *Ein Leben ohne Leben*. Das Unikat hat er mir für diesen Beitrag geschenkt: »Da kann man dann ruhig mal zeigen, wie ich das sehe. Das fände ich jedenfalls gut.

Damit die Leute mich besser verstehen können. Aber ob die das überhaupt wollen? Bei so einem wie mir?«

In dem späten Rückblick auf seine Tat schreibt er: »Wenn du so was gemacht hast, davon kommst du nie richtig los. Man träumt davon. Da sind Blutspuren, die dich umkreisen, und du willst raus und du willst Licht am Ende des Tunnels. Da muss Sonne sein.«

Straffällig ist Walter Krabonke seit seiner Entlassung aus dem Gefängnis nicht mehr geworden. Auch mit dem Trinken hat er aufgehört. Heute wohnt er allein in einer deutschen Großstadt, wo er sich als Kunstmaler niedergelassen hat. Im Gefängnis hat er mit dem Malen angefangen. Seine kleine Einzimmerwohnung ist mit bis unter die Decke reichenden Regalen zugestellt. In ihnen lagern fast tausend Bilder. Die Palette seiner Werke reicht von naiv bis abstrakt und von modernistisch bis expressionistisch. Auch heute neigt er noch zur Pedanterie und ausgeprägtem Ordnungssinn. Das zeigt nicht nur seine heute wie damals akkurat aufgeräumte und penibel saubere Wohnung, sondern auch sein dreifach abgesichertes Katalogisierungssystem. In großen Karteikästen und Registern hat er die Fotos von seinen Bildern abgelegt und die Titel aller seiner Werke erfasst. Nur selten verkauft er ein Bild in seinen monatlich wechselnden Ausstellungen in einer Eisdiele oder einem Billard-Café.

Zwei Bilder hat Walter Krabonke mir geschenkt: ein im naiven Stil gemaltes Aquarell, das ein kleines norddeutsches Dorf unter regenverhangenem Himmel zeigt, und ein modernistisches. Das auf Sackleinen gesprühte Werk trägt den Titel *Im Rollstuhl über den Fluss.*

»Denn bei dem Bild denk ich immer, wie schwer das ist, nach dem langen Knast im normalen Leben wieder klarzukommen«, erklärte mir Walter Krabonke dazu.

Das Bild hängt in meinem Büro. Mal drückt es für mich genau das aus, was Krabonke dazu erklärt hat, mal sehe ich darin Blutspuren, aus denen jemand heraus will.

Serienmord: Muster gültig

Wie werden Phantasien tödlich?

Das Wohnzimmer ist mit einem hellbraunen Bodenbelag und weißen Flokatiteppichen ausgelegt. In einer Ecke des Raumes steht im rechten Winkel eine grau-rot-schwarz gemusterte Sitzgruppe. Davor liegt ein leeres Wasserglas. Der Teppich ist an dieser Stelle durchtränkt. Vermutlich Cola. Eingedrückte Stellen im Teppich weisen darauf hin, dass jemand den vor der Couch stehenden kleinen Kieferntisch verrückt hat. Die blutige Tischdecke wurde ebenfalls verschoben, ohne dass die Vase mit frischen Schnittblumen darauf umgefallen wäre. Den größten Teil des Raumes nimmt ein 1,60 mal 2 Meter großes und mit einer rosafarbenen Tagesdecke abgedecktes französisches Bett ein. Auf ihm liegen sechs Kopfkissen und verstreute Papiere. Zwischen der Sitzgruppe und dem Bett steht ein Nachtschrank, seine Tür ist geöffnet, die Schubladen sind herausgezogen. Der Inhalt liegt auf dem Boden verteilt: Papiere, zwei geöffnete Handtaschen und Reizwäsche. Die Schiebetüren eines Kleiderschran-

kes sind aufgeschoben. Auch ihn hat der Täter durchsucht, den Inhalt herausgerissen und auf Boden und
Couch geworfen. Zahlreiche Kleidungsstücke und ein
Handtuch können größere Blutflecken an Lehne und Sitz-
flächen des Sofas nur dezent abdecken. Oben auf dem
Schrank liegen zwei Peitschen und vier Reitgerten. Wie
ich vermute, notwendige Accessoires für eine strenge
englische Erziehung spezieller Freier. Der auf einem kleinen Tisch stehende Fernseher und eine Videoanlage sind
angeschlossen, aber ausgeschaltet.

Die Leiche von Ramona Braun liegt in Seitenlage auf
dem Fußboden. Fast drei Meter von den blutigen Stellen
der Couch entfernt und direkt vor der Wohnzimmertür.
Zusammengekauert wie ein Embryo: die Arme vor dem
Oberkörper verschränkt, beide Beine angezogen. Ramona Braun ist eine schlanke Person: knapp 170 Zentimeter groß, 52 Kilogramm schwer, lange, blonde und glatte
Haare. Mittelscheitel. Bekleidet ist sie mit einem schwarzen Slip, schwarzem Strapsgürtel, schwarzen Strümpfen
und schwarz-goldenen Highheels mit einer Absatzhöhe
von zwölf Zentimetern. Auf den Strümpfen befinden
sich blutige Abdrücke, die erst bei näherem Hinsehen als
handförmig zu erkennen sind. Rechts und links neben
der Toten bemerke ich große und bereits eingetrocknete
Blutflecken.

Ich schaue mir die Tote genauer an. Ihr BH ist hinten
am Verschluss scharf durchtrennt und liegt in Höhe der
Brust unter ihrem Oberkörper. Nacken und Rücken

weisen 25 tiefe Stichverletzungen aus unterschiedlichen Richtungen auf, die Kehle ist mit drei langen und parallel geführten Schnitten weit geöffnet. Am rechten Oberarm und den Händen zähle ich sieben Einstiche, dazu zwei Schnitte in der Hohlhand und an den Fingern. Eindeutige Beweise dafür, dass Ramona Braun sich gegen die Messerattacke des Täters zu schützen versucht hatte, sich dabei vom Täter abwandte und versuchte, die Klinge des Messers festzuhalten.

Arme und Beine der Toten sind starr. An der Unterseite ihres Körpers sind dunkelviolette Totenflecken zu erkennen, die bei leichtem Daumendruck verschwinden und nach einem kurzen Moment wieder erscheinen. Die Körperwärme ist bereits deutlich gesunken. Die drei Feststellungen bedeuten, dass Ramona Braun vor mehreren Stunden gestorben ist.

In der Küche liegen auf einem Stuhl Jeans, Pullover und eine kurze Lederjacke. Die auf dem Küchentisch abgestellte Handtasche ist leer, das Futter nach außen gekehrt. Ihr Inhalt liegt auf Tisch und Fußboden verteilt. Portemonnaie, Ausweise und Geld fehlen. Nach der Tatwaffe und den Wohnungsschlüsseln suchen die Beamten des Erkennungsdienstes und ich vergeblich. In Ramona Brauns Hand finden die Spurensucher ein Büschel mit kurzen braunen Haaren. Sie sichern Blutspuren und Fingerabdrücke und kleben den Körper der Leiche für die Untersuchung von Mikrospuren mit transparenter Folie ab.

Für Prostituierte besteht bei ihrer Tätigkeit generell ein großes Risiko, irgendwann einmal Opfer einer Straftat zu werden. Sei es, dass sie bedroht, geschlagen, vergewaltigt, beraubt oder gar ermordet werden. Gleichgültig, ob Sexarbeiterinnen – wie sie sich selbst nennen – in einem Apartment Freier empfangen oder ihren Körper auf dem Drogenstrich anbieten. Die Kontaktaufnahme ist für den Täter einfach: Er muss lediglich wie ein potentieller Freier auftreten. Ist ihm die Kontaktaufnahme erst einmal gelungen, befindet er sich bald darauf mit der Prostituierten allein an einem Ort ohne Zeugen oder sonstige soziale Kontrolle. Und sein Opfer wird keinen Verdacht schöpfen, wenn er sich beim Ausziehen scheinbar verschämt wegdreht, um zum Beispiel eine Waffe aus seiner Kleidung zu ziehen.

Mit diesen Gedanken rekonstruierte ich das Tatgeschehen. Vermutlich hatte Ramona Braun ihren Mörder in der irrigen Annahme, er sei nur ein Kunde, freiwillig und leicht bekleidet in ihre Wohnung eingelassen. Der Täter hatte offenbar ein Messer bei sich gehabt und war sehr strukturiert vorgegangen: In einem unbeobachteten Moment griff er Ramona Braun vor der Sitzecke mit dem Messer an und verletzte sie. Sie fiel auf die Couch, rappelte sich dann aber wieder auf und kämpfte um ihr Leben: wehrte weitere Stiche mit dem Oberarm ab, griff in die Messerklinge und riss dem Angreifer Haare aus. Anschließend versuchte sie in Richtung Wohnungstür zu flüchten. Doch der Täter holte sie mit wenigen Schritten ein und stach weiter auf ihren Rücken ein, wobei er die Waffe von oben nach unten führte. Ramona Braun sank zu Boden und blieb reglos auf dem Rücken liegen. Das zeigte mir eine der beiden eingetrockneten Blutlachen auf dem Boden. Der Täter hatte sie anschließend in die Embryostellung – einer stabilen Seitenlage gleich – gedreht und ihr in einer dritten Serie weiter in den Rücken gestochen. Diesen Rückschluss konnte ich aus den – diesmal waagerechten – Wundrändern ziehen, aus denen das Blut senkrecht nach unten gelaufen war und auf dem Teppich den zweiten Blutsee gebildet hatte. Besonders auffällig waren für mich sieben Stiche in den Nacken und die von hinten geführten Schnitte durch die Kehle der Frau. Diese Verletzungen hatte ihr der Täter in zwei erneuten Serien beigebracht, sie waren gezielt gegen den Hals gerichtet und hatten beinahe ihren Kopf abgetrennt.

Mir wurde klar: Der Täter hatte Ramona Braun mit absolutem Tötungswillen umgebracht. Und noch eine Spur musste ich bei der Rekonstruktion berücksichtigen. Warum war der BH der Frau zerschnitten? Da es in BH-Höhe keine Stichverletzung am Rücken des Opfers gab, konnte dies nicht zufällig geschehen sein. Der Täter hatte also gezielt das Dessous zerschnitten. Nur warum?

Nach der Tötung flüchtete der Täter nicht sofort. Auch jetzt handelte er weiterhin zielgerichtet: Er ging ins Badezimmer, wusch sich seine blutigen Hände, durchsuchte Wohnung und Handtasche und steckte dabei Portemonnaie, Ausweise und die Wohnungsschlüssel des Opfers ein. Mit dem Tatmesser und der Beute verließ er die Wohnung und schloss die Tür zweimal ab.

Dreieinhalb Jahre nach dem Mord, ich war inzwischen stellvertretender Leiter im Kommissariat für Gewaltverbrechen und leitete eine Mordkommission, klingelte morgens in meinem Büro das Telefon. Es meldete sich der für Tötungsdelikte zuständige Staatsanwalt: »Mich hat soeben ein Rechtsanwalt angerufen. Bei ihm in der Kanzlei sitzt ein Mann, der behauptet, eine Prostituierte in ihrer Wohnung ermordet zu haben, und sich stellen will. Um welchen Fall es geht, weiß ich nicht.«

Mir selbst fielen spontan die immer noch ungeklärten Morde an Ramona Braun und an zwei weiteren Prostituierten ein: Tanja Rose und Violetta Winter. Die drei Frauen waren innerhalb von nur dreizehn Monaten in ihren Apartments getötet worden. Ich rief den Rechtsanwalt an. Er bestätigte, dass sein Mandant Herbert Ritter bei ihm in der Kanzlei sitze und die Tötung einer Prostituierten gestehen wolle. Ich sagte dem Anwalt, dass ich seinen Klienten abholen lassen würde, und informierte die Einsatzzentrale.

Tanja Rose war nur drei Wochen nach Ramona Braun in ihrem Atelier ermordet worden – knapp hundert Meter vom ersten Tatort entfernt. Auch an diese Tat konnte ich mich gut erinnern, denn ich hatte mich viele Stunden am Tatort aufgehalten, die Spuren beschrieben

SERIENMORD: MUSTER GÜLTIG

und sie zusammen mit einem Sachverständigen für Blutspuren interpretiert. Wir hatten damals herausgefunden,
dass Tanja Rose den Täter gegen 18 Uhr als vermeintlichen Gast in ihrem Apartment empfangen hatte. Schnell
schaute ich in meinen früheren Aufzeichnungen nach.
Ich las:

Leiche liegt zwischen Bett und Couchtisch auf dem
Rücken. Tote ist ca. 1,65 m groß, schlank und bekleidet
mit rotem Pullover, blauen Jeans, schwarzem Slip, roten
Schuhen und weißen Socken. Kopf zur Seite gedreht,
liegt in einer 40 x 30 cm großen Blutlache. Blut ist
geronnen. Linker Arm liegt ausgestreckt unter dem
Couchtisch, der rechte ruht angewinkelt auf dem Oberkörper, verdeckt Halspartie. An beiden Händen multiple
Stiche und Schnitte in der Hohlhand. Füße der Toten
zeigen zur Wohnzimmertür. Beine leicht gespreizt.
Neben rechtem Fuß liegen Scherben von zerbroche-
nem Wasserglas. Dort Teppich nass. Pullover (durch-
blutet) 20 cm über den Bauchnabel hochgeschoben,
Brüste nicht entblößt (geschlossener BH).
Knapp über Bauchnabel ca. 30 cm lange horizontale
und leicht geschwungene oberflächliche Schnitt-
verletzung, von deren linkem Ende seitlich abgehend
(wie Strahlen) zwei nur wenige Zentimeter lange
Schnitte. Knapp oberhalb des rechten Schnittes, noch
im Unterbauch, ca. 5 cm breite, klaffende Stichwunde.
Jeans und schwarzer Slip zusammen fast bis zu den

Knien heruntergezogen, Hosenschöße auf links gedreht.
Innen- und Außenseiten der Jeans blutig – vermutl.
Kontaktspuren von blutigen Händen. Schuhe und
Socken sitzen normal. Schnürsenkel zur Schleife gebun-
den. Auf linkem Unterschenkel liegt schwarzes Négligé,
auch hieran Blut.
Teppich (altrosa) in unmittelbarer Umgebung der
Leiche großflächig blutig: Tropfen und Wischspuren. Auf
rechtem Arm liegt rot-schwarzes Bustier, ebenfalls mit
blutigen Griffspuren. Daneben ist rotes Tastentelefon
abgestellt. Telefonschnur führt zum Unterkörper der
Leiche. Hörer steckt tief in Vagina. Totenstarre vollständig
ausgeprägt. Nach Wegdrücken des linken Arms ist
blutiges Gesicht der Toten zu erkennen. Nase und linke
Wange von Stichen verletzt. Hals aufgeschnitten, zwei
bis zur Wirbelsäule reichende Schnitte nahezu parallel.
Wundränder klaffen weit auseinander. Drehen des
Körpers in Bauchlage offenbart zwei tiefe, unterschiedlich lange und horizontale Schnitte im Nacken. Der
längere reicht von Ohransatz zu Ohransatz. Analog
zum Bauchschnitt in gleicher Höhe gut 40 cm langer
Schnitt quer über den Rücken.

Wie bei Ramona Braun hatte sich der Täter sehr strukturiert verhalten, die Tatwaffe mitgebracht und sie nach
der Tat wieder mitgenommen. Er hatte Tanja Rose ebenfalls sofort angegriffen, Konsequenz bei der Tötung gezeigt, anschließend die Wohnung durchsucht und Geld

und persönliche Gegenstände geraubt. Und auch hier ging die Tat weit über das für Raubmörder typische Verhalten hinaus. Warum hatte der Täter beispielsweise Hals und Nacken so extrem verletzt? Welche Bedeutung hatten die langen Bauch- und Rückenschnitte? Warum hatte er Dessous auf dem Körper der Toten abgelegt und ihr den Telefonhörer in die Scheide geschoben? Wollte er sie damit als Prostituierte degradieren, die auf Anruf für sexuelle Handlungen zur Verfügung stand? Ohne Zweifel wiesen beide Taten in ihrer Ausführung starke Parallelen auf, was ein Hinweis darauf sein konnte, dass sie von ein und demselben Täter begangen worden waren.

Bei dem Mord an Violetta Winter war ich nicht am Tatort gewesen, da ich zu der Zeit für ein knappes Jahr Dienst in der Kriminalbereitschaft versah. Die Tat hatte sich rund dreißig Kilometer entfernt von den beiden anderen Tatorten im Randgebiet von Bremen zugetragen. Wenige Monate nach dem Verbrechen – ich wollte wieder als Ermittler arbeiten – war ich in die Mordkommission zurückgekehrt und hatte die Akte gelesen: Der Mörder von Violetta Winter hatte ebenfalls mit äußerster Brutalität, aber völlig unstrukturiert, geradezu chaotisch, getötet. Er hatte keine Tatwaffe mit zum Tatort genommen und die Frau stattdessen mit sogenannten *Waffen der Gelegenheit* ermordet. Waffen der Gelegenheit sind am Tatort vorhandene Gegenstände, die der Täter aus der

Situation heraus benutzt: Im Fall Violetta Winter waren es eine Flasche, ein Hammer und ein Küchenmesser. Der Täter streckte das Opfer mit einer Flasche nieder, schlug ihren Kopf mehrfach auf den Fußboden und erwürgte sie. Anschließend holte er aus der Küche ein Messer und einen Hammer, stach der bereits toten Frau zehnmal gezielt in die Herzregion und zertrümmerte mit zwei wuchtigen Hammerschlägen den Schädelknochen. Danach zerschnitt er den Body von Violetta Winter. Nach vergeblichen Versuchen, der Toten die Kehle zu öffnen und die Brustwarzen abzuschneiden, rammte er ihr final zweimal das Messer in die Vagina und ließ es dort stecken.

Das ganze Tatgeschehen und das Ausmaß der Gewalt sprachen für große Erregung und Wut beim Täter. Das zeigte auch der Zustand der Wohnung: Wie von Sinnen hatte er mit blutigen Händen den kompletten Inhalt aus den Schränken herausgerissen und nach Wertsachen gesucht. Hierin lag ein starker Unterschied zu den anderen beiden Morden. Deshalb war ich nach dem Aktenstudium keineswegs sicher gewesen, ob sich diese Tat mit den anderen beiden Verbrechen in Verbindung bringen ließ.

Vor der Vernehmung von Herbert Ritter wollte ich mehr über ihn wissen, um mich besser auf ihn einstellen zu können. Als Erstes überprüfte ich die Indexe für die Spurenakten der drei Mordfälle: handschriftliche Kladden mit Spurennummern, Namen und Erledigungsvermerken, denn über ein elektronisches Spurendokumentationssystem verfügten wir damals noch nicht. Dort tauchte sein Name nicht auf. Trotzdem wurde ich in den polizeilichen Systemen (allgemeine Vorgangserfassung der polizeilichen Akten, Daten vom Einwohnermeldeamt) fündig.

Zusätzlich fand ich in der Kriminalaktenverwaltung eine Akte mit Kopien von einem nach dem Mord an Tanja Rose verübten Suizidversuch und von zwei Strafanzeigen gegen ihn: Eine ehemalige Freundin hatte ihn angezeigt, weil er sie in einer Gaststätte mit einem Messer und einem japanischen Schwert bedroht und dabei verkündet hatte, ihr den Kopf abzuschlagen. Anschließend war Herbert Ritter mit seinem Auto geflüchtet. Wenig später jedoch war er bei der nach ihm ausgelösten Fahndung von der Polizei angehalten worden. Da er 2,1 Promille im Blut hatte, wurde ihm der Führerschein entzogen. Außer diesem Fall gab es keinen weiteren Hinweis, dass Herbert Ritter zur Gewalt neigte. Mir fiel jedoch auf, dass er zum Zeitpunkt der Morde in der Nähe des dritten Tatortes gewohnt hatte. Laut Meldedaten war er jetzt 28 Jahre alt, ledig und allein lebend.

Kurze Zeit später brachten zwei Polizeibeamte den mit Handschellen gefesselten Herbert Ritter in mein Büro. Vor mir stand ein unscheinbarer Mann, trotz seiner stattlichen Erscheinung von knapp 1,90 m und seinen gut hundert Kilo Leibesfülle: Jeans, blauer Pullover, Turnschuhe, braune, kurz geschnittene Haare und ein freundliches Gesicht mit weichen Gesichtszügen.

Ich ließ den Selbstgesteller erkennungsdienstlich behandeln und Blut sowie Haare für Vergleichsuntersuchungen sichern, anschließend begann ich gemeinsam mit einem Kollegen mit der Vernehmung.

Herbert Ritter wollte tatsächlich einen Mord gestehen. Ganz leise, langsam und trotzdem stotternd begann er zu erzählen: »Es war vor einigen Jahren. Ich brauchte dringend Geld, denn die Firma hatte mich rausgeschmissen. Sie war eine Prostituierte und arbeitete in einem Apartment. Wie sie hieß, weiß ich nicht. Ich habe sie erstochen, denn sie sollte mich nicht wiedererkennen. Ich muss das jetzt gestehen, da ich mit meinen Schuldgefühlen nicht mehr länger leben kann.«

Diese Einführung verriet mir nicht, über welchen Mord wir sprachen, denn alle drei Prostituierten waren in ihren Apartments erstochen worden. Bis jetzt hatte uns Herbert Ritter nichts erzählt, was er nicht auch aus jeder Tageszeitung hätte wissen können. Nicht einmal den Namen seines Opfers kannte er.

So absurd es klingen mag, immer wieder kommen Männer oder Frauen zur Polizei, um einen Mord zu gestehen, den sie nicht begangen haben, sei es aus krankhafter Geltungssucht oder einem unbewussten, fehlgeleiteten Bedürfnis, sich von Schuldgefühlen zu befreien. Ich selbst hatte das bis dahin schon zweimal erlebt und wusste, welche Arbeit es macht, den Wahrheitsgehalt eines solchen »Geständnisses« zu überprüfen. Was wir brauchten, war also konkretes Täterwissen und keine allgemeinen Floskeln. Daher nahmen mein Kollege und ich den Geständigen quasi ins Kreuzverhör und stellten ihm in schneller Folge eine Frage nach der anderen: nach dem Aussehen der Frau, der Einrichtung des Apartments, dem Tatablauf. Schon bald geriet Herbert Ritter noch mehr ins Stottern und begann zu schwitzen. Und bei seinen Antworten rutschte er unruhig auf seinem Stuhl hin und her.

Bereits nach wenigen Minuten war ich mir sicher: Herbert Ritter hatte nicht eine der drei Prostituierten getötet, sondern alle drei. In seiner Aufregung hatte er Details der einzelnen Taten durcheinandergebracht: »Die Frau hatte nur 'nen BH und Strapse an. Alles in Schwarz und dazu hohe Absätze. Ich hatte nichts an Waffen mitgenommen, ging ins Badezimmer und wollte schauen, womit ich sie niederschlagen konnte. Auf dem Flur stand eine Flasche mit einem Miniaturschiff drin. Die habe ich genommen und ihr sofort über den Kopf gehauen.«

Das passte nicht zusammen. Zwar hatte eines der Opfer, Ramona Braun, schwarze Reizwäsche getragen, doch sie war sofort mit einem Messer angegriffen und erstochen worden. Mit einer Flasche niedergeschlagen worden war Violetta Winter.

Als wir Herbert Ritter auf diese Ungereimtheit ansprachen und ihm vorhielten, er hätte drei Prostituierte und nicht nur eine ermordet, druckste er zunächst herum, wurde nachdenklich und starrte vor sich hin. Dann, nach nicht sehr langem Zögern, erweiterte er sein Geständnis: »Ja, ich war's.«

Nachdem das heraus war, redete er aufgezogen wie ein Uhrwerk, quasi ohne Punkt und Komma, so dass ich manchmal Schwierigkeiten mit dem Mitschreiben hatte. Wir nutzten die Gelegenheiten, um die *Verneh-mungsstrategie der freien Rede* anzuwenden. Eine solche Taktik gibt es tatsächlich, sie ist allerdings nicht sonderlich kompliziert, jedoch sehr effektiv und besitzt einen hohen Beweiswert. Im Grunde hält der Ermittler einfach den Mund und lässt den Zeugen, Verdächtigen oder Geständigen unbeeinflusst seine Geschichte erzählen.

Und genau das tat Herbert Ritter. Je länger er sprach, desto selbstbewusster und souveräner wurde er. Sein Stottern verschwand vollkommen. An diesem Tag dauerte die Vernehmung bis Mitternacht, und als wir am folgenden Mittag die Fortsetzung beendeten, hatte ich auf siebenunddreißig eng beschriebenen Seiten Herbert Ritters Geständnis protokolliert. Ein scheinbar offenes und detailliertes Zeugnis mit den Gründen, weshalb und wie er zum dreifachen Mörder geworden war.

Dem ersten Mord gehen zwei missglückte Versuche voraus. »Ich war arbeitslos, Weihnachten stand vor der

Tür, und ich brauchte dringend Geld. Meine Freundin nervte, weil wir Geschenke kaufen mussten.« Berauben und töten will er jeweils eine alte Frau. Doch die eine lässt ihn gar nicht erst in die Wohnung, die zweite bekommt überraschend Besuch von ihrer Tochter.

In seiner Geldnot kommt er auf die Idee, »die Anzeigen von Huren in der Zeitung durchzulesen und auf die Telefonnummern zu achten. Die verraten ja den Stadtteil.« Nicht Hassgefühle, sondern pragmatische Erwägungen veranlassen ihn, seine Opfer in diesem Milieu zu suchen. »Ich hab nichts gegen Prostituierte. Ich bin häufig bei ihnen als Freier gewesen. Die drei Frauen kannte ich nicht. Für mich war nur wichtig, dass ich die Frauen ohne Probleme in meine Gewalt bekomme – die lassen doch jeden rein.«

Die ersten beiden Tatorte wählt Herbert Ritter mit Bedacht, um einen großen Abstand zu seiner Wohnung einzuhalten. Als Ramona Braun am Telefon ihren Namen und ihre Anschrift nennt, kündigt er ihr für den späten Nachmittag seinen Besuch an: »Ich ging davon aus, dass sie bis dahin einige Freier gemacht hatte und ich auf jeden Fall noch ihre Tageseinnahmen in der Wohnung finden würde.«

Bis dahin trinkt er einige Flaschen Bier und eine halbe Flasche Korn. Er steckt sein extra für die Tat geschärftes Messer in die Innentasche seiner Lederjacke. Um auszuprobieren, was es für ein Gefühl ist, mit einem Messer zuzustechen, rammt er die Klinge mehrmals in ein Türblatt und in einen Brotlaib.

Dann fährt er mit seinem Wagen in die Nähe des Tatortes und prüft im Haus die Fluchtmöglichkeiten. Schnell findet er das Apartment von Ramona Braun. Es ist kurz nach 17 Uhr, als er an ihrer Wohnungstür klingelt. Sie gefällt ihm – »sie war so richtig mein Typ« –, doch seine Sympathie für die Frau schwindet schnell, denn er braucht unbedingt Geld.

Herbert Ritter folgt Ramona Braun in ihr Wohnzimmer, fragt sie nach der Toilette und holt dort das Messer aus seiner Jacke. Auf dem Weg ins Wohnzimmer kontrolliert er unauffällig die Küche, ob sie allein sind. Als die Frau ihm ein Glas Cola anbietet, gibt es für ihn kein Zurück mehr. »Diese Gelegenheit war zu optimal. Darauf hatte ich gewartet.« Schnell zieht er das Messer und sticht auf sie ein. »Sie wehrte sich wie wild und schrie gellend um Hilfe. Ich kam gar nicht richtig an sie ran. Das hatte ich mir einfacher vorgestellt. Ich wurde total wütend.« Aber gegen die körperliche Überlegenheit ihres Angreifers und das Messer hat die zierliche Frau keine Chance. Schwer verletzt fällt sie zu Boden, und er sticht in Rage immer weiter auf sie ein, auch als sie längst tot ist.

Dieses Verhalten ist bei Taten, die durch starke Gefühle wie Anspannung und Wut geprägt sind, keine Seltenheit. In der Sprache der Fallanalyse heißt dieses Phänomen *Overkill*, zu Deutsch *Übertöten*.

»Ich musste sie umbringen. Nur daran habe ich gedacht und ihr die Kehle durchgeschnitten.« Nachdem er
sich im Badezimmer die Hände gewaschen, die Wohnung durchsucht und über 2000 Mark gefunden hat,
flüchtet er unerkannt.

Obwohl sich Herbert Ritters Aufregung noch in der
Wohnung gelegt hat, gerät er auf der Fahrt nach Hause
in Panik. Er hält auf einem Autobahnparkplatz, achtet
auf die vorbeifahrenden Autos – und zählt das Geld. Als
er unbehelligt in seiner Wohnung ankommt, zieht er sich
um und versteckt die blutige Kleidung. Anschließend
will er seine Tat nur noch genießen: »Für meine Freundin hatte ich mir eine besondere Überraschung ausgedacht und die Beute auf dem Wohnzimmertisch ausgebreitet. Ich war so glücklich, denn schließlich hatte ich
die Tat für sie gemacht.«

Doch auf seinen Höhenflug folgt schnell die Ernüch-
terung. Wieder einmal kommt er zu spät zu einer Verabredung mit seiner Freundin. »Sie war richtig angepisst,
wollte nicht nach Hause und stattdessen sofort zum Einkaufen gehen. Ich holte dann aus der Wohnung das Geld
für die Weihnachtsgeschenke, während sie im Auto sitzen blieb. Was für ein Frust!«

Den Abend verbringen die beiden in einer Gaststätte
und versöhnen sich später wieder im Bett. Herbert Ritter
ist sich sicher, dass ihm seine Freundin die Tat nicht an-
gemerkt hat. In seinen Augen benimmt er sich angepasst
wie immer. »Hab mir auch nur einmal am Kiosk eine

Zeitung gekauft, um zu gucken, ob da was über mich drinsteht.«

An dieser Stelle unterbrach ich die Erzählungen des Geständigen. Wenn es nur um einen Raubmord gegangen war, weshalb dann der zerschnittene BH? Ich war darauf vorbereitet, dass Herbert Ritter der Frage ausweichen würde, doch er gab bereitwillig Auskunft. »Ich wollte ein Zeichen setzen. Das wollte ich auch bei den nächsten Taten tun. Damit jeder weiß, dass ich die Frauen ermordet habe.«

Ich beobachtete Herbert Ritter bei diesen Worten. Sein Gesichtsausdruck und seine Körperhaltung veränderten sich deutlich. Seine schüchterne Art schwand, er wirkte auf einmal selbstbewusst, sein Körper zeigte Spannkraft. Allmählich wurde mir klar: Der Mann schien tatsächlich stolz auf die Tat zu sein. Und noch ein Gedanke schoss mir durch den Kopf: Stand für Herbert Ritter bereits beim ersten Mord fest, dass er weiter töten würde? War der Tod von Ramona Braun der Beginn einer geplanten Mordserie gewesen?

Herbert Ritter und seine Freundin geben das erbeutete Geld schnell aus. Bereits nach drei Wochen überfordert ihn der finanzielle Druck erneut. Er entschließt sich, ein zweites Mal zu töten. Seinem Modus Operandi bleibt er treu, schließlich hatte er damit bei der ersten Tat Erfolg gehabt: Anruf bei Tanja Rose, Ankündigung seines Besuches für den späten Nachmittag, Mut antrinken, Messer einstecken, Fahrt zum Tatort. Diesmal hat er eine Pappmanschette über die Klinge gestülpt, um sich nicht aus Versehen selbst zu verletzen und das Opfer länger über seine wahren Absichten täuschen zu können.

Als er bei Tanja Rose eintrifft, steht sie im Treppenhaus vor ihrer Wohnung und verabschiedet gerade einen Gast. Vermutlich hatte sie mit Ritters Besuch nicht mehr gerechnet und ihn für einen der Männer gehalten, die häufiger bei Prostituierten anrufen, sich nach deren Praktiken erkundigen, dabei onanieren und einen Besuch versprechen – ohne tatsächlich jemals aufzutauchen. Obwohl sie eigentlich Feierabend machen will, kann er sie überreden, ihn noch zu empfangen. Im Apartment bittet er sie um ein Glas Wasser und sucht wie bei der ersten Tat die Toilette auf. Und wie beim ersten Mal greift er in dem Moment mit dem Messer an, als sie ihm das Glas geben will. Tanja Rose kämpft verzweifelt um ihr Leben, und für einen Moment kann sie Herbert Ritter das Messer sogar entreißen. »Jetzt musste ich reagieren. Ich habe in die Klinge gegriffen und mir dabei die Hand aufgeschnitten. Das war mir egal. Dann konnte ich ihr das Messer entwinden. Weil sie so gellend schrie, habe ich sie gewürgt und ihr meine Finger in den Mund gesteckt.«

Wieder gerät Herbert Ritter in Rage und sticht in großer Wut wahllos auf sein Opfer ein. »Wie oft kann ich nicht sagen. Mit Sicherheit weiß ich nur, dass ich ihr von hinten immer wieder in den Hals geschnitten habe.«

Nach den Ausführungen zum zweiten Mord hakte ich erneut nach. Ich wollte von Herbert Ritter wissen, wieso er die Frau, von der er doch angeblich nur Geld wollte, mit dem Telefonhörer penetriert hatte. Und was die beiden langen postmortalen Schnittwunden an Bauch und Rücken bedeuteten. Sollten diese Handlungen wie der zerschnittene BH auch ein Zeichen sein? Doch diesmal reagierte er ausweichend. Er wurde einsilbig und meinte lediglich, dafür habe es keinen besonderen Grund gegeben. Auch als ich an dieser Aussage zweifelte, beharrte er darauf, dass es spontane Entscheidungen gewesen seien. Also ließ ich ihn weitererzählen.

Nachdem sich Herbert Ritter die Hände gewaschen hat, durchsucht er die Wohnung. Dieses Mal fällt die Beute nicht sehr hoch aus: nur 350 Mark. Enttäuscht fährt er nach Hause und hofft, dass ihn auch diesmal niemand gesehen hat.

In den nächsten Tagen meidet er gezielt die öffentliche Berichterstattung über den Mord, kauft sich noch nicht einmal eine Zeitung. Wieder setzt er alles daran, sich so unauffällig wie möglich zu benehmen. »Ich kannte die gesellschaftlichen Normen: was ich zu tun und zu lassen hatte. Deshalb bin ich nicht auffällig geworden. Nicht, weil ich eiskalt und gefühlskalt war.

Ich war wie ein Schauspieler, der seine Rolle ganz verinnerlicht hat.«

Mit der Zeit steigert sich sein Alkoholkonsum wieder, Herbert Ritter lässt sich gehen und achtet nicht auf seine Körperpflege. Im Sommer hat seine Freundin von seiner Lethargie die Nase voll und zieht aus. Als Herbert Ritter bald darauf das fällige Arbeitslosengeld ausgezahlt wird, sieht er seine finanziellen Probleme fürs Erste behoben und will die Freundin zurückgewinnen. Doch sie möchte nichts mehr mit ihm zu tun haben. Er startet einen letzten verzweifelten Versuch: die Schwertattacke, wegen der er in unserer Kriminalakte landet. Dabei wird er aus der Gaststätte geworfen, und die Polizei nimmt ihm den Führerschein ab. Ihm wird klar, dass er sich jetzt völlig isoliert hat. Voller Wut und Verzweiflung demoliert Herbert Ritter seine Wohnungseinrichtung. Nach mehreren halbherzigen Suizidversuchen beginnt er eine stationäre Alkoholtherapie, die er nach zwei Monaten wieder abbricht. Seine Ersparnisse von 1 000 DM sind zu Hause schnell in Alkohol umgesetzt. Zum Jahresbeginn ist er wieder pleite, da das Arbeitsamt wegen der ausbleibenden Rückmeldungen und Jobbewerbungen die Zahlungen eingestellt hat.

Herbert Ritter entschließt sich, erneut eine Prostituierte zu berauben, diesmal in der Nähe seiner Wohnung. Er kennt die Telefonnummer und das Haus, da er bereits einige Male als Freier dort war. Anders als bei den ersten beiden Morden geht er unbewaffnet und zu Fuß zum

Tatort. »In der Zeit hatte ich richtige Paranoia und vermutete überall die Polizei. Deshalb lautete meine Devise: ja nicht auffallen.«

Die Tat ereignete sich so, wie ich es beim Aktenstudium gelesen hatte: Angriff mit dem Buddelschiff und heftige Gegenwehr von Violetta Winter. Der Mann wirft sich mit seinen hundert Kilo auf ihren Körper, sie kann sich für einen Moment befreien und »drischt« mit ihrem Schuh auf den Angreifer ein. Erneut steigert sich Herbert Ritters Wut, als er ihren Kopf mit voller Wucht auf den Boden schlägt und sie minutenlang zu Tode würgt. Da er sich nicht sicher ist, ob er sie auch tatsächlich getötet hat, holt er aus der Küche ein Messer, sticht gezielt in ihre Herzgegend und schlägt mit einem Hammer ihren Kopf ein. Dann zerschneidet er die Kleidung, findet einen Dildo, führt ihn der Toten ein und legt ihn neben der Leiche ab. Versucht anschließend, die Brustwarzen abzuschneiden und die Kehle aufzuschlitzen. Als ihm beides nicht gelingt, stößt er der toten Frau das Messer in die Vagina. Dann startet er eine chaotische Suche nach Geld und findet vier Briefumschläge mit jeweils 500 Mark. Zwanzig Minuten nach Tatbeginn flüchtet er.

Stur unterbrachen wir Herbert Ritter ein drittes Mal. Wozu der Dildo? Wozu die Versuche, ihr die Brustwarzen zu entfernen? Wozu die Stiche in die Vagina? Wo doch nichts davon für den Raubmord nötig gewesen war, so wenig wie bei Tanja Rose die Bauchstiche und der eingeführte Telefonhörer. Ebenso stur blieb er bei seinen einsilbigen Antworten und gab sich verschlossen: »Weiß auch nicht warum. Hat auch nichts zu bedeuten.« Jetzt hatte ich keine Zweifel mehr daran, dass er uns seine wahren Motive verschweigen wollte.

In den Wochen nach der dritten Tat versinkt Herbert Ritter immer tiefer in die Alkoholabhängigkeit und ist fast nur noch betrunken. Als ein weiterer Selbstmordversuch scheitert, wird er in die psychiatrische Abteilung eines Krankenhauses aufgenommen. Dort bleibt er ein knappes halbes Jahr. Nach zwei weiteren Suizidversuchen erfolgt seine kurzzeitige Verlegung auf die geschlossene Abteilung. Zurück in der offenen Station, beginnt er erneut mit dem Trinken und will sich wieder das Leben nehmen. »Ich konnte den inneren Druck, die Frauen getötet zu haben, nicht mehr aushalten.« Er bezichtigt sich in einem Abschiedsbrief der Morde, schildert seine ausweglose Situation, betrinkt sich, kündigt einem Mitpatienten seinen Freitod an und »schnibbelt« mit Rasierklingen an den Pulsadern herum. Der Suizidversuch wird bemerkt, die Wunden werden genäht, und ein Arzt liest den Abschiedsbrief. Als er Herbert Ritter dazu befragt, schüttelt dieser heftig den Kopf und versichert, sich alles nur ausgedacht zu haben: Seine Gewaltphantasien und der Alkohol hätten in seinem Kopf »wieder mal alles durcheinandergebracht«. Der Arzt glaubt ihm und informiert nicht die Polizei.

Die drei Morde waren nun geklärt. Herbert Ritters Schilderungen entsprachen in allen drei Fällen unseren Feststellungen über das Tatgeschehen. Auch konnte er sein Wissen nicht nur vom Hörensagen haben – dafür war es zu detailliert. Die Suche nach dem Täter war damit beendet. Doch in meinem Kopf geisterte immer noch die Frage herum: Was hatte Herbert Ritter zu den außergewöhnlichen Handlungen an den Leichen veranlasst? Also fragte ich ihn erneut, ob es ihm nicht doch um sexuelle Befriedigung gegangen sei. Wie erwartet wehrte er sich erneut gegen diese Auslegung: »Ich wollte Geld und keinen Sex. Ich habe mich auch nie anschließend ausgezogen oder onaniert. Damals war mir das Leben dieser Frauen nichts wert. Sie sollten mich nach den Überfällen später nicht wiedererkennen. Freude am Töten habe ich nicht empfunden.«

Wir beließen es dabei und fragten Herbert Ritter abschließend, ob ihm die Frauen leidgetan hätten. Seine Antwort: »Damals habe ich kein Mitleid für sie empfunden. Heute schon.«

Doch auch dieses späte Mitleid wirkte auf mich eher wie Selbstmitleid als echte Reue. Das passte zu meinem Gesamteindruck von Herbert Ritter und seinen Schilderungen der gestandenen Morde. Nie zuvor hatte ich es mit einem Täter zu tun gehabt, der seine Opfer so überlegt und kaltblütig eliminiert wie ein Auftragsmörder und dann wütend auf sie wird, wenn sie sich wehren.

SERIENMORD: MUSTER GÜLTIG

Die Strafprozessordnung schreibt vor, dass ein Richter nach der vorläufigen Festnahme eines Beschuldigten spätestens bis 24 Uhr des nächsten Tages einen Untersuchungshaftbefehl erlassen muss, ansonsten ist der Beschuldigte freizulassen. Deshalb erklärten wir die Vernehmung an diesem Punkt für beendet.

Doch dann bat uns Herbert Ritter, noch etwas aufzuschreiben, das ihn auch sehr belaste. Einen Moment lang fragte ich mich, ob er noch weitere Morde gestehen wollte. Dem war nicht so. Dennoch waren die Einzelheiten seines neuen Geständnisses grausig genug: Nach dem Auszug der Freundin hatte er ihre beiden Katzen in einem Eimer ersäuft und die Katze seiner Nachbarn angelockt und ebenfalls ertränkt. Als ich ihn nach dem Grund fragte, verweigerte er die Antwort: »Dazu möchte ich jetzt nichts sagen.«

In den kommenden Wochen überprüften mein Kollege und ich die Einzelheiten aus dem Geständnis von Herbert Ritter. Vieles traf zu: Therapieaufenthalte und Suizidversuche. Und auch den Abschiedsbrief mit den Mordgeständnissen hatte er tatsächlich geschrieben:

Es ist wieder einmal so weit. Mit den drei Morden auf meinem Gewissen kann ich nicht mehr leben. Ich hatte nie gedacht, dass es mich so belasten könnte. Immer die Morde im Nacken und das schlechte Gewissen im Bauch.

Von seiner früheren Freundin erfuhren wir mehr zu Herbert Ritters Persönlichkeit: »Mir imponierte seine Körpergröße und sein ruhiges Verhalten. Er war zurückhaltend und wirkte völlig in sich gekehrt. Er war ein Einzelgänger. Freunde hatte er nicht. Aus sich heraus konnte er nur, wenn er tüchtig angetrunken war.« Zunächst sei die Beziehung harmonisch gewesen, nach der Kündigung seiner Arbeitsstelle habe sich ihr Verhältnis jedoch zunehmend verschlechtert, da das Geld an allen Ecken und Enden fehlte und Herbert Ritter dagegen nichts unternahm, stattdessen immer phlegmatischer wurde und soff. »Nach den Morden habe ich keine Veränderung bei ihm festgestellt. Er war wie immer.« Sie hatte ihm geglaubt, dass kurz vor Weihnachten tatsächlich das Arbeitsamt eine Zahlung geleistet hatte. Schließlich hatte sie ihn doch auch lange genug aufgefordert, endlich etwas zu tun.

Auch die kriminaltechnischen Untersuchungsergebnisse der Tatortspuren bewiesen die Täterschaft von Herbert Ritter. Haare, Blut und Fingerabdrücke am Tatort waren von ihm.

Herbert Ritter wurde wegen Mordes aus Habgier verurteilt. Das Gericht sah es als erwiesen an, dass er in seiner Persönlichkeit unfertig, disharmonisch und partnerschaftsunfähig sei und hieraus seine Wut auf Frauen resultiere. Der psychiatrische Gutachter war zu dem Resultat gelangt, dass Herbert Ritter ein autoerotisches Sexualleben pflegte, aus dem sich »ungewöhnliche sexuelle Phantasien mit sadistischen und nekrophilen Ausgestaltungen« ableiteten und in die Taten eingeflossen waren. Doch konnten nach seiner Einschätzung die Morde nicht als reine Sexualtaten bewertet werden, da sadistische Merkmale fehlten: zum Beispiel das Öffnen von Körperhöhlen, Entfernen von Organen oder genitale Verstümmelungen. In den Phantasien von Herbert Ritter sei »seine Sexualpartnerin die Mutter«.

Das Gericht gestand dem dreifachen Mörder eingeschränkte Schuldfähigkeit zu und verhängte für alle drei Morde jeweils eine Freiheitsstrafe von zwölf Jahren. Diese einzelnen Schuldsprüche sollten wie in ähnlichen Fällen üblich in einer Gesamtfreiheitsstrafe aufgehen, die auf fünfzehn Jahre festgelegt wurde. Gleichzeitig ordnete das Gericht Herbert Ritters Unterbringung in einem psychiatrischen Krankenhaus an, da von ihm wegen seiner »Ichstörung« auch zukünftig ähnliche Taten zu erwarten wären. Wegen seiner »verfestigten Persönlichkeitsstörung« musste er jedoch zunächst zehn Jahre der Strafe in einem Gefängnis verbüßen, da »erst dann mit einer erfolgsversprechenden Therapie zur Behebung seiner Persönlichkeitsschäden begonnen werden könne«.

Serienmorde geschehen nur selten. In all meinen Jahren in der Mordkommission habe ich nur zwei solche Fälle bearbeitet, während in der Öffentlichkeit ein anderes Bild vorherrscht. Taten von hochintelligenten und psychisch kranken Serienmördern machen Kriminalromane und Filme zu Verkaufsschlagern und werden, wenn sie sich tatsächlich ereignen, in den Medien ausgeschlachtet. Besonders die Romanverfilmung von *Das Schweigen der Lämmer*, mit Anthony Hopkins als ebenso gerissenem wie hochgebildetem Psychopathen und seiner Duellpartnerin Jodie Foster als mit viel Frauenpower ausgestatteter Profilerin, sorgte weltweit für Nervenkitzel und die unkritische Übernahme des Bildes vom allgegenwärtigen Serienkiller. Die Romanvorlage basierte auf den veröffentlichten Befragungsergebnissen der sechsunddreißig durch das FBI interviewten Serienmörder. Auch die Publikation amerikanischer Serienmörder-Studien trug einiges zur Verzerrung der öffentlichen Wahrnehmung bei.

Der Begriff *Serienmörder* ist kein Wort aus der Neuzeit, auch wenn diese Wortschöpfung dem FBI-Agenten Robert K. Ressler zugesprochen wird. Bereits 1930 hatte der angesehene Kriminalrat und Leiter der Berliner Mordkommission Ernst Gennat, ein Vorreiter der methodischen Aufarbeitung von Verbrechen, den Begriff Serienmörder in seinen Fallschilderungen über den Düsseldorfer Peter Kürten benutzt. Obwohl das Serienmörder-Phänomen seit langer Zeit diskutiert wird, gibt es hierfür keine allgemeingültige Definition. Ich definiere einen Serienmörder als einen Täter, der zu unterschiedlichen Zeiten und an verschiedenen Orten mindestens zwei Menschen tötet, zu denen er – fast immer – keine Vorbeziehung hat. Seine Opfer sucht er regelmäßig nach pragmatischen Überlegungen aus und berücksichtigt, wie er sie am einfachsten in seine Gewalt bekommen kann. Seine Taten unterliegen einem inneren Zwang, bei dem sexuelle und häufig sadistische Phantasien befriedigt werden sollen. Zwischen den einzelnen Tötungen besteht kein Zusammenhang. Die latent vorhandene Bereitschaft zum Töten wird unmittelbar vor den Taten durch Stress forciert, der als sogenannter *trigger factor* die Taten erst auslöst: zum Beispiel Spannungen in der Ehe oder in der Beziehung, Probleme mit den Eltern, finanzielle Belastungen, Schwierigkeiten am Arbeitsplatz oder mit der Justiz.

Nach den einzelnen Morden kann eine vorübergehende *Cooldown-Phase*, die Abkühlung der inneren Zwänge, einsetzen, bis sie wieder so stark werden, dass die Täter erneut töten.

Zu der Zeit des Serienmörder-Hypes begann auch ich mich intensiv mit der Methode der Fallanalyse und des Täterprofilings zu beschäftigen. Die FBI-Erkenntnisse aus den Serienmörderbefragungen waren nach Europa und Deutschland geschwappt und schienen Verbrechen mit ungewöhnlichem Täterverhalten erklärbarer zu machen. Mit herkömmlicher Ermittlerarbeit konnte ich zwar einen Mord aufklären, erfuhr jedoch nur wenig über das Motiv, und das reichte mir seit den Morden von Herbert Ritter nicht mehr aus. Ich wollte mehr über die Hintergründe von Tötungsdelikten erfahren und wissen, welche Bedeutung die häufig unerklärbaren Entscheidungen der Täter hatten.

So kam es, dass ich mir, fast fünfzehn Jahre nach der Verurteilung des Mörders der drei Prostituierten, die Fälle von Herbert Ritter erneut vornahm. Ich wertete die Akten aus – Tatortbefundbericht, Spurensicherungsbericht, Obduktionsprotokoll, Fotomappe – und führte für mich eine Art vergleichende Analyse durch. Ich wollte überprüfen, ob ich mit der Methode des Profilings schon während der Bearbeitung der Fälle die Aussage hätte treffen können, dass alle Taten von ein und demselben Täter begangen worden waren.

Für meine nachfolgende tabellarische Übersicht bewertete ich nur die harten, bewiesenen Falldaten und ließ die Aussage von Herbert Ritter unberücksichtigt. Das ist für mich die wesentliche Herangehensweise bei dem Vergleich von mehreren Taten, da subjektive Bewertungen des Täterverhaltens das Ergebnis der Analyse verfälschen können.

Parameter	Fall Ramona Braun	Fall Tanja Rose	Fall Violetta Winter
Tatzeit:	Werktag, späte Nachmittagsstunden	Werktag, späte Nachmittagsstunden	Werktag, späte Nachmittagsstunden
Tatort:	Innenstadt, Mehrfamilienhaus, Apartment	Innenstadt, Mehrfamilienhaus, Apartment	Außenbezirk, Mehrfamilienhaus, Apartment
Anzahl der Tatorte (TO):	1 TO: Kontrollaufnahme, Kontrollgewinnung, Tötung	1 TO: Kontrollaufnahme, Kontrollgewinnung, Tötung	1 TO: Kontrollaufnahme, Kontrollgewinnung, Tötung
Opfer:	Prostituierte	Prostituierte	Prostituierte
Situative Faktoren:	Bei der Arbeit, allein	Bei der Arbeit, allein	Bei der Arbeit, allein

Parameter	Fall Ramona Braun	Fall Tanja Rose	Fall Violetta Winter
Tatvor-bereitung:	Tatwaffe: Messer zum TO mitgenommen	Tatwaffe: Messer zum TO mitgenommen	Gelegenheitswaffen: Flasche, Messer, Hammer
Kontakt-aufnahme:	Täter vermutlich Freier	Täter vermutlich Freier	Täter vermutlich Freier
Kontroll-gewinnung:	Ausnutzen der Situation, über-raschender Angriff, Stechen	Ausnutzen der Situation, über-raschender Angriff, Stechen	Ausnutzen der Situation, über-raschender Angriff, Schlagen mit Flasche
Widerstand des Opfers/ Kontroll-aufrecht-erhaltung:	Täter ignoriert Widerstand, Steige-rung der Gewalt: Stiche in Brust und Rücken	Täter ignoriert Widerstand, Steige-rung der Gewalt: Würgen, Stiche in Brust und Rücken	Täter ignoriert Widerstand, Steige-rung der Gewalt: Würgen, Kopf-auf-Boden-Schlagen
Tötung:	Multiple Messer-stiche, Übertöten, zielgerichtete finale Halsschnitte	Multiple Messer-stiche, Übertöten, zielgerichtete finale Halsschnitte	Erwürgen. zielge-richtete multiple Herzstiche, wuchtige Hammerschläge auf Kopf, Übertöten
Personifi-zierung:	Fast vollständige Dekapitation durch Hals- und Nacken-stiche, Zerschneiden des BH	Fast vollständige Dekapitation durch Hals- und Nacken-stiche, lange Schnitt-verletzungen auf Bauch und Rücken, Penetration mit Te-lefonhörer, Dessous zur Leiche gebracht	Oberflächliche Hals-schnitte, Versuch, Brustwarzen abzu-schneiden, Stiche in Vagina, Penetration mit Dildo und Messer
Sexuelle Handlun-gen:	Kein Hinweis auf Geschlechtsverkehr, kein Sperma am TO	Herunterziehen von Jeans und Slip, Ein-führen des Telefon-hörers (Ersatzhand-lung). Kein Hinweis auf Geschlechtsver-kehr, kein Sperma am TO	Zerschneiden der Kleidung, kein Hinweis auf Geschlechtsverkehr, Einführen eines Dil-dos, vaginale Stiche (Ersatzhandlung), gespreizte Beine des Opfers, kein Sperma am TO

Parameter	Fall Ramona Braun	Fall Tanja Rose	Fall Violetta Winter
Nachtat-verhalten:	Leiche bleibt offen liegen, Hände-waschen, Durch-suchung der Woh-nung und Raub von Geld, Woh-nungsschlüsseln. Mitnahme von Aus-weispapieren(Souve-nir/Trophäe/Onanier-vorlage?) und Tat-waffe, Abschließen der Wohnungstür	Leiche bleibt offen liegen, Hände-waschen, Durch-suchung der Woh-nung und Raub von Geld, Woh-nungsschlüsseln. Mitnahme von Aus-weispapieren und Fotoalbum (Souve-nir/Trophäe/Onanier-vorlage?) und Tat-waffe, Abschließen der Wohnungstür	Leiche bleibt offen liegen, chaotische Durchsuchung der Wohnung: Mitnah-me von Geld. Tatwaffen bleiben zurück, Wohnungs-zugezogen
Motiv:	Phantasieumset-zung, Bereicherung	Phantasieumset-zung, Bereicherung	Phantasieumset-zung, Bereicherung

Wie Sie sehen, zeigte die Überprüfung tatsächlich viele Gemeinsamkeiten im Verhalten und ließ die Aussage zu, dass die Taten aller Wahrscheinlichkeit nach von einem einzigen Täter begangen worden waren. Der Modus Operandi war bei allen drei Morden hinsichtlich der Opferauswahl, der Kontrollgewinnung durch einen über-raschenden Angriff, der konsequenten Tötung und der nachfolgenden Durchsuchung der Räume nach Geld identisch.

Aber die Tabelle hebt auch noch einen anderen Aspekt deutlich hervor: das auffällige Nachtatverhalten, auf das wir schon bei der Vernehmung immer wieder eingegan-gen waren und das Herbert Ritter als spontane, bedeu-tungslose Handlungen abgetan hatte.

Die Fallanalyse nennt jedes Täterverhalten, das über die bloße Ausführung der Tat, in diesem Fall das Töten, hinausgeht, *Personifizierung*. Gemeint ist, dass hier eine Art *Verhaltensfingerabdruck* vorliegt. Wiederholt sich dieses Verhaltensmuster bei weiteren Taten, so ist das die *Handschrift* des Täters.

Die Gegenüberstellung der drei Morde zeigt sehr kompakt, dass die personifizierenden Handlungen des Täters zahlreiche Übereinstimmungen aufweisen: multiple Nackenstiche und Schnitte in die Kehle mit fast vollständiger *Dekapitation* (Enthauptung) – auch wenn es im Fall von Violetta Winter lediglich bei dem Versuch geblieben war – und die konsequente Tötung der Opfer im Sinne eines Übertötens. Eine weitere Übereinstimmung sah ich in den Fällen von Tanja Rose und Violetta Winter bei den Penetrationen mit Gegenständen: Telefonhörer, Dildo, Messer. Alle diese Gegenstände hatte der Mörder am Tatort vorgefunden. Es ließ sich also getrost auch hier von der Handschrift des Täters sprechen.

Neben diesen Gemeinsamkeiten in Modus Operandi und Personifizierung stellt die Tabelle allerdings auch die Unterschiede deutlich heraus: Die Gewalt und die Personifizierung haben sich von Tat zu Tat gesteigert. Hat der Täter die beiden ersten Morde noch strukturiert und mit zum Tatort mitgebrachten und wieder mitgenommenen Waffen begangen, benutzte er bei der dritten Tat Waffen der Gelegenheit und verhielt sich insgesamt vergleichsweise chaotisch.

All diese Resultate zeigten, dass eine detaillierte Fallanalyse ein wichtiger grundsätzlicher Schritt bei der Zu-
sammenführung von Taten sein kann. Aber sie verrieten
mir nichts, was ich nicht nach Vernehmung und Urteil
schon wusste. Meine professionelle Neugier auf tiefer
gehende Erkenntnisse konnten sie nicht befriedigen.
Deshalb beschloss ich, Herbert Ritter in der forensischen
Psychiatrie zu besuchen und ihn zu interviewen. Vielleicht war er ja bereit und in der Lage, mir Näheres über
die Motive zu erzählen, über die er sich bei seinem Geständnis so hartnäckig ausgeschwiegen hatte. Sowohl die
zeitliche Distanz als auch bereits durchgeführte thera-
peutische Maßnahmen gaben mir Anlass zu der Hoffnung, dass der dreifache Mörder sich vielleicht ein Stück
weit öffnen würde.

Zum einen wollte ich insgesamt besser verstehen, weshalb Herbert Ritter die drei Frauen getötet hatte. Gleichzeitig wollte ich auch mehr über die einzelnen Phasen
seiner Taten erfahren: Phantasieentwicklung, latente Tatbereitschaft und tatauslösende Faktoren, Tötung, Nachtatverhalten. Dass es Phantasien geben musste, hatte ich
aus den Spuren am Tatort und an der Leiche lesen können. Das war keine neue Erkenntnis, denn in seinem
Aufsatz über Peter Kürten hatte Ernst Gennat bereits
festgestellt: »Auch ein Lustmörder entwickelt sich nicht
von einem Tag zum anderen – seine Taten stellen vielmehr erst den Höhepunkt und den Abschluss einer gewissen Vorgeschichte dar.«

Im Jahre 2004 suchte ich Herbert Ritter das erste Mal in der Forensik auf. Weitere Besuche folgten in den nächsten Jahren. Ich hatte keine Ahnung, was mich erwartete. Gut möglich, dass er mich mit fadenscheinigen Erklärungen abspeisen oder nicht mehr preisgeben würde als knapp anderthalb Jahrzehnte zuvor. Tatsächlich war er anfangs zurückhaltend, doch dann begann Herbert Ritter, sich langsam zu öffnen. Schon bald erzählte er freimütig von seiner sexuellen Entwicklung und seinen Phantasien. So erhielt ich Einblick in seine bizarre und morbide Vorstellungswelt, auch wenn seine Beschreibungen und Analysen natürlich Lücken enthielten: Häufiger hatte ich allerdings das Gefühl, dass er einen Teil der Wahrheit für sich behielt. Er erlaubte mir jedoch ausdrücklich, darüber in diesem Buch zu schreiben.

Herbert Ritters Lebensmittelpunkt in der forensischen Psychiatrie liegt mitten im Park eines großen Krankenhauses. Das im Bauhausstil als Kubus gebaute Eingangsgebäude ist in einem warmen Terrakottaton gestrichen. Nichts deutet im ersten Moment darauf hin, dass dort und in den beiden geweißten Nebengebäuden auf richterlichen Beschluss in acht Stationen über hundertzwanzig Patienten leben: keine Gitter vor den Fenstern, kein Stacheldraht, stattdessen raumhohes unzerstörbares Sicherheitsglas. Bis auf eine Handvoll Frauen sind hier vor allem Männer untergebracht, die getötet, Kinder missbraucht, Frauen vergewaltigt oder Brände gelegt haben und hier auf unbestimmte Zeit therapiert werden sollen. Zu den Patienten zählen auch Suchtkranke, die aus ihrer Alkohol- oder Drogenabhängigkeit heraus straffällig wurden. Bis zu zwei Jahre dauert normalerweise deren Behandlung.

Erst auf den zweiten Blick nimmt man die fünf Meter hohe Betonmauer wahr, die erdfarben gestrichen und von Rosenbeeten und Hecken umsäumt ist. Sie schließt sich übergangslos an die Nebengebäude an, schottet die Innenhöfe der Patienten ab und bietet ihnen gleichzeitig Schutz vor neugierigen Blicken der Öffentlichkeit.

Immer wenn ich zu Herbert Ritter wollte, musste ich zunächst die Sicherheitsschleuse passieren, meinen Ausweis und das Handy abgeben. Der hinter Panzerglas sitzende Pförtner schob mir im Gegenzug durch eine Lade den Besucherausweis zu. Wie jeder Besucher wurde auch ich genauestens kontrolliert. Nach dem Passieren des Metalldetektors durfte ich den Besucherraum betreten: ein heller und freundlicher Raum mit einem Tisch und drei Stühlen. Dann ein wiederkehrendes Ritual: Ein Pfleger brachte den Patienten für ein bis zwei Stunden zum Gespräch. Wie ich später erfuhr, waren unsere Gespräche eine willkommene Abwechslung für ihn im Patientenalltag. Als ich ihn das erste Mal besuchte, war ich seit nahezu zwei Jahren sein erster Besuch.

Herbert Ritter war in den vergangenen Jahren noch fülliger geworden. Er wog gut 125 Kilo und wirkte stark gealtert. Seine Haut war stumpf, die sehr kurz geschnit-

tenen Haare waren mittlerweile silbergrau. Insgesamt
machte er einen müden, fast leblosen Eindruck. Nur ab
und zu erkannte ich während unserer Gespräche ein
Funkeln in seinen Augen. Dann, wenn er für kurze
Momente über ein Leben in Freiheit sprach. Doch sein
schüchterner Blick war geblieben. Wie damals bei der
Vernehmung konnte er keinen Augenkontakt halten. Ich
überlegte, was in seinem Kopf vorging und ob er mich für
seinen Zustand verantwortlich machte. Als ich ihn direkt
danach fragte, antwortete er ohne zu zögern mit nein.

Dann erzählte Herbert Ritter von seinem Alltag:

Er lebt auf einer Station mit achtzehn persönlichkeits-
gestörten Patienten, die wie er schwere Verbrechen
begangen haben. Sein Tagesablauf ist reglementiert mit
Einzel- und Gruppengesprächen, Körper- und Bewe-
gungstherapie, Arbeitstherapie in der Tischlerei, bei der
er 80 Cent die Stunde verdient. Die Arbeit gefällt ihm.
Doch er sorgt sich, dass der Hospitalismus ihn – ähnlich
wie ein Tier im Zoo – abstumpfen könnte.

Vielleicht war diese Furcht auch ein Grund dafür, dass
er sich überhaupt mit mir über seine Taten unterhalten
hat. Nicht nur äußerlich, sondern auch in seiner Persönlichkeit hatte sich Herbert Ritter in den letzten Jahren
sehr verändert. Er wirkte auf mich differenziert und
hatte sich die Terminologie seiner Therapeuten angeeig-
net. Und er hatte Angst. Angst, noch viele Jahre – wenn
nicht gar sein ganzes Leben – in der Forensik verbringen
zu müssen.

Noch bevor ich meine Fragen stellen konnte, wollte er allerdings über sein Leben vor den Morden und der Verurteilung erzählen, vor allem über seine Kindheit und Jugend. Damit ich ihn und die Gründe für seine Taten »besser verstehen« könnte. Das deckte sich mit meinen eigenen Absichten, deshalb war ich sofort mit seinem Vorschlag einverstanden.

Herbert Ritter wächst als jüngstes von vier Kindern bei seinen Eltern auf. Seine wichtigste Bezugsperson ist seine Mutter, deren Autorität ihn beeindruckt und gleichzeitig einschüchtert. »Ich hab in Erinnerung, dass ich ein normales, aufgeschlossenes Kind war, das sich was zugetraut hat. Allerdings weiß ich schon aus frühester Kindheit, dass ich mich nur in den Grenzen der von meiner Mudder aufgestellten Regeln bewegen durfte. Sie war die Strenge, die Reglementierende, die wenig Freiraum Lassende, während mein Vater keine große Rolle bei der Erziehung spielte.«

Mir fiel auf, jedes Mal, wenn Herbert Ritter von seiner »Mudder« sprach, veränderten sich sein Verhalten und seine Gestik: Seine ansonsten ruhige, leise Stimme mutierte zu hohen Fisteltönen, seine stoische Körperhaltung wich zusammengekniffenen Augen sowie fahrigen Bewegungen seiner Hände und Arme.

Wegen eines Sprachfehlers verbringt Herbert Ritter die ersten beiden Schuljahre auf einer Sonderschule und wechselt dann auf die Volksschule, wo ihn seine Mitschüler wegen seines Stotterns hänseln und ihn meiden, weil er angeblich stinkt. »Ich zog mich zurück und begann mir eine geistige Welt aufzubauen.« In seinen Tagträumen kann er »ein ganz anderer Herbert« sein, den seine Mitschüler akzeptieren. In seiner Scheinwelt wird er auch zum Brandstifter und unternimmt zaghafte Versuche, diese Gedanken beim Kokeln in der Wohnung in die Realität umzusetzen.

Je älter Herbert Ritter wird, desto mehr bekommen seine Phantasien manische Züge: »Ich blieb immer still. Jahrelang! Habe mich nicht gewehrt, doch in meinem Inneren brodelte es: Mit elf, zwölf Jahren entwickelte ich die Idee, mich an den Schulkameraden zu rächen, sie zu fesseln, in einen Graben zu legen und sie zu quälen. Sie dafür zu bestrafen, was sie mir angetan hatten.«

Fortan sieht er sich vor seinem geistigen Auge als Einzelkämpfer, als Rambo, der überall dabei ist und vor nichts Angst hat. Nicht nur in seiner Scheinwelt versucht Herbert Ritter, seinem Vorbild nahezukommen. Er entwickelt eine Vorliebe für Actionfilme, trainiert Bodybuilding und interessiert sich leidenschaftlich für schnelle Autos und Motorräder.

Ich fragte Herbert Ritter, ob seine Machtphantasien schon damals mit Sexualität einhergingen. Doch er verneinte meine Frage und erklärte, dass sich die Kombination von Machtausübung und Sex erst nach und nach entwickelte: »Zunächst ging es mir nur darum, zu quälen: Alte Frauen. Aber es war nicht der Körper der alten Frau, der mich angemacht hat. Es ging allein darum, dass ich Gewalt ausübte und die Macht hatte. Ich erfand ein Szenario nach dem anderen: Haut verbrennen oder verbrühen, Besenstiele in die Scheide stecken.«

Die Gewaltphantasien bestimmen ab diesem Zeitpunkt seinen Tagesablauf. Mit dreizehn Jahren beginnt er zu onanieren: meistens mehrmals am Tag. Herbert Ritter merkt, dass es so nicht weitergehen kann, und will aus seiner Isolation ausbrechen. Mit fünfzehn Jahren, die Hauptschule hat er gerade mit befriedigenden Leistungen beendet und eine Lehrstelle als Tischler gefunden, beginnt er mit dem Trinken: zunächst Bier und Likör, später auch Hochprozentiges. Nur angetrunken fühlt er sich wohl und hat keine Scheu, sich mit anderen zu unterhalten. Den Feierabend verbringt er in seiner Stammkneipe und lässt sich volllaufen. Doch bevor er sich dorthin traut, muss er sich erst zu Hause Mut antrinken. Heimlich, damit seine Mutter es nicht moniert. Eine Freundin hat er nicht, denn auch alkoholisiert wagt er es nicht, Frauen anzusprechen.

Er kauft sich eine Vielzahl von Porno- und Gewaltvideos, die er sich in seinem Zimmer ansieht. Sie sind Stimulanz für die tägliche Selbstbefriedigung, für die er auch zu ungewöhnlichen Praktiken greift. »Ich war maßlos und versuchte alles auf einmal: trank meinen Urin, rasierte meinen Genitalbereich, hatte eine Gummipuppe, machte mir Einläufe und befriedigte mich anal mit Kerzen.«

In dieser Zeit entdeckt er in einer Kinozeitung eine

Vorankündigung für einen Film. Auf einem der Fotos wird einer Frau der Kopf nach hinten gezogen und ein Messer an die Kehle gehalten. »Das Bild hat mich fasziniert. Von jetzt an war der Hals für mich erregend und stimulierend. Diese Macht über einen anderen Menschen zu haben. Das wollte ich auch.«

Bevor Herbert Ritter jedoch tatsächlich diese Obsession realisiert, experimentiert er weiter: Besuche bei Prostituierten und Dominas, Bondagepraktiken mit dem Abschnüren seines Geschlechtsteils, Sodomie und spontane homosexuelle Kontakte mit Arbeitskollegen oder zufälligen Kneipenbekanntschaften in öffentlichen Toiletten. Mit dreiundzwanzig Jahren spricht ihn schließlich eine junge Frau in seiner Stammkneipe an. Sie wird seine erste große Liebe, die erste Frau, mit der er schläft, ohne dafür zahlen zu müssen. Doch auch der Sex mit ihr kann seine unersättliche Phantasie nicht befriedigen, und er verspürt weiterhin große Leere.

Nachdenklich schaute ich mein Gegenüber an: Vor mir saß ein scheinbar normaler und differenzierter Mann, der ohne Scheu und Scham zu zeigen mit eintöniger Stimme über seine devianten Vorlieben sprach. Stimmte es wirklich, dass er bereits als Kind und Jugendlicher derartige monströse Gewalt- und Sexualphantasien entwickelte? Als ich ihn mit meinen Zweifeln konfrontierte und fragte, ob er in seinen Schilderungen nicht übertrieb oder sich wieder etwas ausmalte, schüttelte er empört den Kopf und versicherte mir, dass alles der Wahrheit entspreche.

Diese Antwort war für mich das Stichwort, ein zentrales Thema anzusprechen: die Frage nach dem *Trigger*, dem Auslöser, für die Morde. Wenn ihn diese Zwänge schon so lange in dieser Intensität begleiteten, was genau war der Anlass, die Phantasieebene zu verlassen und reale Frauen zu töten? Herbert Ritter schaute mich abwesend an und schien mit den Gedanken in seiner Vorstellungswelt zu sein. Ein Verhalten, das ich noch häufiger bei unseren Gesprächen erleben sollte. Schließlich antwortete er, indem er weitererzählte.

Die Freundin verändert sein Leben. Er trinkt weniger Alkohol, und nach wenigen Wochen ziehen die beiden zusammen. »Ich glaube, dass sie mein Untergang war. Ich war verrückt nach ihr und wollte nur mit ihr zusammen sein. Sie war mein Lebensinhalt.«

Herbert Ritter ist stolz auf sie, denn sie ist genau das Gegenteil von ihm: kontaktfreudig, überall beliebt, lebenslustig. »Wir haben das Geld mit vollen Händen ausgegeben und uns ein schönes Leben gemacht.« Doch der neue Lebensstil birgt Gefahren. Er beginnt die Arbeit zu vernachlässigen und feiert krank, wann immer es geht. Sein Verhalten bleibt nicht ohne Folgen: Ihm wird gekündigt, er verheimlicht es seiner Freundin, meldet sich nicht beim Arbeitsamt und beginnt erneut »zu saufen«. Gleichzeitig will er seine Freundin weiter verwöhnen. Zu dem Zweck plündert er sein Konto, überzieht es maßlos, als er am Bankautomaten noch insgesamt über 8 000 Mark abhebt, und leiht sich von seinen Eltern Geld. Kurz vor Weihnachten dann der finanzielle Kollaps: Bank und Eltern fordern ihr Geld zurück. »Es gab keinen Ausweg mehr für mich, und ich merkte, dass ich immer mehr zum Handeln gezwungen wurde. Mir wurde schnell klar, dass ich ein Verbrechen begehen musste. Ich hatte lange überlegt, welches. Eine Bank oder ein Geschäft zu überfallen, das war mir viel zu riskant. Ich entschied mich, eine Prostituierte zu berauben.«

Aber nicht nur die finanziellen Nöte machen Herbert Ritter das Leben schwerer: Seine Gewaltphantasien mit alten Frauen nehmen ein immer stärkeres Ausmaß an. Eines Nachts kommt seine Freundin nicht nach Hause, ohne ihm zu sagen, warum. Sofort ist er sicher, dass sie ihn betrügt. Nachdem sie ihn – am Tag des ersten Mordes – vormittags mit ihrer Großmutter zur Bank schickt, um das Arbeitslosengeld abzuholen, und erwartungsgemäß keine Mark auf dem Konto ist, gibt es für ihn kein Zurück mehr.

»Der Anruf bei der Prostituierten hat die Tat in die Wege geleitet. Ich werde nie den Nachmittag vergessen, als ich auch getrunken hatte. Ich machte Übungen mit dem Messer, stach in die Tür. Ich rannte ruhelos in der Wohnung herum, mein Kopf dröhnte, und ich sah mir zur Ablenkung einen Film mit Kirk Douglas an, *20 000 Meilen unter dem Meer*. Was ich auch tat – nichts half.

Ich wusste, dass ich die Tat machen würde. Dann bin ich losgefahren.«

Hier war sie wieder – die Geldgeschichte, die er uns schon in der Vernehmung als einzigen Grund aufgetischt hatte. Blieb er also bei seiner Darstellung, dass es bei den Morden nur um Raub gegangen war? Aber seine Antwort überraschte mich. »Es war die Kombination aus Geld und Phantasie: Es musste Geld her, damit meine Freundin endlich Ruhe gibt und dieser finanzielle Druck aufhört. Ich wollte ihr imponieren, dass ich etwas geschafft hatte. Und ich wollte jetzt endlich diese Gewaltphantasien ausleben. Heute finde ich meine Gedanken naiv, aber damals stellte ich mir vor, dass es noch schöner werden würde als bei der Selbstbefriedigung.«

Mit dieser Antwort war der Knoten endgültig geplatzt. Ich wusste, dass ich mehr zu den Hintergründen der Personifizierungen erfahren würde. Was Herbert Ritter im Folgenden erzählte, überstieg meine Überlegungen als Fallanalytiker in vielen Punkten.

Das Resultat der Tat ist für den Mörder ernüchternd. Zwar hat er über 2 000 Mark erbeutet, doch seine Phantasien hat er nicht einmal ansatzweise befriedigen können, und auch die Tötung der Frau hat ihm keine Genugtuung verschafft, denn sie war nur Mittel zum Zweck.

»Vor der Tat gab es die Bilder – einen riesigen Topf gefüllt mit Gewalt in allen Variationen. Unmittelbar nach dem Mord war er leer. Ich habe die Phantasien nicht mehr wahrgenommen und fühlte mich befreit. Doch als ich später wieder nach Hause kam, da habe ich sehr schnell gespürt, dass der Topf sich kein bisschen geleert hatte, sondern bis ganz oben gefüllt war und immer noch überlief.«

Ich fragte Herbert Ritter, weshalb zwischen der ersten und der zweiten Tat nur drei Wochen lagen. Schließlich hatte er doch über 2000 Mark erbeutet. »Es waren dieselben Gründe wie bei der ersten Tat. Und noch etwas: Ich hatte mich wie ein kleiner König gefreut, dass der finanzielle Druck erst einmal weg war. Doch meine Freundin hat mir nicht die Wertschätzung entgegengebracht, die ich mir erhofft hatte. Schließlich hatte ich doch für sie getötet.«

Die in der Literatur bei Serienmördern beschriebene »Abkühlungsphase« hat es für Herbert Ritter nicht gegeben, und er hofft, sich bei der zweiten Tat endlich von seinen Gewaltphantasien zu befreien, doch auch dieses Mal entsteht aus äußeren Zwängen und dem Drang nach dem Ausleben von Gewalt eine unheilvolle Kombination.

Als ich versuchte, mehr über den »überquellenden Phantasietopf« zu erfahren, spürte ich sofort, wie Herbert Ritter wieder Barrieren gegen den Einblick in sein Innerstes aufbaute und auswich. Statt auf meine Frage zu antworten, berichtete er von »anderen Bildern«, die ihm »jetzt gerade vor den Augen vorbeiziehen«. Doch welche das waren, verriet er mir nicht. Ich wechselte zu einem neutralen Thema und erkundigte mich nach seinen Überlegungen bei der Auswahl der Tatorte und den Prostituierten als Opfer. Augenblicklich fand er zu seiner offenen Erzählweise zurück, die Bilder schien er schnell verdrängt zu haben. »Ich kannte mich dort aus. Wusste, wie ich dort hinkomme, wie ich dort wegkomme. Wusste auch, wie ich mich als angeblicher Freier verhalten musste, um keinen Argwohn bei den Frauen aufkommen zu lassen. Das war die Sicherheit, die ich brauchte.«

Ich ließ ihn noch eine Weile erzählen und fragte ihn dann scheinbar beiläufig, wie es kam, dass trotz der extremen Gewalt bei den Tötungen seine Phantasien nicht befriedigt wurden. Diesmal hatte ich Erfolg. Herbert Ritter ging nicht nur auf meine Frage ein, seine Antwort grenzte fast an eine psychologische Analyse: In seiner Wahrnehmung waren Illusion und Realität zwei Welten, die nicht zueinander passten.

»Ich hatte zwar meine Phantasien, sie bei den Taten umzusetzen, schaffte ich jedoch nicht. So als würden sie nichts mit der Realität zu tun haben. Hinterher bei der Selbstbefriedigung habe ich meine Träume weitergesponnen und perfektioniert. Ich hatte mir das viel einfacher vorgestellt: zustechen und mich dann an ihnen vergehen. Stattdessen kämpften sie um ihr Leben, und das brachte mich vollkommen durcheinander. Alles, was ich mir ausgemalt hatte, war wie weggeblasen und

SERIENMORD: MUSTER GÜLTIG 127

wurde von meiner Wut und sehr starken Aggressionen überlagert. Danach hatte ich mich ausgepowert. Auf der Gefühlsebene und körperlich – nicht auf der sexuellen. Wozu noch die Frauen quälen und bestrafen?«

Ich war beeindruckt von der eloquenten Darstellung, hakte aber dennoch nach. Wie sollte sein außergewöhnliches Verhalten – der zerschnittene BH, die postmortalen Verletzungen, die in die Vagina eingeführten Gegenstände – anders zu erklären sein als mit der tatsächlichen Umsetzung seiner Phantasien?

Wieder wich Herbert Ritter nicht aus, sondern versuchte mir den Widerspruch zu erklären: »Ich verstehe meine Reaktion von damals heute immer noch nicht, denn ich hatte alles bis ins kleinste Detail geplant. Und trotzdem lief es anders als geplant. Ich weiß noch, als die Frauen tot waren, bin ich zunächst kopflos durch die Wohnung gelaufen. Ich vergaß sogar, meine Handschuhe anzuziehen, und habe gar nicht mehr auf Fingerabdrücke geachtet.«

Und wann setzte bei ihm wieder bewusstes Handeln ein?

»Das war, als ich den BH von Ramona Braun zerschnitt. Eine spontane Entscheidung, das war in meinen Phantasien nicht vorgekommen. Es sollte mein Markenzeichen werden: Ich, der Mörder, ist unterwegs, der Prostituierte umbringt.«

Herbert Ritter berichtete weiter, dass er auch beim zweiten Mord durch Tanja Roses Gegenwehr sehr viel Wut und Hektik empfand, er ihr deshalb sehr heftig mit den Fäusten ins Gesicht geschlagen und dann versucht hatte, Macht zu demonstrieren und seine Wünsche zu realisieren.

»Als die Frau dann tot war, habe ich ihr die Hose runtergezogen und den Pullover hochgeschoben. Dann habe ich in Bauch und Rücken geschnitten. Das Messer hatte ich extra geschliffen, damit ich dann besser an ihr rumschneiden konnte. Denn für mich lebte sie noch. Deswegen haben mich die Schnitte auch erregt, als ich mir ihre Schmerzen vorstellte. Zum Schluss habe ich ihr zwei Finger in die Scheide gesteckt, ihr dabei ins Gesicht geguckt und sie gefragt, ob ihr das jetzt gefällt. Und dann habe ich den Telefonhörer genommen.«

Doch auch diesmal hat Herbert Ritter das Gefühl, dass er sich wieder zu sehr ausgepowert hat und nicht alle Absichten umsetzen konnte. Deswegen nimmt er Fotos von seinem Opfer an sich, um sie später als Medium bei der Selbstbefriedigung einzusetzen. »Ich hielt dabei der Frau ein Messer, so wie auf dem Filmplakat, an den Hals und führte ein Zwiegespräch mit ihr. Hörte ihre Stimme voller Angst. Das erregte mich sehr.«

Zwar glaubte ich, dass er die Umsetzung seiner Vorsätze als unzureichend empfunden hatte, war mir aber auch sicher, dass es noch eine andere Seite gab. Hatte er sich nach den Taten nicht auch euphorisch gefühlt? »Ja, aber ich war nicht euphorisch, weil ich jemanden umgebracht hatte, sondern weil ich Geld hatte und mein Leben weitergehen konnte.«

Diese Antwort wunderte mich nicht, allerdings zweifelte ich an ihrem Wahrheitsgehalt. Doch Herbert Ritter fuhr fort: »Nach der zweiten Tat war ich allerdings sehr euphorisch. Ich bin ins Bad gegangen, habe mir die Hände gewaschen und sah, dass ich im Gesicht Blutspritzer hatte. Das hat mir sehr gut gefallen. Ich war ein brutaler Schlächter, der voller Blut ist. Oh, das war ein gutes Gefühl.«

Mitten in seiner Antwort hatte sich sein Gesichtsausdruck verändert. Plötzlich schien er gedanklich und gefühlsmäßig wieder an den Tatort zurückgekehrt zu sein. Ohne auf den Widerspruch in seiner Erklärung einzugehen, fragte ich ihn, welche Tatsequenzen für ihn am wesentlichsten, am phantasieanregendsten, am befriedigendsten gewesen waren. Seine Antwort kam schnell und bestimmt: »Die, die ich nicht gemacht habe, die ich gerne gemacht hätte. Ich habe in die Taten noch was anderes reingedacht, was ich gerne gemacht hätte. Phantasien auszuleben, ob im normalen oder perversen sexuellen Bereich, ist für mich in der Realität nicht möglich. Deswegen war ich auch nie vom Sex mit meiner Freundin und den Prostituierten befriedigt. Nur wenn ich alleine war, dann war die Sicherheit da. Ich konnte in meine Welt eintauchen und alles ausleben. Wenn ein anderer Mensch dabei war, hat der mich gehemmt. Das war auch bei den toten Frauen der Fall, obwohl ich gerne noch mehr gemacht hätte. Aber für mich lebten sie noch.«

Diese Ausführungen zeugten von einer bizarren inneren Logik: Am befriedigendsten waren für Herbert Ritter die Sequenzen, die real gar nicht stattfanden, sondern sich nur in seinem Kopf abspielten. Umsetzen konnte er dieses »Hineingedachte« nicht, da er in der Realität keine Phantasien ausleben kann, weil Anwesende ihn hemmen, ihm die Sicherheit nehmen. Nachdem die Opfer tot waren, war er zwar real allein, in seiner Vorstellung aber waren die Frauen noch am Leben, also konnte er seine Imaginationen genauso unbefriedigend ausleben wie in der sexuellen Beziehung zu seiner damaligen Freundin – wie in der Realität eben.

Aber hieß das, dass Herbert Ritter, wenn er sowohl tatsächlich als auch in seiner Wahrnehmung allein war, seine Phantasien befriedigend ausleben konnte? Wohl kaum. Er hatte es ja mit immer neuen ungewöhnlichen Praktiken versucht, lange bevor er zum Mörder wurde. Was Herbert Ritter mir erzählte, deutete zusammen mit meinem Wissen über die Taten eher auf einen unheilvollen Teufelskreis hin: Die Morde sind nicht nur gescheiterte Versuche, seine sexuell geprägten Gewaltphantasien umzusetzen, sie sind für ihn offenbar auch der Stoff, aus dem die Träume sind; ein ihn immer wieder neu beherrschender Zwang und gleichzeitig notwendiger Stimulus, um seine autoerotischen Phantasien in Gang zu bringen. Trotzdem erreicht Herbert Ritter niemals den Zustand der Befriedigung, sondern nur eine totale (innere) Erschöpfung, das »Ausgepowert-Sein«.

Das erschreckende Fazit: Letztlich waren die Morde, abgesehen vom erbeuteten Geld, sogar aus Sicht des Mörders sinnlos.

Vor diesem Hintergrund drängte sich mir die Frage auf, wieso zwischen dem zweiten und dem dritten Mord eine so große Zeitspanne lag. Schließlich müssten seine Phantasien doch weiterhin bestanden und nach Taten verlangt haben. Weshalb hatte er nicht weiter gemordet? »Wenige Wochen nach der zweiten Tat wollte ich tatsächlich wieder eine Prostituierte töten. Einmal hatte ich eine Axt mit Klebeband präpariert, um beim Zuschlagen nicht abzurutschen. Das schien mir effektiver zu sein als mit dem Messer. Ich war schon in ihrer Souterrainwohnung, als ich eine nach oben führende Treppe entdeckte. Weil ich nicht überblicken konnte, ob sie allein war, habe ich es sein lassen und bin gegangen. Beim zweiten Vorhaben hatte ich wieder ein Messer dabei. Doch etwas wehrte sich in mir. Ich konnte nicht zustechen und bin gegangen.«

Obwohl Herbert Ritter weiterhin seine Gewaltphantasien durchlebte, verlangten diese über einen längeren Zeitraum nicht nach weiteren Morden. Das hieß: Trotz einer latenten Tatbereitschaft schienen zusätzliche äußere Einflüsse nötig zu sein, um den Topf mit den Gewaltbildern zum Überlaufen zu bringen und die tatsächliche Gewalt auszulösen. Zu der Einschätzung war auch Ritter selbst gelangt. »Ich denke, dass der finanzielle und innere Druck nicht hoch genug waren. Wären beide so hoch wie bei den ersten Taten gewesen, dann hätte ich das auch gemacht.«

Doch nach den abgebrochenen Versuchen kam recht schnell sein Arbeitslosengeld, was ihm den finanziellen Druck genommen hatte. Zudem war seine Freundin ausgezogen und konnte ihn »jetzt nicht mehr betrügen, bevormunden und nerven«.

War ohne diesen als doppelt empfundenen Druck die Selbstbefriedigung ein ausreichender Katalysator für seine Phantasien? Ich fragte Herbert Ritter, ob er in dieser Zeit tatsächlich ohne zusätzliche Reize ausgekommen sei, und erinnerte ihn an die »Katzenmorde«.

»Die Freundin war weg, doch ihre Katzen waren noch da. Sie haben mich auf einmal sehr gestört, erinnerten sie mich doch an sie. Da habe ich sie in einem Wassereimer ertränkt: Deckel drauf und Wasser rein. Doch das hatte nichts mit meinen Phantasien zu tun. Bei der Katze vom Nachbarn ist das anders gewesen: An ihr habe ich eine zentrale Gewaltphantasie ausgelassen, die ich gerne bei den Morden realisiert hätte. Als ich sie ertränkt hatte, habe ich sie in der Dusche aufgehängt, ausgeweidet und ihr den Kopf abgeschnitten. Dann steckte ich mein Geschlechtsteil in den Schlund der Katze und habe mich dabei befriedigt.«

In diese Zeit fallen auch Herbert Ritters erste Suizidversuche, da er mit den Morden nicht zurechtkommt. Sie erscheinen ihm auf einmal doppelt sinnlos, denn seine Freundin konnte er trotzdem nicht halten und auch die

Phantasien sind geblieben. Kurze Zeit später beginnt er mit einer stationären Alkoholtherapie, fängt aber bald wieder mit dem Trinken an. Kurz vor Weihnachten verlässt Herbert Ritter die Einrichtung, und wieder einmal hat er kein Geld.

Wenige Tage später dann der dritte Mord. Dabei ändert der Täter allerdings seinen Modus Operandi: Zu Fuß sucht er eine Prostituierte in der Nähe seiner Wohnung auf und nimmt keine Waffe mit. Er geht deutlich laxer, spontaner, chaotischer vor. Dies ist insofern bemerkenswert, als er noch bei den abgebrochenen Mordversuchen sein Vorgehen zu optimieren versucht hatte wie mit der abgeklebten Axt. Als er auch sein drittes Opfer – wiederum nach heftiger Gegenwehr – überwältigt und die Wohnung durchsucht hat, widmet er der Umsetzung seiner Phantasien deutlich mehr Zeit.

Er »schneidet an der Kehle und den Brustwarzen herum«, sticht mit dem Messer in die Vagina. »Nach dieser Tat bin ich ruhiger gewesen als bei den anderen Morden, auch wenn ich wohl am Anfang sehr rumgewütet habe. Und es ist mir danach auch besser ergangen. Nur was ich eigentlich wollte, habe ich auch dieses Mal nicht umsetzen können: fesseln und quälen.«

Nach einer kurzen Pause fügte er scheinbar zusammenhangslos hinzu: »Sie sah so süß aus, als sie tot dalag mit ihrer halb herausgestreckten Zunge.«

Sein dritter und letzter Mord lag über zwei Jahrzehnte zurück. Ich dachte an die Vernehmung und wie kaltblütig ich die Morde und ihren Täter empfunden hatte, und fragte Herbert Ritter, wie intensiv er sich noch an seine Opfer erinnerte. Die Gesichter der Frauen sind für ihn verblasst. Kein Wunder, denn zu keiner von ihnen hatte er eine nähere Beziehung. Ihre Auswahl erfolgte rein zufällig nach einer Telefonnummer in einem Anzeigenblatt. Für ihn waren die Frauen lediglich Mittel zum Zweck und hätten durch jede andere Prostituierte ersetzt werden können. Vollkommen anders verhielt es sich jedoch bei seinen Erinnerungen an die umgesetzten Phantasien und die Suche nach Geld: Die Verstümmelungen und die genaue Lage der Leichen sind ihm bis ins Detail präsent, ebenso die Grundrisse und die Möblierung der Wohnungen.

»Es sind keine schemenhaften, sondern direkte Bilder.«

Sind diese Bilder immer noch Vorlage bei der Selbstbefriedigung?

»Sie kommen immer noch wieder vor, das schon. Aber nicht in dieser krassen Form.«

Und wie fühlen sich diese Vorstellungen an?

»Ich empfinde sie als anregend, als schön und erwische mich dann selbst dabei, was ich wieder für Gedanken habe, und erschrecke mich dann auch dabei. Also, die sind eigentlich etwas, wo ich gar nicht so gerne hingucke und die ich verdrängen möchte.«

Wie groß ist die Angst, erneut zu morden, oder ist die Gefahr vorüber?

»Ganz schwere Frage. Um ganz ehrlich zu sein, die Gefahr wäre wohl nicht vorbei. Also, ich könnte mir bei einem Leben in Freiheit vorstellen, dass wieder irgendwas schiefgeht, ich nicht zurechtkomme und ich wieder in einen Phantasie-Strudel gerate. Und wenn ich dann keine Hilfe hätte, dann könnte es wieder dazu kommen.«

Wie viel Prozent der Phantasien wurden bei den Morden befriedigt?

»Unter 50 Prozent. Weit unter 50 Prozent. Zwischen 10 und 20 Prozent denke ich eher. Mehr habe ich gar nicht umgesetzt, obwohl ich alle erdenklichen Praktiken ausprobieren wollte.«

Ich bat Herbert Ritter, für jeden Mord ein sogenanntes Phantasiediagramm zu zeichnen: ein Koordinatensystem mit der x-Achse für den zeitlichen Ablauf und der y-Achse für die prozentuale Phantasieumsetzung. Beim nächsten Gespräch überreichte mir Herbert Ritter seine Diagramme auf leuchtend gelbem Papier. Er hatte Entscheidungen und Einzelheiten der Tat durch Symbole chronologisch geordnet und die eingezeichneten Punkte jeweils stichwortartig kommentiert. Wie sehr die einzelnen Tatsequenzen sich in Herbert Ritters Bewusstsein manifestiert hatten, zeigte seine grafische Umsetzung der ersten Tat: Um zu prüfen, ob Ramona Braun noch lebte, hatte er ihr in ein Auge gestochen – ein Detail, das er bisher noch nie erwähnt hatte und das ich auch noch nicht kannte.

Die Zeichnungen bestätigten seine bisherigen Angaben: Bei allen Taten war die Kontaktaufnahme mit den Opfern rein pragmatisch gewesen und hatte aus Sicht des Täters nichts mit Phantasieumsetzungen zu tun. Hier liegen die Punkte auf der y-Achse nahe der x-Achse, also weit unten. Anders bei den Tötungen: Bei dem ersten Mord bleiben alle Phantasiegipfel im unteren Bereich der Skala. Die Stiche in Ramona Brauns Herz waren·für ihn am erregendsten und liegen im Diagramm ungefähr bei dreißig Prozent seines Maximums. Das Zerschneiden ihres BH beschreibt er mit: »Zeichen setzen/Macht«. Es stellt die zweithöchste Stufe dar und erreicht fast einen gleich hohen Wert.

Ähnlich verhält es sich mit der zweiten Tat. Alle mit der Überwältigung und Tötung des Opfers verbundenen Handlungen liegen im unteren Teil der Skala. Die Schläge in das Gesicht von Tanja Rose erreichen als Ausdruck von Macht einen Wert von nahezu fünfzig Prozent, die Penetrationen mit den beiden Fingern und dem Telefonhörer liegen zwischen siebzig und achtzig Prozent. Herbert Ritter scheint dabei seinen Phantasien sehr nahe gekommen zu sein.

Nach der Tötung von Violetta Winter und der Durchsuchung ihrer Wohnung begann Herbert Ritter sein Opfer zu »quälen«. Alles, was er jetzt tat, liegt in der Grafik bei über fünfzig Prozent. Dabei erreichen die Stiche in den Unterleib fast das Maximum seiner Gewaltphantasien.

SERIENMORD: MUSTER GÜLTIG 137

Nachdem ich die Phantasiediagramme ausführlich betrachtet hatte, wollte ich von Herbert Ritter vor allem eins wissen: Wie sahen die nicht befriedigten Szenarien aus?

»Ich wollte den Hals aufschneiden und den Schlund als Vagina benutzen. Im Hals ist ja alles drin, was zur Sprache gehört. Das wollte ich zerstören, denn dann kann mir keiner mehr sagen, was ich zu machen habe. Und mit der Vagina hat die Frau den Mann im Griff. Sie entscheidet: Ich lasse dich ran oder nicht.«

Das erinnerte mich sehr stark an den US-Serienmörder Edmund Bill Kemper. Bereits als Kind wurde der hünenhafte Junge von seiner Mutter in ein Zimmer im Keller verbannt, da sie Angst hatte, er könnte wegen seiner Ungeschicklichkeit seine jüngere Schwester verletzen.

Mit fünfzehn erschoss er seine Großeltern, kam in eine Besserungsanstalt für geisteskranke Täter und wurde 1970, sechs Jahre später, auf Initiative seiner Mutter wieder entlassen. Doch die Probleme zwischen Mutter und Sohn blieben bestehen. Zwei Jahre nach der Entlassung begann Bill Kemper, Anhalterinnen zu vergewaltigen, er erdrosselte und verstümmelte sie. Die Serie endete 1973 mit der Ermordung seiner schlafenden Mutter, die er enthauptete, bevor er ihr den Kehlkopf herausschnitt: weil sie ihn so viele Jahre gegängelt und angeschrien hatte und er ihre Stimme nicht mehr ertragen konnte.

Ich konnte gut nachvollziehen, dass der mit dem Gutachten beauftrage Psychiater bei der Gerichtsverhandlung vermutete, dass auch Herbert Ritters Taten letztlich auf die eigene Mutter gemünzt waren. Ritter wies das von sich, hatte aber auch keine Antwort auf die Frage, weshalb er in seiner Vorstellung ausschließlich alte Frauen quälte. Überhaupt zog er sich bei diesem Thema wieder zurück, nicht aggressiv, aber bestimmt. Vielleicht gilt für ihn ja dasselbe wie für den Serienmörder Jeffrey Dahmer: »Ihr könnt mir alles nehmen: meine Familie, meine Freunde, alles, was ich besitze – nicht aber meine Phantasien.«

Ich merkte, dass mir hier Grenzen gesetzt wurden, und akzeptierte es. Also beendete ich die Interviews mit der abschließenden Frage, wie er sich und seine Taten heute sieht.

»Mir ist seit einiger Zeit bewusst, welche schweren Straftaten ich gemacht habe. Ich bin ein richtiger Mörder. Ein Serienmörder. Ich habe geplant und fremde Menschen getötet. Das möchte ich gerne wegwischen, aber ich muss immer daran denken. Meine Taten sind so schrecklich und durch nichts zu entschuldigen. Ich glaube nicht, dass ich eine gespaltene Persönlichkeit habe. Ich sehe den Mörder und Herbert. Am liebsten möchte ich nur Herbert sein. Ich weiß, dass ich beides nicht trennen kann, und der Sicherheitsaspekt wird verhindern, dass ich jemals in Freiheit leben werde. Aber ich träume davon.«

Ähnlich hatte sich der Serienmörder Peter Kürten vor Gericht in seinem Schlusswort geäußert: »Die von mir begangenen Taten sind nach meiner jetzigen Erkenntnis so scheußlich, dass ich nicht den Versuch machen will, sie in irgendeiner Weise zu entschuldigen.« Eine sehr späte Erkenntnis. In beiden Mordserien.

Zwischen unseren Gesprächen erfuhr Herbert Ritter, dass seine Prognose weiterhin sehr schlecht war. Entsprechend befürchtete er, noch die nächsten zehn, fünfzehn Jahre in der Forensik bleiben und therapiert werden zu müssen, ehe auch nur an erste Lockerungen wie begleitete Spaziergänge auf dem Klinikgelände zu denken ist. Diese Einschätzung ist vermutlich zutreffend.

Und in einem weiteren Punkt hatte Herbert Ritter recht: Als jemand, der aus einem inneren Zwang heraus und nach externen Stresssituationen innerhalb von dreizehn Monaten drei Menschen tötete und dabei auch sexuelle Phantasien zu befriedigen versuchte, ist er in der Tat – nicht nur laut meiner Definition – ein Serienmörder. Das Muster war gültig.

Bei Ankunft Mord

Blutiges Geheimnis im Zugabteil

Seit zehn Jahren berate ich Radio Bremen bei den dort produzierten *Tatort*-Filmen. Meine Aufgabe besteht im Wesentlichen darin, die Drehbuchautoren zu unterstützen: dies und das ist unrealistisch, stimmt mit der Wirklichkeit der Polizeiarbeit nicht überein, müsste vielleicht so oder so geändert werden. Zumeist bin ich von der Phantasie der Autoren ehrlich beeindruckt, und es beruhigt mich sehr, dass diese Einbildungskraft sich nicht mit krimineller Energie verbindet. Sonst würden die Drehbuchschreiber der Kriminalpolizei nicht selten monströse Rätsel aufgeben. Nicht immer aber reicht die Vorstellungskraft der Autoren aus, um realistische Rätsel zu erfinden.

Es gab einmal die Idee zu einem *Tatort*, der vom historischen Fall Barschel inspiriert war. Der zurückgetretene Ministerpräsident von Schleswig-Holstein Uwe Barschel starb 1987 unter mysteriösen Umständen und wurde von einem *Stern*-Reporter tot in der Badewanne seines

Genfer Hotelzimmmers gefunden. Wie in seinem Fall sollte in dem *Tatort* offenbleiben, ob es sich dabei um Mord oder Selbstmord gehandelt hatte. Während Uwe Barschel an einer Vergiftung starb, hatte der Drehbuchautor eine tödliche Schussverletzung vorgesehen. Das war insofern eine knifflige Sache, weil es schwieriger war, die Selbstmordtheorie plausibel zu machen. Da die Fernsehkommissare keine Waffe finden durften, musste ein potenzieller Mittäter erfunden werden, der sie vom Tatort entfernt hatte. Ein solcher Komplizen-Suizid war mir aber niemals untergekommen, und ich hatte auch noch nie von einem realen Fall dieser Art gehört.

Trotzdem: Als ich in meiner Funktion als Mordermittler mit dem Fall Tom Howe befasst war, kam es mir wie ein Déjà-vu vor.

Es ist ein nasskalter Herbstmorgen, als im Bremer Hauptbahnhof um 05.45 Uhr der Fernzug aus Stuttgart einfährt. Auf den Bahnsteigen ist um diese frühe Morgenstunde kaum Betrieb, aber an Bord des Zuges befinden sich über zweihundert Reisende. Einer von ihnen ist tot.

Und so begann auch für mich der Tag anders als geplant: kein freies Wochenende, stattdessen klingelte kurz nach 6.30 Uhr das Telefon. Der Kommissar vom Dienst beschränkte sich in seiner morgendlichen Meldung auf das Nötigste: »Ein Toter im Zug. Der Mann hat eine Schussverletzung. Die Waffe fehlt. Das Abteil wurde durchsucht. Alles spricht für Raubmord.«

Wann immer ein Mensch an einer nichtnatürlichen Ursache gestorben ist, stellt sich bei den Ermittlungen als Erstes die Frage, ob ein Verbrechen vorliegt. Kann es nicht auch ein Unfall gewesen sein oder gar eine Selbsttötung? Ich hatte es schon einige Male erlebt, dass nach einem Suizid durch Erschießen die Waffe nicht wie auf einem Präsentierteller direkt neben der Leiche lag, sondern begraben unter dem Körper des Toten. Deshalb muss diese Möglichkeit immer zuerst geprüft werden, bevor »ein großer Bahnhof gefahren« wird, wie es salopp bei uns heißt, wenn Mordkommission und Erkennungsdienst zum Einsatz kommen.

Der Tatort muss beschrieben und vom Erkennungsdienst auf Spuren untersucht und fotografiert werden. Blut, sogenannte *Schmauchantragungen*, Tatwaffe und Geschossteile sind für *forensische*, gerichtsverwertbare, Untersuchungen zu sichern, Angehörige des Verstorbenen sind über den Todesfall zu informieren, und Zeugen müssen ermittelt und vernommen werden: Wann hatten sie das Opfer zuletzt gesehen und unter welchen Umständen? Haben sie Veränderungen am Tatort vorgenommen? Vielleicht sogar die Tat beobachtet und den Täter gesehen? Ein Kollege der Mordkommission muss dann den *Tatortbefundbericht* mit allen Besonderheiten und den Einzelheiten des Tatgeschehens schreiben. Zuletzt wird die Obduktion der Leiche angeregt, an der immer ein Ermittler teilnehmen sollte.

In diesem Fall übernahm ich als Leiter der Mordkommission die beiden letzten Aufgaben, während meine Kollegen sich um die anderen Ermittlungen kümmerten. Diese Arbeitsteilung hat sich in vielen Tötungsdelikten bewährt, die wir gemeinsam in Kommissionen bearbeitet haben. Genauso wie die regelmäßigen Besprechungen, in denen wir die neusten Ermittlungsergebnisse bekanntgeben und unterschiedliche Theorien über den Tatablauf und die Motivation des Täters erörtern.

Gerade nach der Entdeckung eines Tötungsdeliktes kommt es darauf an, schnell aus der Vielzahl der zumeist vorliegenden Informationen die wesentlichen Spuren herauszufiltern und diese bei der Tätersuche zu verfolgen. Das gelingt häufig, doch kommt es auch vor, dass es keine eindeutigen Spuren gibt oder bedeutende Informationen übersehen beziehungsweise falsch bewertet werden und trotz aller Anstrengungen eine Tat nicht geklärt werden kann.

Der Reisezug, wie er offiziell in der Sprache der Bahn heißt, war auf einem Sondergleis des Bahnhofs abgestellt worden, und die Kollegen des Kriminaldauerdienstes (KDD) hatten ihre Arbeit aufgenommen. Der KDD ist der Bereitschaftsdienst der Kriminalpolizei und, wie der Name schon sagt, sieben Tage die Woche rund um die Uhr für Sofort- und Routinemaßnahmen verfügbar. Seine Beamten werden aber auch als Erste über ungewöhnliche Todesfälle von der Schutzpolizei informiert und sind deshalb vor der Mordkommission am Tatort und prüfen, ob tatsächlich von einem Verbrechen ausgegangen werden muss. An diesem Morgen hatten die Kollegen zusammen mit der Bahnpolizei bereits damit begonnen, die noch anwesenden Fahrgäste zu befragen. Doch es gab keine Hinweise. Niemand hatte etwas Verdächtiges beobachtet. Keiner hatte im fahrenden Zug einen Streit oder einen Schuss gehört oder gar einen fliehenden Täter gesehen.

Auch die Tatortgruppe des Erkennungsdienstes hatte bereits Vorbereitungen für die Spurensuche getroffen und dafür gesorgt, dass der Wagen Nummer 15, ein Schlafwagen der 2. Klasse, in dem der Tote lag, für die anstehenden kriminaltechnischen Maßnahmen abgekoppelt wurde. Der Wachhabende der Bahnpolizei informierte mich, dass der Zug am Vortag um 21.42 Uhr von Stuttgart mit dem Ziel Hamburg-Altona über Heidelberg, Frankfurt, Kassel, Hannover und Bremen abgefahren war und um 05.58 Uhr planmäßig den Bremer Hauptbahnhof erreicht hatte.

Im Abteil des Toten hatten die KDD-Beamten unter anderem einen Führerschein und mehrere Kreditkarten gefunden, ausgestellt auf den Namen des amerikanischen Staatsbürgers Tom Howe. Zum Zeitpunkt seines Todes war der Mann 57 Jahre alt.

Tom Howe steigt gegen Mitternacht in Frankfurt in den Nachtzug. Als er dem Zugführer seine Bahncard zeigt und sich ein Ticket für den Liegewagen kauft, hat dieser den Eindruck, dass es sich bei seinem Fahrgast um einen routinierten Bahnfahrer handelt. Er wirkt auf den Zugführer entspannt, unauffällig und gepflegt. Als Reisegepäck führt er lediglich eine Sporttasche mit sich. Der Schaffner weist Tom Howe das Abteil 8 zu. Obwohl in seinem Abteil vier Liegeplätze vorhanden sind, ist er der einzige Fahrgast. In den anderen Abteilen des Waggons sind es zusammen zehn Reisende. Tom Howe bittet den Zugführer, ihn gegen 05.30 Uhr zu wecken. Er steige in Bremen aus. Dann zieht er die Gardinen seines Abteils zu und löscht das Licht. Er sei müde und wolle sich schlafen legen, wie er versichert. Ob er danach noch einmal sein Abteil verlässt oder Kontakt zu anderen Fahrgästen hat, weiß der Zugführer nicht.

Als er Tom Howe am Morgen wecken und dessen Abteil öffnen will, ist es verschlossen. Mit dem Zentralschlüssel schließt der Bedienstete die Tür auf, wird von dem Fahrgast aber gleich am Betreten des Abteils gehindert. Scheinbar gut gelaunt ruft dieser ihm durch den Türspalt zu: »Alles okay! Ich bin schon wach. Vielen Dank.« Der Schaffner bemerkt noch, dass Tom Howe bereits vollständig angezogen ist und zum Aussteigen bereit scheint. Dann schließt der Mann die Tür. Zu diesem Zeitpunkt ist es bis Bremen nicht mehr weit. Nur noch knapp 25 Minuten.

Für den Zugführer ist damit sein Auftrag erfüllt. Er kümmert sich um andere Fahrgäste. Als er nach circa 7 Minuten zu Tom Howes Abteil zurückkommt, macht er eine ungewöhnliche Entdeckung: Im Gang vor der Abteiltür Nummer 8 liegt eine dunkle Socke. Daneben eine Scheckkarte von Tom Howe. Sechs Meter von der Abteiltür entfernt finden später die Beamten vom Erkennungsdienst einen weiteren Gegenstand aus Howes Besitz: seinen Ehering.

Der Schaffner wird stutzig. Nach kurzem Zögern öffnet er die jetzt unverschlossene Abteiltür: Die Türvorhänge sind zugezogen, das Fenster ist geschlossen und das Rollo heruntergezogen, die Deckenbeleuchtung ist eingeschaltet. Überall im Abteil sind persönliche Papiere und Kleidung auf dem Boden und den Sitzen verstreut.

Tom Howe liegt vollständig bekleidet und mit angezogenen Knien auf seiner rechten Körperseite auf dem Boden des Abteils. Sein Kopf zeigt in Richtung Abteiltür. Seine Arme sind vor der Brust verschränkt. Ein Schuh ist ausgezogen. Der Schaffner berührt Tom Howe an der Schulter, schüttelt ihn und spricht ihn an. Doch der Fahrgast reagiert nicht mehr. Er atmet nur noch schwer und röchelt. Als der Schaffner ihn auf den Rücken dreht, sieht er, dass dessen Hemd im Brustbereich voller Blut ist. Der Mann ist ratlos, denkt, dass hier ein Unfall passiert ist. Eilig verlässt er das Abteil und telefoniert mit der Notrufzentrale. Als er zurückkommt, kann er den Puls des Verletzten nicht mehr fühlen.

Auch der alarmierte Notarzt kann im Bremer Hauptbahnhof nichts mehr für den Reisenden tun. Für Tom Howe kommt jede Hilfe zu spät. Anscheinend ist er an einer Schussverletzung gestorben. In der rechten Brust erkennt der Arzt einen Einschuss.

Als ich damals den Tatort in Augenschein nahm, bemerkte ich als Erstes, dass der Einsatz des Notarztes die Spurensuche erschweren würde. Denn die Rettungssanitäter hatten Tom Howe aus dem Abteil gezogen, sein Hemd aufgeschnitten und ihn zu reanimieren versucht – und allein damit schon den Tatort verändert. Aber nicht nur das. Sie hatten auch auf dem Boden liegende Papiere und mehrere Geldscheine und Kleingeld aufgehoben, es auf die Ablage vor das Fenster gelegt, das Rollo hochgezogen und das ursprünglich geschlossene Abteilfenster geöffnet. Dadurch veränderten sie während ihres Einsatzes nicht nur das ursprüngliche Spurenbild der Tat, sondern schufen zusätzliche Spuren. Das war eine wichtige Information, die ich bei der späteren Rekonstruktion des Falls berücksichtigen musste.

Solche *Trugspuren*, wie sie in unserer Fachsprache heißen, sind ein generelles Problem bei der Tatortarbeit, denn nicht selten verändern Menschen, die ein Verbrechen entdecken, den Fund- oder Tatort – teils in ihrer Aufregung, teils aus Gedankenlosigkeit, teils vorsätzlich. Nicht nur Rettungspersonal, sondern auch Rechtsmediziner und Polizeibeamte hinterlassen eigene Spuren am Tatort, wenn sie sich einen Überblick über die Tat verschaffen. Deshalb müssen diese Personen vor einer Tatrekonstruktion zuallererst vernommen werden, um fatale Fehlinterpretationen zu vermeiden. Wie war die ursprüngliche Fundsituation? Welche Veränderungen an Leiche und Tatort gab es? Nicht immer bekommen wir darauf eine Antwort, denn zum einen sind möglicherweise nicht alle Personen bekannt, die am Tatort waren, zum anderen können sich einige Zeugen nicht daran erinnern, was sie verändert haben.

Weiter erschwert wird die Suche nach Täterspuren oft durch Finger- und Schuhabdrücke sowie serologische Spuren wie Speichel, Blut oder Sperma von *berechtigten Personen* wie Mitbewohnern, Freunden oder Verwandten. Diesen Spuren ist ja nicht anzusehen, ob sie etwas mit der Tat zu tun haben oder nicht. Im Prinzip ist erst einmal nur die Aussage zulässig, dass sich eine Person zu irgendeinem Zeitpunkt an einem Ort aufgehalten hat, der später Tatort wurde oder bereits war. Dabei hat die betreffende Person dann zum Beispiel Fingerabdrücke zurückgelassen, Blut verloren, eine Verletzung erlitten oder Geschlechtsverkehr mit einer weiteren Person gehabt oder masturbiert. Damit eine Verbindung dieser Spuren zu dem Verbrechen bewiesen werden kann, muss ich als Ermittler alle Möglichkeiten ausschließen, die eine *berechtigte* Existenz der Spuren erklären. Anders ausgedrückt: Ich muss den Nachweis führen, dass die vorgefundenen Spuren *tatrelevant*, also bei der Tat entstanden sind.

Gemeinsam mit den Beamten des Erkennungsdienstes begann ich im Eisenbahnwaggon die Spuren der Tat aufzunehmen. Im Wagen gab es zehn Abteile für Reisende, die Abteile 2 bis 11, zwei Waschräume, zwei Toiletten und das Dienstabteil für das Zugpersonal. Alle Räume mussten untersucht werden, doch unser Augenmerk richtete sich auf den eigentlichen Tatort, das Abteil Nummer 8. Wir suchten sogenannte *Situationsspuren*. Dazu gehören alle Spuren, die durch ihre Lage im Raum oder durch ihre Beschaffenheit Hinweise zum Tatgeschehen ermöglichen.

Zunächst mussten wir aber erneut nach der Tatwaffe suchen und Geschossteile finden, um die Frage zu klären, ob wir es tatsächlich mit einem Verbrechen zu tun hatten. Doch wir fanden weder das eine noch das andere. Wir fragten uns, was das bedeutete: Hatte der Täter nicht nur die Waffe mitgenommen, sondern auch die Patronenhülse aufgehoben? Oder hatte er Tom Howe mit einem Revolver erschossen, bei dem die Hülsen in einer Trommel stecken bleiben und nicht wie bei einer Pistole nach einem Schuss aus der Waffe automatisch ausgeworfen werden?

Während die Beamten vom Erkennungsdienst in einem *Spurensicherungsbericht* die einzelnen Spuren und ihre Lage dokumentierten und nach Fingerabdrücken und anderen tatrelevanten Beweisen suchten, beschrieb ich im Tatortbefundbericht ausführlich den Zustand der Kabine. Indem ich die Situation am Tatort festhalte, schaffe ich mir eine Grundlage, auf der sich das Tatgeschehen besser rekonstruieren lässt.

Zudem fotografierten die Spurensucher das Abteil und drehten ein kurzes Video. So kann später die Fundsituation auch von anderen Personen nachvollzogen werden, die nicht am Tatort waren und mit dem Fall betraut sind: Richter, Staatsanwälte, Verteidiger eines eventuellen Beschuldigten, Sachverständige und andere Ermittler.

Anschließend folgte die Sicherung von *textilen Mikrospuren* an der Leiche. Dabei geht es um Fasern, die beim Tatgeschehen durch den körperlichen Kontakt zwischen Täter und Opfer gegenseitig von der einen auf die andere Kleidung übertragen worden sein können: der sogenannte *Fasertransfer.* Das Ziel dieser Maßnahme liegt darin, bei den späteren kriminaltechnischen Untersuchungen eine sogenannte *Leitspur* zu finden. Das ist eine sehr individuelle Faser eines Kleidungsstücks des Täters, die die Suche nach ihm erleichtert und einen Kontakt zwischen Opfer und Täter bei der Tat beweisen kann. Um zu verhindern, dass von den Spurensuchern zusätzliche Fasern oder Haare auf die Leiche fallen, hatten sich meine Kollegen und ich weiße Overalls angezogen. Die Beamten versahen den Körper von Tom Howe von Kopf bis Fuß mit zahlreichen selbstklebenden, durchsichtigen Folienstreifen, die sie nummerierten und fotografierten. So gewährleisteten sie, dass bei späteren Untersuchungen genau der Körperbereich lokalisiert werden konnte, an dem sich die Fasern befanden, und ermöglichen so auch Rückschlüsse auf das Tatgeschehen.

Die Sicherung von Faserspuren ist sehr zeitaufwendig, denn bevor eine Aussage darüber getroffen werden kann, ob bestimmte Fasern tatrelevant sein können oder nicht, müssen Vergleichsfasern aus dem Haushalt des Opfers gesichert werden. Dieses Vorgehen soll Fehlinterpretationen verhindern. Sobald es einen Tatverdächtigen gibt, sind auch bei ihm wie beim Opfer Vergleichsproben zu nehmen. Nicht immer ist diese Form der Beweisführung von Erfolg gekrönt. Das liegt daran, dass es sich bei vielen Textilien um Massenware handelt und häufig nur die Aussage möglich ist, dass die als Leitspur bestimmte Faser von einem Kleidungsstück des Täters oder einem vergleichbaren, also einem aus derselben Produktion stammen kann.

Konnte bei den Untersuchungen ein Kleidungsstück als möglicher Spurengeber identifiziert werden, ist eine *Herkunftsfeststellung* unumgänglich. Dafür ermitteln wir den Hersteller des Kleidungsstückes und befragen ihn dazu, wie viele Textilien dieser Art er hergestellt hat und wohin sie geliefert wurden. Je geringer die Produktion, desto besser für die Beweisführung.

Als diese Arbeit abgeschlossen war, kennzeichneten meine Kollegen die einzelnen Situationsspuren mit fortlaufend nummerierten Spurenkarten. Sicher haben Sie schon des Öfteren in einem Krimi einen mit zahlreichen Nummernkarten bestückten Tatort gesehen. Die Leiche bekommt immer die Tafel mit der Nummer 1. Dann werden zunächst die in der Nähe der Leiche vorhande-

nen Spuren aufgenommen. Gesucht wird im Uhrzeiger-
sinn und spiralförmig vom Opfer weg. Entsprechend tragen am Ende die am weitesten entfernten Spuren die
höchsten Nummern.

Das Abteil war winzig und hatte nur eine Größe von
etwa 180 mal 170 cm. Auf beiden Seiten befanden sich
Ruhebänke mit Rückenlehnen, über denen jeweils eine
klappbare Liegefläche angebracht war. Beide Liegeflächen
waren heruntergeklappt. Der Raum zwischen den gegenüberliegenden Bänken war nur knapp 55 cm breit, wenig
Platz, um sich frei zu bewegen. Auf der rechten Sitzbank
lag eine geöffnete und leere Sporttasche, deren Inhalt
schien wahllos herausgerissen und in großer Eile überall im Abteil verstreut worden zu sein: Portemonnaie,
diverse Kosmetikartikel, Papiere und Kleidungsstücke.
Der Tatort eines unter Zeitdruck agierenden chaotischen
Täters?, fragte ich mich.

Das 80 mal 120 cm große Fenster ließ sich nur etwa
40 cm weit öffnen. Auf der schmalen Ablage unterhalb
des Fensters stand ein Reisewecker. Außerdem lagen
dort auffallend ordentlich eine Brieftasche, persönliche
Papiere von Tom Howe, zwei 10-DM-Scheine, seine
Fahrkarte, der Auszahlungsbeleg einer amerikanischen
Bank. Wie sich später herausstellte, war dies keine Täterentscheidung.

Ein Rettungssanitäter erzählte bei seiner Befragung,
dass er das auf dem Boden liegende Geld und die Papie-

re aufgehoben und auf die Ablage vor dem Fenster gelegt hatte. Die Weckzeit des Reiseweckers war auf 04.10 Uhr eingestellt. Achtzig Minuten bevor der Schaffner Tom Howe wecken sollte.

Unmittelbare Tatspuren fand ich unter den Papieren auf der Ablage: Blut.

Blut bedeutet normalerweise Leben. Fünf bis sechs Liter – bei Männern etwa ein Liter mehr als bei Frauen – fließen in den Arterien und Venen des Menschen und erhalten den Organismus über das Herz-Kreislauf-System mit lebensnotwendigen Funktionen.

Wenn ich mit Blut zu tun habe, dann meist in Form von »Bildern«. Damit meine ich die Blutspuren, die als sogenannte *Blutspurenbilder* am Tatort vom Tod eines Menschen berichten: als Tropfspuren, Abrinnspuren, Kontaktspuren, Schlagspritzspuren, Hochgeschwindigkeitsspritzspuren, Schleuderspuren oder arterielle Verletzungsspuren. Manchmal lässt sich auch aus der Gerinnung und dem Eintrocknen von ausgeflossenem Blut eine Aussage zum zeitlichen Ablauf der Tat treffen. Dann nämlich, wenn sich der Täter nach der Tat noch länger am Tatort aufhielt und dabei zum Beispiel in Blut fasste oder die im Blut liegende Leiche bewegt wurde. Denn wir wissen: Blut gerinnt nach ungefähr drei bis sechs Minuten und trocknet nach zehn bis fünfzehn Minuten.

Obwohl die Geschichte der Interpretation von Blutspurenbildern gut hundert Jahre alt ist und ihren Ausgang im deutschsprachigen Raum nahm, handelt es sich bei dieser Disziplin leider immer noch um einen vernachlässigten Bereich der Kriminalistik. Nach meinen Erfahrungen hat sich in Deutschland erst in den letzten Jahren langsam eine Rückbesinnung auf die Interpretation dieser Spurenform durchgesetzt. Für mich jedoch waren die Blutspurenbilder im Fall Tom Howe sehr wichtig.

Bei dem Blut auf der Ablage handelte es sich um Blutspritzer. Genauer gesagt waren es kleinste zerstäubte und auch spermienartig geformte Blutspuren, deren »Schwänze« fächerförmig zum Fenster wiesen. Aus dieser Form ließ sich die Auftreffrichtung bestimmen: Als die Blutspuren entstanden, musste es unmittelbar vor der Ablage zu einem Ereignis gekommen sein, bei dem aus einer Wunde mit sehr hoher Energie Blut und Gewebe in Richtung Fenster gespritzt war. Das konnte nur bei einem Schuss geschehen sein.

Eine weitere interessante Blutspur befand sich an der vorderen Kante der Ablage. Im Gegensatz zu den anderen war sie flächig und verwischt: eine typische Kontaktspur, die, bevor das Blut getrocknet war, durch eine blutige Hand oder einen blutigen Gegenstand – möglicherweise durch blutige Kleidung – entstanden sein dürfte.

Trotz dieser ersten und bedeutsamen Feststellungen galt: Den Schwerpunkt der Tatortuntersuchung bildet die Leiche. Tom Howe war eine große, stattliche Erscheinung. Rahmenlose Brille, militärisch kurzer Haarschnitt, vernarbtes Gesicht. Ein wehrhaft wirkender Mann. Seine Füße lagen jetzt circa 50 cm vom Fenster entfernt, und sein Oberkörper ragte aus dem Abteil Nummer 8 heraus. Der Tote lag auf dem Rücken, sein Oberkörper war nackt. Sonst trug er eine beige Stoffhose mit Gürtel, schwarze Socken und an seinem rechten Fuß einen braunen Slipper. Alle vier Taschen seiner Hose waren nach außen gekehrt. Hemd und Unterhemd lagen neben der Leiche und waren von oben nach unten aufgeschnitten. Auch das hatten die Rettungssanitäter getan, bevor sie mit der Wiederbelebung begannen. Auf der Brust des Toten erkannte ich noch die typischen Spuren ihrer letztendlich vergeblichen Bemühungen. Geklebte Elektroden und kreisförmige Abdrücke des Defibrillators zeigten mir, dass die Sanitäter Elektroschocks eingesetzt hatten.

Bei einer ersten Untersuchung der Leiche stellte ich die *frühen Leichenerscheinungen* fest: beginnende Totenstarre im Bereich der Kiefermuskulatur und entstehende Totenflecken an den *abhängigen* (rechtsmedizinisch für herabhängende) Körperpartien. Abgesehen vom Einschussloch wies der Körper keine weiteren erkennbaren Spuren von Gewalt auf: keine Ausschussverletzung, keine Traumatisierung des Gesichtes, keine Verletzungen an den Händen, keine durch Festhalten bedingten Hämatome an den Armen und Schultern. Nichts sprach für einen Kampf vor dem Tod. Allerdings waren beide Hände blutig –

links mehr als rechts. Am Ringfinger von Tom Howes linker Hand erkannte ich den Abdruck eines fehlenden Ringes. Ich nahm mir vor, unmittelbar vor der Obduktion noch einen ausführlicheren Blick auf die Hände zu werfen. Doch zuerst hüllte ein Beamter der Spurensuche sie in Papiertüten und fixierte diese an den Handgelenken mit Klebeband. Das soll verhindern, dass das Spurenbild beim Transport der Leiche in die Rechtsmedizin verändert und damit die Schmauchspurenuntersuchung hinfällig wird. Diese Routinemaßnahme erfolgt immer dann, wenn eine Schusswaffe verwendet wurde: nicht nur bei Leichen, sondern auch bei Tatverdächtigen.

Das neben der Leiche liegende karierte Baumwollhemd von Howe wies im Brustbereich einen etwa 1 cm großen, nahezu kreisrunden und schwarz umsäumten Stoffdefekt auf – das Einschussloch – und war großflächig blutig. Aus dem Hemd würde später der Erkennungsdienst um diesen Bereich herum ein etwa 20 × 20 cm großes Stück herausschneiden. Aus dem Zustand des Stoffes lässt sich die ungefähre Schussentfernung ermitteln. Dafür benötigt der Schusswaffensachverständige allerdings sowohl die Tatwaffe als auch den Munitionstyp. Nur dann können die Ballistiker anhand der Intensität und der Verteilung von Pulverpartikeln und Schmauch die Entfernung der Waffe beim Schuss auf wenige Zentimeter eingrenzen.

Dazu werden in einem Beschusslabor sogenannte Vergleichsschüsse aus unterschiedlichen Entfernungen auf ein möglichst vergleichbares *Zielmedium* – in diesem Fall auf ein Baumwollhemd, wie es Tom Howe getragen hatte – abgegeben. Hinter dem jeweiligen Ziel sind in einem *Geschossfang* in mehreren Lagen Kunststoffblöcke gestapelt, die die Bewegungsenergie der Geschosse sofort stoppen. Der entstandene Pulverschmauch wird dann mittels einer Folie abgezogen und mit der *Röntgenfluoreszenzanalyse* und dem *Rasterelektronenmikroskop* untersucht. Der anschließende Abgleich mit dem tatrelevanten Spurenbild lässt so eine Aussage über die Schussentfernung zu.

Zwischen den Beinen und unter dem Gesäß des Toten lagen weitere Papiere und mehrere Kleidungsstücke. Unter anderem auch der zweite Schuh von Tom Howe und sein Blouson. Der Blouson war ohne Blut und unbeschädigt, doch auch hier waren die Innentaschen nach außen gekehrt. Tom Howe hatte die Jacke bei ihrer Durchsuchung vermutlich nicht getragen.

Die herausgezogenen Hosentaschen schienen eine Täterentscheidung zu sein, denn auch den Rettungskräften war dieser Umstand bereits aufgefallen. Doch ob die unter dem Körper von Tom Howe liegenden Kleidungsstücke erst während des Einsatzes dorthin gelangt waren, konnten sie nicht beantworten. Die Auswertung von Tom Howes Papieren auf der Ablage war sehr aufschlussreich und schien die Theorie eines Raubmordes zu bestätigen. Nach dem Auszahlungsbeleg der amerikanischen Bank hatte sich Tom Howe einen Tag vor der

Tat in den Nachmittagsstunden von dem Geldinstitut 5000 Dollar bar auszahlen lassen. Doch von dem Geld fehlte jede Spur.

Ansonsten verlief die Spurensuche ernüchternd. Nur wenige Fragmente von Fingerabdrücken und ein Schuhabdruck auf der Sitzbank konnten gefunden werden. Doch wem sie gehörten und ob sie etwas mit der Tat zu tun haben, musste erst noch geklärt werden. Ein sehr schwieriges Unterfangen, wie Sie sich sicherlich vorstellen können, da ein Zugabteil von sehr vielen Menschen genutzt wird. Viel interessanter hingegen war der vor dem Abteil gefundene goldene Ehering. Innen waren die Initialen von Tom Howes Ehefrau und das Hochzeitsdatum eingraviert. Im Gegensatz zu den Händen des Toten wies der Ring kein Blut auf.

Die Voraussetzungen für eine gerichtliche Leichenöffnung sind nach den Vorschriften der Strafprozessordnung (StPO) klar reglementiert. Sie erfolgt normalerweise auf Anordnung des Gerichtes oder der Staatsanwaltschaft und wird von zwei Ärzten durchgeführt, von denen grundsätzlich einer Gerichtsarzt oder Leiter eines gerichtsmedizinischen Instituts sein soll. Ein Vertreter der Staatsanwaltschaft kann bei der Leichenöffnung anwesend sein.

Aber nicht nur bei Tötungsdelikten kommt es zu einer Obduktion. Sie kann immer dann angeordnet werden, wenn ein Mensch unter unklaren Umständen verstirbt und die Polizei mit der Klärung der Todesursache beauftragt wird. Doch die Bereitschaft der Staatsanwaltschaft, Geld für Obduktionen auszugeben, nimmt im Zeitalter der leeren Haushaltskassen leider bundesweit stetig ab. Deshalb fallen immer mehr rechtsmedizinische Institute dem Rotstift zum Opfer, und auch weiterhin werden Verbrechen, Unglücksfälle und Suizide nicht erkannt. Ich befürchte, mehr denn je.

Die Untersuchung einer Leiche in der Rechtsmedizin ist für mich im Laufe der Jahre zur Routine geworden. Doch immer wieder überkommt mich ein beklemmendes Gefühl. Der Tod ist hier überall in den Räumen zu spüren. Er ist einfach präsent. Doch am beeindruckendsten ist für mich der charakteristische Geruchsmix von Tod und Reinigungsmitteln in der Rechtsmedizin. Manchmal süßlich und dann ein anderes Mal wie verdorbenes Fleisch. Gerüche, die sich unverwechselbar in das Bewusstsein einbrennen. Daran habe ich mich mittlerweile gewöhnt.

Doch das ist nicht immer so gewesen. Ich erinnere mich noch gut daran, dass ich bei meinen ersten Obduktionen stets ein kleines Fläschchen mit Parfüm bei mir trug und es mir – ohne dass es die anderen sehen sollten – vor die Nase hielt. Trotzdem war der Leichengeruch so nicht zu überdecken. Setzte er sich doch in der Nase, im Mund, in den Haaren und der Kleidung fest, so dass manchmal nicht einmal zuhauf gelutschte scharfe Lakritze und eine ausgiebige Dusche ihn beseitigen konnten. So, als sei der Geruch Teil von mir selbst geworden.

Der Sektionssaal gleicht einem Operationssaal: helles Licht, Boden und Wände weiß gefliest. Sterile Sauberkeit. An dem Sektionstisch aus Edelstahl habe ich schon sehr häufig gestanden: nicht nur als Mordermittler, sondern auch zweimal für mehrere Wochen als Hospitant in einem rechtsmedizinischen Institut, um mich auf meine Aufgaben in der Mordkommission beziehungsweise als Fallanalytiker vorzubereiten.

Frühmorgens um 6 Uhr begann ich mit dem *Präparator*, dem Sektionsgehilfen, den Körper von Leichen im Rahmen von außergerichtlichen Sektionen zu öffnen. Führte das Skalpell zum sogenannten *Y-Schnitt* von beiden Schultern bis zum Brustbein und von dort senkrecht bis zur Scham, vorbei am Bauchnabel, präparierte Haut und das Fettgewebe ab, durchtrennte dann mit einer Zange die Rippen und entnahm schließlich die Organe des Toten aus der Brust- und Bauchhöhle für die weitere Begutachtung durch den Rechtsmediziner. Nach dessen Feststellung der Todesursache legten wir die Organe in die Körperhöhlen zurück. Ich nähte den Körper des Toten zu, wusch ihn und schob die Leiche in das 4 Grad Celsius kalte Kühlfach.

Diese Hospitation mag für einen Kriminalbeamten ungewöhnlich sein, aber es hilft mir bei der Arbeit, dass ich die körperlichen Spuren des Todes aus der Nähe kennengelernt habe.

Bei der Obduktion des toten Bahnfahrers zeigten sich an beiden Händen klassische Blutübertragungsspuren, sogenannte *Abklatschspuren*. Die konnten dadurch entstanden sein, dass Tom Howe auf die blutende Wunde oder auf sein blutiges Hemd gedrückt hatte. Doch dieser Umstand war nicht weiter bedeutsam, denn dass er nach seiner Verletzung noch einige Zeit gelebt hatte, wussten wir bereits, und es entsprach auch der Fundsituation.

Viel wichtiger waren die zahlreichen kleinen Blutspritzer, teilweise nur stecknadelkopfgroß und sprühnebelgleich, an seinem Daumen, dem Zeigefinger und dem Handrücken seiner linken Hand, die den feinen Blutspritzern auf der Ablage im Zugabteil glichen. Aus diesen Feststellungen schloss ich, dass die Waffe und Tom Howes linke Hand bei dem Schuss in unmittelbarer Nähe der Wunde gewesen sein mussten. Das in den Körper eindringende Projektil hatte mit hoher Energie aus der entstehenden Wunde Blut und Gewebe spritzen lassen: kreisrund, trichter- und strahlenförmig, das sich an seiner linken Hand niederschlug. Zeichen von sogenannten Hochgeschwindigkeitsspritzspuren, wie sie nach einem Schuss entstehen, wenn der menschliche Körper durch ein Objekt mit hoher Auftreffgeschwindigkeit verletzt wird.

Vor der eigentlichen Obduktion bestrich ein Kollege des Erkennungsdienstes beide Hände des Toten mit einem Polyvinylalkohol-Überzug. Polyvinylalkohol ist eine wässrige Lösung, die alle Anhaftungen auf der Haut aufnimmt und nach dem Trocknen wie ein Handschuh abgezogen werden kann. In der Kriminaltechnik sollte untersucht werden, ob sich an den Händen des Toten sogenannte *Schussresiduen* (Rückstände von Schmauch und Treibladungspulver der Patrone) befanden oder nicht. Denn bei jeder Schussabgabe entstehen durch das Zünden des Treibpulvers in der Patrone Gase, die mit sehr hohem Druck aus der Laufmündung und anderen Waffenöffnungen entweichen. Bei einem Revolver zum Beispiel zwischen dem Laufende und der Trommel für die Patronen. Deshalb kommt es je nach Waffentyp bei der Schussabgabe zu unterschiedlichen Schmauchbildern an den Händen: Die winzigen Partikel bilden ein individuelles Verteilungsmuster, das unter einem Rasterelektronenmikroskop zum Vorschein kommt. Das gefundene Verteilungsmuster lässt Rückschlüsse auf ein bestimmtes Waffensystem und die benutzte Munition zu. Zudem kann eine Hand mit solchen Rückständen als *Schusshand* ausgemacht werden.

Als Nächstes mussten von der Leiche die Fingernagelüberstände gesichert werden, da sich an ihnen Gewebe oder Blut des Täters sowie Fasern befinden konnten, sofern sich Tom Howe beim Überfall gewehrt hatte. Dann nahm der Spurensucher zur eindeutigen Identifizierung des Toten und für den daktyloskopischen Abgleich mit am Tatort gesicherten Spuren Abdrücke von den Fingerkuppen (den *Fingerbeeren*, wie sie bei den *Daktyloskopen* heißen) und den Handflächen der Leiche, zupfte aus verschiedenen Bereichen des Kopfes Haare und ließ sich vom Rechtsmediziner Blut für die Bestimmung der Blutgruppenmerkmale – als der Fall sich ereignete, gab es die heute gängige DNA-Untersuchung noch nicht – und zur toxikologischen Untersuchung geben: Alkohol, Betäubungsmittel, Medikamente. Auch dies war eine Routinemaßnahme, denn für die Rekonstruktion eines Verbrechens ist es wichtig zu wissen, ob ein Opfer bei der Tat voll handlungsfähig oder beeinträchtigt war. Doch im Blut von Tom Howe fand sich kein Hinweis, dass er zum Zeitpunkt seines Todes durch eine oder mehrere dieser Substanzen beeinflusst war.

Zusammen mit dem Obduzenten untersuchte ich die Hose des Toten auf blutige Bereiche, Schmutz und Beschädigungen – ergebnislos – und ließ die Kleidungsstücke für eventuelle kriminaltechnische Untersuchungen einzeln in Papiertüten verpacken. Die Tüten sind deshalb aus Papier, weil sich in luftundurchlässigen Plastiktüten schnell Bakterien bilden, die auf der Kleidung vorhandene serologische Spuren vernichten können.

Jede Obduktion beginnt mit der äußeren Leichenschau: Größe, Gewicht, Ernährungs- und Pflegezustand, Auffälligkeiten wie Tätowierungen oder Narben. Narben an den Unterarmen oder am Hals sind oft ein Hinweis auf frühere Suizidversuche. Bei Tom Howe fanden sich keine.

Ich interessierte mich hauptsächlich dafür, ob der Tote frische Verletzungen aufwies. Aus denen ließe sich

164 AUF DER SPUR DES BÖSEN

ableiten, unter welchen Umständen der Mann gestorben war und ob er sich vor seinem Tod gewehrt hatte oder nicht. Um Tatumstände und genaue Todesursache feststellen zu können, werden bei einer gerichtlichen Sektion von den Obduzenten die drei Körperhöhlen eines Menschen geöffnet und untersucht: Kopf, Brust und Bauch.

Bei der Obduktion notierte ich handschriftlich auf meinem Stenoblock, den ich immer dabeihabe, folgende wesentliche Befunde:

behaarter Kopf, Gesicht, Rücken, Arme, Hände und Beine sind unauffällig und ohne Verletzungen – abgesehen von dem Einschuss. An der rechten Brustseite des Toten befindet sich eine queroval verlaufende, sternförmig aufgeplatzte 1,2 × 1 cm große Einschusswunde, im Bereich 5 und 11 Uhr (bei der Lokalisation von Auffälligkeiten werden diese gedanklich auf das Ziffernblatt einer Uhr übertragen) mit schwärzlichen Schmauch- und Pulverrückständen sowie einem Kontusionsring (ringförmige Hautunterblutung) 145 cm oberhalb des Fußes und 4 cm rechts neben der Brustmittellinie.

Die Präparation der Verletzung ergab, dass der Einschusskanal leicht schräg absteigend durch den Körper verläuft und den rechten Lungenober- und Mittellappen verletzt hat. Weiterhin ist es zu einer Gefäßverletzung des Truncus pulmonalis (eines herznahen großen Arterienstamms, der sauerstoffarmes Blut vom rechten Herzen zur Lunge transportiert) gekommen, was zu einem Blutverlust von über 2 Litern führte.

Letztendlich tödlich war die festgestellte Arterienverletzung, denn durch sie hatte Tom Howe fast die Hälfte seines im Körper zirkulierenden Blutes verloren. Sein Gehirn bekam nicht ausreichend Sauerstoff, mit dem das Blut angereichert ist, und konnte deshalb die lebensnotwendigen Funktionen nicht mehr wahrnehmen. Doch sein Tod trat nicht sofort, sondern schleichend ein. Für eine gewisse Zeit dürfte das tödlich verletzte Opfer noch handlungsfähig gewesen sein, bis er ohnmächtig zu Boden stürzte und starb. Abgesehen von der tödlichen Arterienverletzung konnten die Rechtsmediziner bei Tom Howe keine krankhaften Befunde erheben. Zumindest nicht ohne weitergehende feingewebliche Analysen der inneren Organe.

Das Projektil fand sich im Rückenbereich des Toten unmittelbar unter der Haut. Dass es sich um einen sogenannten *Steckschuss* handelte, bei dem die Kugel im Körper stecken bleibt, hatte uns ja bereits die fehlende Austrittswunde verraten. Die spätere Untersuchung in der *Ballistik*, wie die waffentechnische Abteilung heißt, identifizierte das Projektil als ein Wadcutter-Bleigeschoss mit einem Durchmesser von 8,8 mm und einem Gewicht von 9,38 Gramm. Wadcutter-Munition hat im Unterschied zu herkömmlicher Munition, die meist eine abgerundete Spitze besitzt, einen flachen Kopf. Sie wird beispielsweise von Sportschützen benutzt, wenn sie aus kurzer Entfernung auf Papier- oder Pappscheiben schießen, und ermöglicht klar abgegrenzte Trefferbilder. Da das Projektil sehr tief in die Patronenhülse eingesetzt ist und dadurch weniger Platz bietet, enthält die Hülse einen geringeren Treibladungsanteil als normal. Dieser Umstand dürfte auch dazu geführt haben, dass das Projektil wegen seiner geringen Bewegungsenergie den Körper nicht vollständig durchdringen konnte und sich in der Rückenmuskulatur verfing.

Zudem wies das nicht verformte Projektil spezifische Verfeuerungsspuren auf: Es war aus einer Waffe mit Rechtsdrall und fünf Zügen und Feldern, vermutlich einem Revolver Kaliber .38 Special abgefeuert worden. Diese Aussage war wichtig für uns, denn damit gab es gute Chancen, dass sich das im Körper von Tom Howe gefundene Projektil einer bestimmten Waffe zuordnen lassen würde.

Jeder Schuss hinterlässt individuelle Spuren an der Waffe, an der Munition, am Schützen und am getroffenen Objekt. An dem im Körper von Tom Howe gefundenen Projektil hatten die Trommel und der Lauf des beim Schuss benutzten Revolvers markante Spuren hinterlassen. Bevor eine Patrone abgefeuert wird, lagert diese in der Revolvertrommel oder bei Pistolen im Patronenlager.

Wird nun der Abzug der Waffe durchgedrückt, schlägt ihr Schlagbolzen gegen den Hülsenboden und trifft dort auf das vorhandene Zündhütchen, wodurch die Treibladung gezündet wird. Die *expandierenden Gase* treiben das Projektil durch den Lauf, und es erhält durch die mechanisch erzeugten *Züge* und *Felder* seine Drallrichtung und Flugstabilität. Da das Projektil einen leicht größeren Durchmesser als der Lauf hat, pressen sich die Züge und Felder als Muster in das weichere Metall des Projektils. Anhand des Spurenbilds können Ballistiker das Waffensystem benennen und das Geschoss einer bestimmten Waffe zuordnen.

Während ich die Spuren am Tatort und an der Leiche aufgenommen hatte, hatten meine Kollegen versucht, mehr über den toten Bahnreisenden zu erfahren.

In einer Fallbesprechung erstatteten sie uns Bericht: Tom Howe hatte gemeinsam mit seiner Familie in einem kleinen Ort südlich von Bremen gelebt. Bis Anfang der achtziger Jahre, als bei ihm eine schwere Erkrankung festgestellt wurde, war er als hochrangiger Soldat bei der US-Army beschäftigt und als GI im Vietnamkrieg gewesen. Weiterhin gab es nicht mehr nachprüfbare Aussagen, er sei während eines Auslandseinsatzes ungeschützt Giftgas ausgesetzt gewesen.

Nach der Entdeckung seiner Krankheit musste Tom Howe den aktiven Dienst quittieren, fand jedoch eine Anstellung als ziviler Verwaltungschef in einem Militär-

hospital der Army. Als sich Ende der 80er Jahre die politische Weltlage nach dem Fall der Berliner Mauer und
der Zerschlagung des Warschauer Paktes veränderte,
wurden viele Standorte ausländischer Streitkräfte in
Deutschland aufgelöst. So musste auch das Hospital von
Tom Howe schließen. Er wurde nach Süddeutschland
versetzt und bekam dort ebenfalls eine verantwortliche
Position im Sanitätsbereich übertragen. Seither war er
wöchentlich mit dem Zug zwischen seiner Arbeitsstelle
und Bremen gependelt. Während seiner Militärlaufbahn
ließ sich Tom Howe zum »Physician Assistant« ausbilden. Die Qualifizierung als Sanitäter erlaubte es ihm
unter anderem, selbst kleinere Operationen durchzuführen.

Ich erfuhr außerdem, dass Tom Howe nach Angaben
seiner Frau kaum Kontakt außerhalb seiner Familie gepflegt hatte und privat nicht im Besitz einer Schusswaffe
gewesen war. Vor einigen Jahren hatte zusätzlich eine
rätselhafte Erkrankung sein Allgemeinbefinden stark beeinträchtigt. Erst vor wenigen Monaten, so seine Frau,
habe er einen Rückfall erlitten und sei seit diesem krankgeschrieben. Trotzdem war er nach Süddeutschland gefahren, wo ihm eine größere Versicherungssumme ausgezahlt werden sollte: über 10 000 Mark. Die Kollegen
berichteten weiter, dass Tom Howe seinen Ehering ständig trug und Rechtshänder war. Kurz vor seiner Abfahrt
nach Bremen hatte er zu Hause angerufen und seiner
Frau gesagt, er habe das Geld bekommen und es aus

Sicherheitsgründen in einem Kuvert in seine linke Hosentasche gesteckt.

Zur Überraschung meiner Kollegen übergab ihnen die Frau ein von Tom Howe an seinem Abreisetag verfasstes Testament mit sehr detaillierten Verfügungen zu seinem Vermögen und einer Lebensversicherung sowie den Modalitäten seines Begräbnisses. Warum er zu diesem Zeitpunkt seinen Letzten Willen formuliert hatte, wusste die Frau nicht. Für sie sei der Tod ihres Mannes vollkommen überraschend gekommen. Sei er doch allseits beliebt gewesen und habe keine Feinde gehabt. Vermutlich sei er das zufällige Opfer eines Raubmordes geworden. Eine Selbsttötung schloss sie aus. Ihr Mann sei zwar sehr verschlossen gewesen, habe trotz seines Rückfalls wenig über seinen Gesundheitszustand geredet, aber auch nie angedeutet, dass er sich das Leben nehmen wolle.

Wir machten eine Bestandsaufnahme und begannen alle Informationen zu bewerten. Auf den ersten Blick sprach vieles für einen Raubmord: das durchwühlte Zugabteil, die fehlende Waffe, das geschlossene Abteilfenster, das heruntergezogene Rollo, das fehlende Geld. Das waren sicherlich gute Gründe. Gegen einen Mord sprachen jedoch die blutigen Spritzspuren an den Händen des Opfers und auf der Ablage vor dem Fenster. Und ich fragte mich weiter, was der Ehering, die Socke und die Scheckkarte auf dem Gang zu bedeuten hatten? Warum hätte der Täter eine Socke mitnehmen sollen? Warum hatte er die Dinge im Gang nicht einfach aufgehoben? Dadurch hätte er Zeit bis zur Entdeckung der Tat gewonnen, zumal der Bremer Hauptbahnhof, wo er den Zug hätte unauffällig verlassen können, nur noch wenige Minuten entfernt war. So wäre der Mord auch erst viel später entdeckt worden.

Schnell kristallisierten sich in der Besprechung zwei Lager heraus, deren Einschätzung des Falls nicht gegensätzlicher sein konnte: Während es für die größere Gruppe innerhalb der Kommission keinen Zweifel daran gab, dass der Tote Opfer eines Raubmords geworden sein musste, vertraten andere die Theorie, dass die am Tatort und an der Leiche vorhandene Spurenlage für einen als Mord inszenierten Suizid sprach.

Unter *Inszenierung* werden bewusste Handlungen des Täters oder von Dritten verstanden, die den Tatort oder den Zustand des Leichnams verändern, um den eigentlichen Tatablauf zu verfälschen oder ein anderes Tatmotiv vorzutäuschen. Wir sprechen dann von *fingierten* Spuren.

Gründe dafür können sein:

1. einen möglichen Tatverdacht auf eine Person – meistens auf sich selbst – überhaupt erst gar nicht aufkommen zu lassen oder
2. die Würde des Opfers oder ihrer Angehörigen (ins-

besondere nach Suiziden, tödlich verlaufenden autoerotischen Betätigungen oder der degradierenden Ablage des Opfers nach Sexualdelikten) zu schützen.

In der Literatur wird in Bezug auf Inszenierungen häufig
auf persönlich motivierte Taten hingewiesen, bei denen
ein Ehemann nach der ungeplanten Tötung seiner Ehefrau einen Einbruch oder ein Sexualdelikt vortäuschte,
um so vom eigentlichen Tatgeschehen und Motiv abzulenken.

Einen solchen Fall habe ich selbst vor einigen Jahren
bearbeitet. In einem Park war eine junge Frau mit zahlreichen Stichverletzungen im Gesicht und Oberkörper
ermordet aufgefunden worden. Ihre Hose war bis zu den
Knien heruntergezogen. Auf den ersten Blick sprach alles
für ein Sexualdelikt. Die Art, wie die Kleidung der Frau
heruntergezogen war, ließ sich jedoch mit einem tatsächlich durchgeführten oder zumindest ernsthaft geplanten
Sexualdelikt nicht in Einklang bringen, so dass sich
zwangsläufig ein Verdacht auch gegen den von ihr getrennt lebenden Ehemann richtete. Nach einer mehr-
stündigen Vernehmung gestand er schließlich, seine Frau
getötet zu haben. Er habe sie aufgefordert, zu ihm zu-
rückzukehren. Doch das habe sie nicht gewollt. Schließlich sei er derartig in Wut geraten, dass er in blinder Wut
auf seine Frau einstach. Die Tat sei überhaupt nicht geplant gewesen. Erst nachdem er sich wieder beruhigt
hatte, sei ihm bewusst geworden, dass er zwangsläufig

als Täter in Betracht käme. So sei er auf die Idee gekommen, einen Sexualmord vorzutäuschen.

Inszenierungen spielen übrigens nicht nur bei Mordermittlungen eine Rolle. Manche inszenieren auch einen Tatort oder fügen sich selbst Verletzungen zu, um einen Unfall, einen Raubüberfall oder eine Vergewaltigung vorzutäuschen. Teilweise geht es darum, Versicherungssummen zu kassieren, teilweise schlicht darum, Eltern beziehungsweise dem Partner den wahren Grund für eine verspätete Heimkehr oder eine außer Haus verbrachte Nacht zu verschweigen. Solche falschen Behauptungen sind jedoch in der Regel recht schnell zu widerlegen: durch eine rechtsmedizinische Untersuchung der Verletzungen, eine intensive Tatortarbeit, die Rekonstruktion des Opferverhaltens vor und nach der Tat sowie eine kritische Vernehmung.

Im Fall von Tom Howe übernahmen ein Kollege und ich die Klärung der Frage, welche fallanalytischen Rückschlüsse aus der beschriebenen Tatortsituation gezogen werden konnten. War ein Raubmord wahrscheinlicher oder ein Suizid mit der Inszenierung eines Verbrechens?

Es waren lediglich sieben Minuten, die wir rekonstruieren mussten, um diesen Fall zu lösen. In dieser kurzen Zeitspanne – zwischen dem Gespräch von Tom Howe mit dem Zugführer und dem Fund seiner Sachen – musste der Täter den Amerikaner getötet haben.

Gemeinsam mit dem Kollegen suchte ich das Zugabteil auf, um direkt am Tatort unter Berücksichtigung der Spurenlage den wahrscheinlichen Ablauf des Geschehens durch Nachstellen zu rekonstruieren.

Die Rekonstruktion durch Nachstellen der Tatsituation oder gelegentlich auch durch einen Selbstversuch ist für mich das Herz der kriminalistischen Bewertung, sei es bei der Arbeit in der Mordkommission oder innerhalb einer Fallanalyse. Denn das Nachstellen hilft, einzelne Abläufe einer Tat zu erkennen, die sich bei einer ausschließlich theoretischen Erörterung nicht unbedingt erschließen würden.

Ich habe mit dieser Methode sowohl als Ermittler der Mordkommission als auch als Fallanalytiker gute Erfahrungen gemacht. So zum Beispiel in einem Fall, bei dem im Blut des ermordeten Opfers eine hohe Schlafmittelkonzentration nachgewiesen werden konnte und wir wissen wollten, ob der Täter eine hilflose Lage ausgenutzt oder dem Opfer das Schlafmittel selbst heimlich verabreicht hatte. Also besorgte ich in einer Apotheke das Präparat, versuchte es in verschiedenen Flüssigkeiten aufzulösen beziehungsweise mischte es ins Essen und probierte mit Freiwilligen die Mixturen. Das Ergebnis war eindeutig. Das Schlafmittel hatte einen solch intensiven, bitteren und Brechreiz erzeugenden Eigengeschmack, dass kein Getränk oder Essen ihn verdecken konnte. Das Ergebnis ließ nur den Schluss zu: Das Opfer hatte das Mittel freiwillig eingenommen und wurde getötet, als es tief und fest schlief.

Für die aktuelle Rekonstruktion zerlegte ich das Tatgeschehen in einzelne Abschnitte und notierte in meinem Block die jeweiligen Entscheidungen des Täters:

- Betreten von Tom Howes Abteil
- Durchsuchung seiner Tasche, der Jacke und seiner Brieftasche
- Verstreuen des Inhalts auf der Liege und dem Boden
- auf Tom Howe schießen
- Durchsuchen der Bekleidung des Sterbenden
- Abstreifen des Ringes
- Flucht und dabei Mitnahme von Geld und anderen Gegenständen: unter anderem Socke, Scheckkarte, Ehering
- Liegenlassen der Socke, Scheckkarte und des Eheringes auf dem Gang.

Dann überlegten mein Kollege und ich, auf welche unstrittigen Fakten wir unsere Rekonstruktion stützen konnten:

- Tom Howe hatte auf dem verstreuten Inhalt seiner Reisetasche gelegen: Der Täter hatte die Tasche zunächst durchwühlt, bevor der Mann tödlich getroffen zu Boden stürzte.
- Seine durchsuchte Jacke war unbeschädigt, ohne Blut und lag unter seinem Körper: Tom Howe hatte sie nicht getragen, als er erschossen wurde.

- Außer dem Einschuss wies Tom Howe keine weiteren Verletzungen auf: Das sprach dafür, dass der Täter sofort geschossen hatte.
- Die Blutspritzer an Tom Howes Händen bedeuteten, dass sie beim Eindringen des Projektils in seinen Körper nur wenige Zentimeter von der Wunde entfernt waren.
- Die Blutspritzer und die blutige Abklatschspur an der Ablage vor dem Fenster bewiesen, dass Tom Howe beim Schuss sehr nah vor der Ablage und mit dem Rücken zur Abteiltür gestanden haben musste.

Unser Vorgehen, die Tat in einzelne Abschnitte zu zerlegen, entsprach der sogenannten *Sequenzanalyse*, die als Standardverfahren heute bei jeder Fallanalyse angewendet wird.

Indem bei einer praktischen oder auch nur gedanklichen Rekonstruktion die einzelnen Täterentscheidungen herausgestellt und bewertet werden, ergibt sich zwangsläufig – wie bei einem Flussdiagramm – der Ablauf der Tat.

Kurz nachdem der Schaffner mit seinem Fahrgast gesprochen hatte, musste der Täter das Abteil betreten haben. Aber was passierte dann? Wir durchdachten die möglichen Szenarien:

Alternative 1: Tom Howe hatte sein Abteil verlassen und den Täter nach seiner Rückkehr überrascht.

Alternative 2: Der Täter hatte Tom Howe im Abteil überfallen.

Mein Kollege nahm die Rolle des Täters ein, während ich Tom Howe spielte.

Wir begannen mit Alternative 1. Ich verließ das Abteil, schloss die Tür, suchte die Toilette am Ende des Ganges auf und kehrte nach knapp vier Minuten in das Abteil zurück. Mein Kollege beobachtete mich, während ich auf den Gang trat, ging in das leere Abteil, schloss die Tür hinter sich und durchsuchte die von uns für diesen Zweck mitgenommene Reisetasche auf der Sitzbank. Genauer gesagt, er riss den Tascheninhalt einfach heraus und verstreute ihn auf der Bank und auf dem Abteilboden. Als ich in das Abteil zurückkehrte, stand vor mir der von mir »überraschte« Kollege. Spontan stellte ich ihn zur Rede und schrie ihn an, was er in meinem Abteil zu suchen habe und warum er in meiner Tasche wühle. Erst jetzt wurde mir bewusst, dass ich die Abteiltür nicht geschlossen hatte und wie wenig Bewegungsfreiheit der Raum bot, zumal der Kollege zwischen den Sitzbänken und den heruntergelassenen Liegen stand und den Weg zum Fenster versperrte. Die Enge verstärkte die beängstigende Situation, als er plötzlich seine Dienstwaffe aus dem Hosenbund zog und auf mich richtete. Ich wich instinktiv zurück, ging dann jedoch einen Schritt nach vorn und versuchte, ihm die Waffe zu entreißen. Doch mein Kollege »schoss« sofort. In diesem Moment war die Pistole circa 30 bis 40 Zentimeter von meinem Körper entfernt. Langsam sackte ich zu Boden – knapp anderthalb Meter vom Fenster entfernt und bei offener Abteiltür.

Wir überlegten, was nun passiert sein musste, schließlich hatten wir eine andere Tatsituation vorgefunden: Mein »Mörder« zog mich in das Abteil, schob die Tür zu, durchsuchte meine Hose und zog aus der linken hinteren Hosentasche ein Kuvert mit Geld heraus, tat so, als streifte er mir einen Ring vom Finger, raffte weitere Wertsachen – darunter Socke, Scheckkarte und Ehering – zusammen und flüchtete. Doch wann sollte der Täter Tom Howes Jacke mit der Brieftasche durchsucht und ihren Inhalt auf den Boden fallen gelassen haben? Wir konnten uns nicht vorstellen, dass der Amerikaner die Brieftasche in der Jacke im Abteil zurückgelassen hatte, und in seiner Gesäßtasche hätte sie keinen Platz gehabt. Festzuhalten blieb allerdings auch, dass seit meiner Rückkehr ins Abteil bis zur Flucht meines Kollegen erst knapp zwei Minuten vergangen waren – dieses Mordszenario passte also locker in das Zeitfenster von sieben Minuten.

Nach einer kurzen Denkpause spielten wir die zweite Alternative durch: Diesmal lag ich im Abteil auf der linken Bank und wurde von meinem Kollegen »überfallen«. Er schloss die Abteiltür hinter sich. Ich sprang auf, stürzte ihm entgegen, versperrte den schmalen Gang zwischen den Bänken und stand mit dem Rücken zum

Fenster, an dessen Ablage sich die Blutspuren befanden. Der »Täter« reagierte hektisch, forderte Geld, drängte mich dabei weiter zurück und wollte mich umschubsen. Doch die heruntergelassenen Liegen verhinderten, dass ich zu Boden fiel. Ich wehrte mich, wollte ihn aus dem Abteil drängen. Plötzlich hatte mein Kollege wieder seine Waffe in der Hand und »schoss« auch dieses Mal ohne Vorwarnung. In diesem Moment stand ich immer noch mit dem Rücken zum Fenster, presste meine Hände auf die Wunde und sackte langsam zusammen.

So konnte sich die Tat nicht abgespielt haben, das war uns klar. Da mein Körper die Ablage verdeckte, hätte es darauf keine Blutspritzer geben können. Wir probierten es erneut. Jetzt drängte sich der Kollege an mir vorbei, so dass wir beide seitlich vor dem Fenster und mit den Rücken zu den Sitzbänken standen. Aufgrund der Enge – der Gang zwischen den Liegeflächen war ja nur 55 Zentimeter breit – stand mein »Angreifer« unmittelbar vor mir und hielt die Mündung seiner Waffe wieder direkt vor meinen Körper. Wir hielten inne: Diese Situation konnte der beim Überfall auf Tom Howe entsprechen. Doch ließen sich so auch die trichterförmig aufs Fenster zulaufenden Blutspritzer auf der Ablage erklären? Ich überlegte: Hätte das Blut bei meiner seitlichen Position nicht mit hoher Energie nahezu parallel zum Fenster auf die Ablage geschleudert werden müssen? Und müssten sich die Blutspritzer nicht auch höher an der Scheibe des Fensters befinden: bei einem Einschuss bei 145 Zentimetern? Tom Howe musste anders gestanden haben, und zwar so, wie wir es als Fakt bereits festgestellt hatten: mit dem Gesicht zum Fenster und dicht vor der Ablage. Das bedeutete im Umkehrschluss, dass der Täter mit dem Rücken zum Fenster gestanden haben müsste – sehr beengt zwischen seinem Opfer und der Ablage. Doch wie sollte so das Blut auf die Ablage gekommen sein? Hätte es dann nicht stattdessen gegen die Kleidung des Täters spritzen müssen?

Und wir stellten uns noch weitere Fragen: Wäre es für den Täter nicht viel einfacher gewesen, vor Tom Howes Rückkehr Jacke und Tasche einfach nur zu durchsuchen, damit er den Diebstahl nicht sofort bemerkt, oder beides aus dem leeren Abteil mitzunehmen, um dann woanders in Ruhe die Wertsachen zu stehlen? Wieso also das hektische Chaos? Warum erschoss er den Fahrgast, wenn es ihm nur um dessen Reisegepäck ging? Und woher sollte der Täter überhaupt wissen, dass der Reisende so viel Geld bei sich trug? Außerdem: Ungeachtet des Risikos, im gut besetzten Zug entdeckt zu werden, flüchtete der vermeintliche Täter nach dem Schuss nicht sofort. Kaltblütig und sehr geplant müsste er stattdessen den Sterbenden beraubt haben und mit der Tatwaffe aus dem Abteil in Richtung des Schaffners geflüchtet sein. Im Gang verlor er dann die Scheckkarte, die Socke sowie den Ehering. Aber warum wies dieser keine Blutspuren auf, obwohl Tom Howes Hände doch blutig waren? Warum hob der Täter die Gegenstände nicht einfach auf?

Eine fatale Fehlentscheidung, denn dadurch wurde das Verbrechen überhaupt erst entdeckt. Und wohin war der Mörder eigentlich geflüchtet? Hätte er dem Schaffner nicht direkt in die Arme laufen müssen?

Wie würden Sie das soeben entworfene Szenario bewerten? Halten Sie nach dem Nachstellen einen Raubmord für wahrscheinlich?

Ich selbst hatte jedenfalls so meine Zweifel daran, waren wir doch bei der Rekonstruktion auf zahlreiche Sinnbrüche gestoßen, die sich mit dem objektiven Spurenbild nicht vereinbaren ließen.

Hatte sich Tom Howe also doch selbst erschossen und seinen Suizid durch einen vorgetäuschten Raubmord verdecken wollen? Aber wo befand sich die Waffe?

Mir fiel ein vergleichbarer Fall von vorgetäuschtem Mord ein, über den ich gelesen hatte. Auch hier hatte die fehlende Waffe am Tatort die Ermittlungen zunächst in eine falsche Richtung gelenkt: Bevor sich das vermeintliche Opfer in seiner Wohnung erschoss, hatte der Mann ein starkes Gummiband an einem Baum befestigt, es durch ein offenes Fenster gezogen und es an seine Pistole geknotet. Nachdem er sich ins Herz geschossen und die Waffe losgelassen hatte, war sie vom Gummizug durch das offene Fenster nach draußen katapultiert worden und blieb zunächst verborgen für die Ermittler.

Diese Möglichkeit hatte Tom Howe im Zug natürlich nicht gehabt, aber war es nicht denkbar, dass er die

Waffe nach dem tödlichen Schuss noch aus dem Fenster werfen, dieses wieder schließen und das Rollo herunterziehen konnte, bevor er ohnmächtig wurde? Wir versuchten auch diese Variante nachzustellen. Tom Howe war fast so groß gewesen wie ich: über 180 cm. Mit dem Zollstock maß ich 145 cm vom Boden ab. In dieser Höhe war bei der Obduktion der quer-ovale Einschuss festgestellt worden, was dafür sprach, dass der Schuss nicht direkt von vorne, sondern eher seitlich und nach unten zur Körpermitte eingedrungen war. Mit der linken Hand hielt ich mir meine Pistole vor die Brust und richtete den Lauf schräg nach unten. Dann betätigte ich mit meinem Daumen den Abzug der Waffe. Eine unbewusste Entscheidung, denn normalerweise wird beim Schießen der Abzug mit dem Zeigefinger durchgedrückt, doch so brauchte ich mir nicht das Handgelenk zu verdrehen und konnte einfacher abdrücken. Dabei bildete die Mündung der Waffe zum Körper wie von alleine einen Winkel von etwa 45 Grad. Das stimmte schon einmal mit den realen Gegebenheiten überein. Ich stellte mich mit dem Gesicht zum Fenster, beugte mich nach vorne und simulierte einen Schuss. Ja, so konnte es tatsächlich gewesen sein, denn dass Tom Howe trotz seiner tödlichen Verletzung noch eine Zeitlang agieren konnte, wusste ich seit der Obduktion. Daher beschlossen mein Kollege und ich, im Gleisbett nach der Tatwaffe suchen zu lassen.

Noch bevor wir unsere Idee umsetzen konnten, kam uns der Zufall zu Hilfe. Einen Tag nach unserer Rekonstruktion und drei Tage nach der Tat fand ein Gleisarbeiter bei einem Kontrollgang an der Bahnböschung einen Revolver der Marke Smith & Wesson, Kaliber .38 Special: der Lauf mit blutigen Spritzspuren übersät, die Trommel gefüllt mit fünf Patronen und einer Hülse. Unsere Überprüfungen ergaben, dass der Zug diese Stelle am Tattag um 5.35 Uhr passiert hatte, also kurz bevor der Schaffner den toten Fahrgast erschossen aufgefunden hatte. Die waffentechnische Untersuchung bestätigte unsere Erwartungen: Das bei der Obduktion gesicherte Projektil stammte zweifelsfrei aus der gefundenen Waffe; die individuellen Merkmale des Laufes hatten ihre unverwechselbaren Spuren auf dem Projektil hinterlassen. Und noch etwas stellten die Ballistiker fest: Beim Schuss war der Lauf des Revolvers weniger als 3 cm von Tom Howes Brust entfernt gewesen – ein klassischer *relativer Nahschuss*, wie Schüsse bis zu einer Entfernung von etwa 30 Zentimetern bezeichnet werden.

Allerdings sorgten die durchgeführten Vergleichsschüsse mit dem Revolver für eine Überraschung: Die Verteilung der Pulverrückstände an der linken Hand des Toten sprach gegen einen selbst beigebrachten Schuss. Stattdessen deutete sie eher darauf hin, dass Tom Howe die Hand auf die Schusswunde gepresst und dadurch das Pulver-Schmauch-Gemisch vom Hemd auf seine Hand übertragen hatte. Und noch eine Überraschung lieferte das Gutachten: Auch die rechte Hand des Toten zeigte keine charakteristischen Antragungen von einem Revolverschuss.

Bedeutete dieses Ergebnis, dass Tom Howe doch keinen Suizid begangen und ein Kapitalverbrechen vorgetäuscht hatte, sondern erschossen worden war? Ich glaubte nach wie vor nicht daran, denn wie waren sonst die Blutspuren zu erklären?

Weitere Recherchen zu den persönlichen Lebensumständen des Toten bestärkten mich in meiner Annahme. Eindringliche Nachfragen bei seinen Mitarbeitern förderten zutage, dass Tom Howe unter finanziellen Problemen litt. Er borgte sich ständig Geld von ihnen. Zuletzt hatte er sich am Tag vor der Tat 100 DM von einem Mitarbeiter geliehen, den er zufällig auf dem Parkplatz der Kaserne getroffen hatte – nahezu zeitgleich zu der angeblichen Barabhebung auf der Bank.

Als ein Ermittler daraufhin bei dem Geldinstitut nachfragte, konnte uns die Antwort nicht mehr wirklich überraschen. Der im Abteil vorgefundene Auszahlungsbeleg war gefälscht. Das angegebene Konto gab es bereits seit mehreren Jahren nicht mehr, und der auf dem Auszahlungsschein gedruckte Briefkopf wurde von der Bank schon lange nicht mehr benutzt. Dementsprechend fand sich im System des Geldinstituts kein Beleg über die Barauszahlung der angeblichen Versicherungssumme.

Der dienstliche PC von Tom Howe brachte Gewissheit.

Kurz vor seiner Abfahrt nach Bremen hatte der US-Amerikaner private Dateien gelöscht, die wir jedoch wieder herstellen konnten. In einem Brief an einen Freund vom Anfang des Jahres hatte Tom Howe geschrieben, dass er von Tag zu Tag müder werde und ernsthaft überlege, »die .38er zu nehmen und die ganze schmerzhafte Scheiße zu beenden«.

Bei dem Freund handelte es sich ebenfalls um einen früheren amerikanischen Militärangehörigen, gegen den mehrere Jahre zuvor wegen eines Verstoßes gegen das Waffengesetz ermittelt worden war. Wir vermuteten, dass er seinem Militärkollegen während der Ermittlungen den Revolver überlassen hatte, damit die Waffe nicht beschlagnahmt werden konnte. Eine Überprüfung bei der Verwaltungspolizei seines Wohnortes ergab, dass der Mann Mitte der siebziger Jahre eine Waffenbesitzkarte für einen Revolver der Marke Smith & Wesson erhalten hatte – die Seriennummer war identisch mit der neben der Zugstrecke gefundenen Tatwaffe. Der Kreis hatte sich geschlossen.

Das eigentliche Tatgeschehen ließ sich abschließend folgendermaßen rekonstruieren: Nachdem Tom Howe die Kleidung in seinem Abteil verstreut und Ehering, Scheckkarte und Socke auf dem Gang platziert hat, öffnet er das Abteilfenster und stellt sich davor. Er schießt mit seiner linken Hand in seine rechte Brust und lässt die Waffe in den Gleiskörper fallen. Die Fahrgeräusche des Zuges überdecken den Knall des Schusses. Durch die Bewegungsenergie des Projektils und den Gasüberdruck werden die kleinen Blutspritzer beim Eintritt in den Körper aus der Einschusswunde zurückgeschleudert und schlagen sich an den Händen und der Ablage als punktförmige und längliche Blutspritzer nieder. Obwohl ein großes Lungengefäß verletzt ist, stirbt Tom Howe nicht sofort. Es gelingt ihm, mit der rechten und jetzt noch blutfreien Hand das Abteilfenster zu schließen und das Rollo herunterzuziehen. Aufgrund seiner Erfahrungen als Kriegsveteran und Armeesanitäter muss Tom Howe unterstellt werden, dass er seine Handlungsfähigkeit trotz der tödlichen Verletzung einkalkulieren konnte. Hätte er sich sonst nicht direkt ins Herz geschossen?

Auch die besondere Verteilung der Schmauchspuren an Tom Howes linker Hand ließ sich jetzt erklären. Diese hatte ja nach dem Ergebnis der kriminaltechnischen Analyse eher gegen einen Suizid gesprochen. Doch konnten wir nun davon ausgehen, dass die Hand wie bei einem klassischen Schuss – also mit dem Zeigefinger den Abzug durchdrückend – gehalten und zusätzlich bei offenem Fenster der Fahrtwind des Zuges die Gase mit den Schussrückständen verwirbelt hatte.

Tom Howe war keinem Raubmord zum Opfer gefallen, sondern hatte sich selbst erschossen und den Suizid in sorgfältiger Planung als Raubmord inszeniert. Die Summe der Indizien reichte als Beweis aus: Die Blutspuren im Abteil und an der Leiche, der aus dem Zug

geworfene Revolver seines Freundes, die Vorbereitungs-
handlungen mit dem gefälschten Bankbeleg und dem
Anruf bei seiner Ehefrau, »er habe das Geld in seine Gesäßtasche gesteckt«, das erbetene Wecken – obwohl er
seinen Wecker bereits auf 04.10 Uhr gestellt hatte –,
seine scheinbar lebensbedrohliche Erkrankung und sein
verschlossenes Wesen, der Brief an den Freund »irgendwann die .38er zu nehmen und die ganze schmerzhafte
Scheiße zu beenden«.

Und auch die weitere Auswertung der Spuren vom
Tatort erbringt keine Gegenbeweise: Der Schuhabdruck
auf der Sitzfläche stammte von einem Rettungssanitäter.

Über die Gründe, die Tom Howe letztendlich zum
Suizid bewogen, lässt sich nur spekulieren. Hatte er tatsächlich so unerträgliche Schmerzen, dass er damit nicht
länger leben wollte, oder hatte er sie sich nur eingebil-
det? Krankhafte Befunde hatten bei der Obduktion ja
nicht nachgewiesen werden können. Oder war Howe
durch die dauernden Geldsorgen heimlich tief verzweifelt gewesen?

Die Gründe für die Inszenierung dagegen liegen auf
der Hand. Die Lebensversicherung und die Zusatzver-
sicherung für Inhaber einer Bahncard werden nur dann
ausgezahlt, wenn der Versicherte Opfer eines Verbrechens oder eines Unfalls wird, nicht aber bei einem Suizid. Es ging Tom Howe also vermutlich darum, dass
seine Familie die Versicherungssummen erhielt. Doch
inwieweit ihr Gewissensbisse über den geplanten Frei-

tod dazu motiviert hatten, ein Verbrechen zu inszenieren, wird immer ungeklärt bleiben. Zudem muss das Geld nicht der Hauptgrund gewesen sein. Vielleicht wollte Howe seiner Familie auch die Gewissheit ersparen, dass er sich selbst das Leben genommen hatte.

Aber ist Ungewissheit für die Zurückgebliebenen besser? Immer wieder habe ich beim Überbringen der Nachricht von einer Selbsttötung erlebt, dass die Angehörigen wie vom Blitz getroffen waren. Häufig hatte niemand etwas geahnt, nicht bewusst Warnsignale wahrgenommen oder richtig interpretiert. Und so musste ich eine Vielzahl von Fällen untersuchen, bei denen Menschen scheinbar ohne Grund und ohne Erklärungen aus dem Leben geschieden waren – sich erschossen, vergiftet, die Pulsadern geöffnet oder verschiedene Methoden miteinander kombiniert hatten. Aber jedes Mal konnte ich deutlich den Schrecken über den Tod und die Ungewissheit über die Gründe bei den Hinterbliebenen spüren.

Mit inszenierten Tatorten hatte ich es bei meiner Arbeit öfter zu tun – in der Mordkommission ebenso wie als Fallanalytiker. Häufig entstanden sie aus einer Situation heraus, bei der es zu einer spontanen und ungeplanten Tötung des Opfers gekommen war und anschließend vom Täter bewusst Spuren gelegt wurden, um einen Verdacht gegen sich erst gar nicht aufkommen zu lassen. Der Fall von Tom Howe gehört allerdings zu den anspruchsvollsten Inszenierungen, die ich je bearbeitet habe. Er zeigt, welche Schwierigkeiten Kommissionen bei der Bearbeitung von Todesfällen haben können, wenn ein zunächst scheinbar logisches Tatgeschehen von einem planenden und intelligent vorgehenden Täter nur vorgetäuscht wird.

Von meinen Studenten oder Journalisten, die über meine Arbeit schreiben wollten, bin ich schon häufiger gefragt worden, ob ich wohl alle inszenierten Taten erkannt habe. Die Antwort darauf ist sehr einfach: Ich weiß es nicht. Aber ich hoffe natürlich, dass ich auf keine Inszenierung hereingefallen bin.

Der Fall von Tom Howe zeigt aber auch, dass Ermittler trotz aller sorgfältigen Tatvorbereitung und noch so geschickter Inszenierung eine Chance haben, die fingierten Spuren zu erkennen. Wie bei allen Tatorten gilt auch hier: Die Spuren lügen nicht. Denn selbst der sorgfältigste Täter macht Fehler und kann sich bei seiner Inszenierung dem Spurenbild eines realen Verbrechens nur nähern, es jedoch nie erreichen.

Wir müssen diese Fehler bei unserer Arbeit erkennen und uns stets fragen, ob die Spuren der Tat einen Sinn ergeben. Nie dürfen wir uns mit dem ersten Anschein zufrieden geben. Und das gelingt häufig nur durch die gemeinsame Arbeit von Ermittlern, Spurensuchern, Wissenschaftlern und Fallanalytikern.

Die Früchte der Forschung
Späte Gerechtigkeit

Dawn A. war ein hübsches, lebenslustiges Mädchen mit braunen Haaren und Bubikopffrisur. Sie besuchte das Gymnasium, malte und zeichnete gerne und hatte viele Pläne für ihre Zukunft. Als sie Ende Juli 1986 in dem kleinen mittelenglischen Dorf Enderby verschwand, war sie gerade fünfzehn Jahre alt.

Schnell machte sich bei den Bewohnern des Ortes die Angst breit, dass Dawn A. Opfer eines Sexualmörders geworden sein könnte. Nach zwei Tagen wurde aus der Angst Gewissheit: Das Kind wurde an einem einsamen Weg am Ortsrand tot aufgefunden. Der Täter hatte sie vergewaltigt, erdrosselt und ihre Leiche unter Laub versteckt.

Auf dieselbe Weise war drei Jahre zuvor im zwei Kilometer entfernten Nachbardorf die damals ebenfalls fünfzehnjährige Lynda M. getötet worden. In beiden Fällen hatte die Polizei nur wenige Spuren der Mörder gefunden: Hautreste unter den Fingernägeln der Mädchen und Sperma. Beides mit wenig individuellen Blutmerkmalen und nicht geeignet, sie einer bestimmten Person zuzuordnen.

Vermutlich wären die beiden Verbrechen nie aufgeklärt worden, wenn nicht zu dieser Zeit der englische Biochemiker Sir Alec Jeffreys eine Entdeckung gemacht hätte, die – wie circa 100 Jahre zuvor der Fingerabdruck – die kriminalistischen Möglichkeiten förmlich revolutionieren sollte: der *DNA-Fingerprint*.

Der genetische Fingerabdruck als Hilfsmittel zur Aufklärung von Verbrechen war eher ein Zufallsprodukt. Bei der Erforschung des menschlichen Genoms hatten Jeffreys und seine Mitarbeiter eine Methode verbessert, mit der sich aus verschiedenen Körperzellen innerhalb kurzer Zeit das Erbmaterial von Menschen vergleichen ließ. Das Verfahren basiert auf der Tatsache, dass die Molekülfolge in der Desoxyribonukleinsäure (DNS) beziehungsweise DNA (vom englischen *acid*) aller Zellen identisch ist. Die DNA (die internationale Abkürzung hat sich auch in Deutschland inzwischen gegen die deutschsprachige durchgesetzt) enthält weiterhin individuelle Erbinformationen, die durch verschiedene Untersuchungsmethoden wie ein chemisches Alphabet entschlüsselt und mit Hilfe von radioaktiven Markierungen auf einem Röntgenfilm als Strichcode abgebildet werden können. Dieser Strichcode – im Aussehen einem elektronisch lesbaren Preisschild auf Warenverpackungen ähnlich – erlaubt die eindeutige Zuordnung zu demjenigen, der

DIE FRÜCHTE DER FORSCHUNG

seine unveränderlichen Merkmale an einem Tatort als Blut- oder Spermaspur zurückgelassen hat.

Nachdem Jeffreys die Bedeutung und Möglichkeiten seiner Arbeit erkannt hatte, verkaufte er die Patentrechte dem britischen Chemiekonzern ICI, dessen Tochter Cellmark Diagnostics fortan DNA-Muster bestimmte. Zunächst wurden nur Vaterschaftsgutachten erstellt, und die britische Einwanderungsbehörde ließ die Abstammungsverhältnisse von einreisewilligen Bewohnern des Commonwealth prüfen. Dann wurde jedoch bald der Nutzen von Jeffreys' genetischem Fingerabdruck für die Verbrechensbekämpfung erkannt.

So kam es, dass der Fall des jungen Mädchens aus Enderby Kriminalgeschichte schrieb, denn zum ersten Mal nutzten Ermittler eine Untersuchungsmethode, die zuvor nur in der Theorie existiert hatte: der Abgleich von genetischen Informationen vieler Tausend möglicher Täter mit den bei dem Opfer gefundenen Sperma- und Hautzellen.

Die Überprüfung der Verdächtigen begann mit einem scheinbaren Misserfolg der Ermittler, denn als Erstes musste ein Jugendlicher, der kurz nach dem Verbrechen verhaftet worden war und seit drei Monaten in Untersuchungshaft saß, wegen seines abweichenden Gen-Profils wieder entlassen werden. Damit bewahrte das neue Verfahren vermutlich einen Unschuldigen vor einer Verurteilung als Mörder. Die weiteren Untersuchungsergebnisse brachten schließlich den »genetischen Durchbruch«: Die beiden Mädchenmorde und zwei Vergewaltigungen, auch sie hatten sich in der Nähe von Enderby zugetragen, waren alle von demselben Täter, einem Serienmörder, verübt worden. Die Häufung der Verbrechen in einer Region legte den Schluss nahe, dass der Mörder aus der Gegend stammte. Kurzerhand wurde von den Ermittlern das erste DNA-Massenscreening beschlossen und in die Tat umgesetzt. Am Ende hatten trotz erbitterten Widerstandes von britischen Bürgerrechtlern und unter dem Applaus von aufgebrachten Frauenrechtlerinnen über fünftausend junge Männer im Alter von dreizehn bis dreißig Jahren *freiwillig* Blut und Speichel abgegeben. Sozialer Zwang und die Gewissheit, dass der Mörder mitten unter den Bürgern von Enderby lebte und einer von ihnen war, hatten diesen spektakulären Massentest ermöglicht. Allerdings war auch dieses Mal das Ergebnis zunächst ernüchternd: Es gab keine Übereinstimmung.

Bald stellte sich heraus warum. Der Mörder hatte Vorsorge getroffen und unter einem Vorwand einen Bekannten gebeten, für ihn mit einem auf seinen Namen gefälschten Ausweis zum Test zu gehen. Der Plan wäre vermutlich aufgegangen, hätte nicht der Zufall hilfreich zur Seite gestanden: Reichlich angetrunken hatte nämlich der Bekannte in einem Pub damit geprahlt, dass er für einen Kumpel Blut abgegeben und ihm damit aus der Patsche geholfen hatte. Über Umwegen hatte die Polizei von dem bierseligen Geständnis erfahren und den

Die Früchte der Forschung 193

Mann vernommen. Er hatte dem Vernehmungsdruck nicht lange standgehalten und den Namen seines Kumpels genannt: Colin P. aus dem von Enderby nur wenige Kilometer entfernten Leicestershire, 27 Jahre alt, verheiratet, ein Kind, Bäcker.

Nun war es eine reine Routineangelegenheit, das Blut des richtigen Colin P. untersuchen zu lassen. Das Ergebnis war eindeutig: Das Röntgenbild mit dem Strichcode seiner DNA war identisch mit den Merkmalen des bei Dawn A. und den anderen drei Opfern gesicherten Spermas. Die erste Aufklärung eines Verbrechens mittels des genetischen Fingerabdrucks war gelungen.

Wenige Wochen später hielt auch ich eine verschwommene Kopie eines solchen Röntgenbildes mit Strichcodes in der Hand. Anfang November 1987 hatte ich in den Medien über den Fahndungserfolg bei der Suche nach dem Serienmörder und die spektakulären Möglichkeiten des DNA-Fingerprintings gelesen und hoffte in einem von mir bearbeiteten Tötungsdelikt auf einen eindeutigen Beweis. So sollte auch dieser Fall von mir ungeahnt Kriminalgeschichte schreiben: als erste DNA-Untersuchung bei einem in Deutschland begangenen Mord.

Wilhelmine Heuer betrieb seit über dreißig Jahren einen kleinen Tante-Emma-Laden. Sie war eine freundliche, aufgeschlossene und couragierte Frau, der aber nachgesagt wurde, dass sie Haare auf den Zähnen hatte und ihre Ansichten vehement vertrat. Außerdem war sie gegenüber Fremden misstrauisch, manchmal geizig und schien aufgrund ihres hohen Alters von über siebzig Jahren nicht mehr so recht in der Lage zu sein, ihre Wohnung in Ordnung zu halten und im Laden die hygienischen Ansprüche ihrer Kunden zu erfüllen. Nicht zuletzt deshalb empfing sie niemanden mehr in ihrer Wohnung: Besucher wurden an der Haustür abgefertigt, Verwandte und die wenigen Bekannten, die ihr geblieben waren, traf sie ausschließlich außerhalb ihrer eigenen vier Wände.

Nach dem Tod ihres Mannes vor über zehn Jahren hatte sie das Geschäft nicht geschlossen und lediglich die Öffnungszeiten ihrem Alter und dem stark veränderten Kaufverhalten ihrer Kunden angepasst. Diese konnten von morgens acht Uhr bis mittags um zwei Uhr bei ihr einkaufen: Backwaren und Süßigkeiten, zudem unverderbliche Waren wie Alkoholika, Zigaretten, Konserven und Waschmittel. Das stark eingeschränkte Warensortiment hatte zur Folge, dass sich ihre Kundschaft seit mehreren Jahren hauptsächlich auf Schulkinder, häufig sozialschwache Stammkunden aus der Nachbarschaft sowie Alkoholiker und Obdachlose beschränkte. Ihre Tageseinnahmen blieben gering, nicht selten lagen sie unter 50 Mark am Tag.

Trotz ihres Misstrauens verhielt sich Wilhelmine Heuer gegenüber ihrer Stammkundschaft großzügig und pflegte ein heute nicht mehr übliches Kaufmannsverhal-

DIE FRÜCHTE DER FORSCHUNG

ten: Gute Kunden durften trotz bestehender Schulden noch anschreiben, sofern sie sich nicht abschrecken ließen durch die eine oder andere deutliche Aufforderung, endlich alte Verbindlichkeiten zu begleichen. Auch außerhalb der Geschäftszeiten konnten bis zweiundzwanzig Uhr spät entschlossene oder einfach nur durstige Kunden an ihrer Haustür klingeln, um Schnaps, Bier und Zigaretten zu kaufen. Wilhelmine Heuer schaute dann zunächst aus dem sogenannten »Oma-Fenster« ihrer Wohnung oder ging direkt in den Laden, schaltete dort das Licht ein und entschied mit einem Blick durch die Scheibe der Ladentür, ob sie den Kunden bedienen wollte. Wenn sie sich dazu entschloss, öffnete sie die ansonsten verriegelte Ladentür, ließ den Kunden eintreten und schloss hinter ihm sofort wieder ab. Ihre Angst, bestohlen oder überfallen zu werden, hatte sie vorsichtig werden lassen. Sie bediente den Kunden, kassierte kleinere Beträge direkt an der Ladenkasse oder ging mit größeren Geldscheinen in ihr Büro und kam mit dem abgezählten Wechselgeld zurück. Später ließ sie den Kunden durch die Ladentür wieder hinaus, sperrte zu, löschte das Licht und ging zurück in ihre Wohnung.

Vermutlich hätte Wilhelmine Heuer ihre wenigen Kunden noch einige Jahre bedient, doch an einem frühen Samstagmorgen klingelte ihr Brötchenlieferant vergeblich an der Tür. Statt einfach unverrichteter Dinge wegzugehen, alarmierte er die Polizei. Die Beamten öffneten die nur ins Schloss gezogene Wohnungstür, stellten fest, dass weder in der Wohnung noch im Laden Licht brannte, und machten sich auf die Suche nach der Frau. Schließlich fanden sie Wilhelmine Heuer in einem Nebenraum des Ladens – vermutlich war sie bereits seit mehreren Stunden tot. Die Beamten benachrichtigten einen Allgemeinmediziner, damit er einen Totenschein ausstellte.

Statt eine Leichenschau durchzuführen und am entkleideten Körper nach Spuren von Gewalt zu suchen, begnügte sich der Arzt mit einer flüchtigen Untersuchung: Zwar fiel dem Mediziner auf, dass sowohl ein Geschirrtuch als auch ein zugezogener Spanngurt um den Hals der Frau geschlungen waren und ihre Unterwäsche nach unten geschoben war, trotzdem schloss er nach einem oberflächlichen Blick auf die Tote ein Verbrechen aus. Seiner Auffassung nach handelte es sich um einen Suizid. Die Beamten informierten die Kriminalbereitschaft, worauf der *Leichensachbearbeiter* zum Tatort fuhr, um die Gründe für die Selbsttötung zu untersuchen und den Angehörigen die Todesnachricht zu überbringen.

Für meinen Kollegen eine Routineermittlung, denn die polizeiliche Untersuchung von unnatürlichen beziehungsweise ungeklärten Todesfällen ist durch die Strafprozessordnung zwingend vorgeschrieben und somit beruflicher Alltag. Entsprechend dauerte es nicht lange, bis der Ermittler die tatsächliche Todesursache erkannte: Zusätzliche Würgemale und Drosselmarken am Hals sah er als untrüglichen Beweis dafür, dass Wilhelmine Heuer

DIE FRÜCHTE DER FORSCHUNG 197

durch eine Kombination von Erwürgen und Erdrosseln (also Einengung oder Verlegung der Atemwege mit Händen und Drosselwerkzeug) ums Leben gekommen war. Der vermeintliche Suizid von Wilhelmine Heuer wurde somit zum Tötungsdelikt und ein Fall für die Mordkommission.

Leider ist es kein seltenes Phänomen, dass Hausärzte mit der Untersuchung von Toten überfordert oder zu sehr mit den Hinterbliebenen verbunden sind. Oft war die verstorbene Person jahrelang Patient bei ihnen, und die Ärzte gehen vorschnell von einer krankheitsbedingten Todesursache aus. Da sie den Leichnam in der Regel nicht entkleiden, entgehen ihnen selbst klare Anzeichen von Gewalteinwirkung. Anschließend steht auf dem Totenschein eine natürliche Todesursache, obwohl es sich in Wahrheit um Unfall, Suizid oder gar Mord handelt. Ich will hier nicht die Hausärzte an den Pranger stellen, im Gegenteil habe ich Verständnis für ihre prekäre Lage. Welcher Hausarzt mag schon einen Verstorbenen unter den Augen seiner Familie ausziehen, gewissenhaft untersuchen und schon allein dadurch Zweifel an einem natürlichen Tod oder der Redlichkeit der Angehörigen dokumentieren.

Nach einer Studie der Rechtsmedizin Münster werden in Deutschland jährlich bis zu 1 200 Morde wegen einer mangelhaften Leichenschau und stetig nachlassender Obduktionen nicht entdeckt. 2007 und 2008 wurden bei circa 850 000 natürlichen Todesfällen pro Jahr laut der Polizeilichen Kriminalstatistik des Bundeskriminalamtes (BKA) zwischen 650 und 700 vollendete Tötungsdelikte (Mord, Totschlag, Tötung auf Verlangen) erkannt. Nach der eben genannten Hochrechnung hieße das, dass nur etwa jede dritte Tat überhaupt bemerkt wird. Die hochgerechnete Dunkelziffer mag übertrieben sein, ebenso das passende bildhafte Zitat eines Rechtsmediziners: »Wenn auf jedem Grab eines unentdeckt Ermordeten eine Kerze stünde, wären Deutschlands Friedhöfe hell erleuchtet.« Dennoch steht fest, dass immer wieder Tötungsdelikte gar nicht erst erkannt werden.

Das *Dunkelfeld* lässt sich nur dadurch erhellen, dass die Feststellung des Todes und die Leichenschau strikt voneinander getrennt und von zwei Ärzten vorgenommen werden. Die Verantwortung für die Klärung der Todesursache liegt jedoch bei Polizei und Staatsanwaltschaft. Daher müssen auch die eingesetzten Beamten und vor allem die *Leichensachbearbeiter* die Spuren eines unnatürlichen Todes lesen können, zur Unterstützung ihrer Thesen benötigen sie den Sachverstand speziell ausgebildeter Leichenbeschauer, und durch parallele Ermittlungen im Umfeld des Toten müssen sie nach Beweisen für einen natürlichen Tod oder ein Verbrechen, einen Suizid oder ein Unfallgeschehen suchen.

Der Mord an einer alten Frau bildet die Ausnahme bei Tötungsdelikten. Zwar hat in den letzten Jahren der An-

DIE FRÜCHTE DER FORSCHUNG

teil alter Menschen an der Gesamtbevölkerung Deutschlands zugenommen, dennoch haben Frauen über sechzig Jahre generell ein geringes Risiko, einem Mord zum Opfer zu fallen – obwohl sie weniger wehrhaft sind und Verletzungen bei ihnen eher einen tödlichen Verlauf nehmen. An Frauen dieser Altersgruppe werden ganz selten Sexualmorde, im Gegensatz zum Raubmord, verübt: 2001 gab es bei insgesamt elf Sexualmorden kein einziges Opfer in dieser Altersgruppe, 2008 bei insgesamt zwölf Fällen ein Opfer. Dieser geringe Anteil ist seit Jahren stabil.

Als ich am Tatort eintraf, hatten der Arzt und die Polizisten die Fundsituation der Leiche kaum verändert: Lediglich den Spanngurt am Hals hatte der Mediziner geöffnet. Die Tür zum Abstellraum war etwa dreißig Zentimeter weit geöffnet, durch den Spalt konnte ich die Beine der Toten erkennen. Mit gespreizten Beinen lag Wilhelmine Heuer in Rückenlage direkt hinter der Tür auf dem Fußboden. Mühsam zwängte ich mich in den Raum und konnte so Opfer und Fundort aus nächster Nähe in Augenschein nehmen:

Die kleine grauhaarige Frau wirkt zerbrechlich und wiegt höchstens 45 Kilo. Bluse und Kittel, beide weiß, sind zugeknöpft, jedoch zum Teil aufgerissen. Zwei abgerissene Knöpfe liegen neben der Leiche. Die Vorderseite des Rocks und der linke Ärmel des Pullovers sind fleckig, möglicherweise Wischspuren von inzwischen getrock-

netem Sperma. Die Beine bis zu den Knien mit festen
Bandagen umwickelt und angebeugt, dabei lehnen die
gespreizten Oberschenkel an einer auf die Seite gedreh-
ten Bierkiste. Der Kopf liegt in einem umgekippten
Pappkarton mit alten Brötchen.
Die rechte Augenbraue ist aufgeplatzt. Augen und
Mund der Toten sind geöffnet. Aus einem eingerissenen
Mundwinkel verläuft eine dezente Blutspur am Kinn
entlang. Im Oberkiefer haftet eine Prothese, während
die Unterkieferprothese neben der Bierkiste auf dem
Boden liegt.
Der Hals zeigt unter einem verknoteten Geschirrtuch
Kratzspuren, Würgemale und eine breite Drossel-
marke. Der vom Arzt geöffnete Spanngurt befindet
sich im Nacken unterhalb des Kopfes von
Wilhelmine Heuer. Ihr Genitalbereich ist entblößt,
der Schlüpfer zerrissen und zusammen mit der
Strumpfhose bis zu den Knien heruntergezogen.
Unter ihrem Becken hat sich eine kleine Blutlache
gebildet.

Nachdem ich mir ausführlich Notizen über die Tatspuren
am Opfer gemacht hatte, verließ ich die Abstellkammer
und sah mich am Tatort weiter um. Zwischen Nebenraum und Verkaufstresen lagen ebenfalls weiße Knöpfe
auf dem Boden. Die auf dem Tresen stehende Kasse war
geöffnet und enthielt nur Pfennigstücke und Groschen –
kein Silbergeld, keine Scheine. Auf der Handtaschen-

DIE FRÜCHTE DER FORSCHUNG   201

ablage des Tresens stand eine noch verschlossene 0,7-
Liter-Flasche Korn.

Das Ladenlokal war mit Wandregalen an den beiden
türfreien Seiten und mit einem Regal in der Mitte ausge-
stattet, die größtenteils mit Spirituosen gefüllt waren.

Zudem standen auf dem Boden zahlreiche Kartons mit
unausgepackten Schnaps- und Weinflaschen und ließen
nur schmale Gänge frei. In Wilhelmine Heuers Büro sah
es ähnlich aus: auch hier Regale mit Alkoholika und Kartons auf dem Boden. Auf Sofa, Hocker und den Sesseln
lagen Backwaren und Berge von ungeordneten Papieren
wie Belege, Rechnungen, Buchungsunterlagen, Zeitun-
gen. Auf dem Schreibtisch ragte aus dem Durcheinander
ein Geldzählbrett mit eingeordneten 5- und 10-Pfennig-
Stücken heraus. Auch hier kein Silbergeld. Das Chaos
schien eher ein alltagsbedingter Zustand zu sein und
nicht durch eine wilde Durchsuchung hervorgerufen.

Die Verbindungstür zwischen Laden und Wohnung
stand offen, zwei in Höhe der Tür angebrachte Heizstrahler waren eingeschaltet.

Die Wohnungstür war von innen mit einer Klinke und
von außen mit einem Knauf versehen. Der Wohnungs-
schüssel steckte von innen im Schloss, der Hörer der Gegensprechanlage hing nicht in seiner Halterung, sondern
baumelte lose herunter. Über die Gegensprechanlage
konnte ich Geräusche von meinen im Treppenhaus
arbeitenden Kollegen hören.

Im Schlafzimmer hing an der Türklinke eine braune

geöffnete Handtasche. Ihr Inhalt war vermutlich herausgerissen und lag auf dem Boden verstreut. Eine flache Schachtel auf der Frisierkommode zeigte oben ein staubfreies Rechteck. Die Decke des mitten im Raum stehenden Bettes war zurückgeschlagen, über das Laken hatte jemand quer ein Handtuch gebreitet, auf dem ein zusammengefaltetes Taschentuch, zahlreiche Zettel mit Notizen und eine Keksdose lagen. Deren Maße entsprachen dem staubfreien Bereich auf der Schachtel. Ich vermutete, dass der Täter bei seiner Suche nach Wertsachen und Geld den Inhalt der Keksdose auf dem Bett ausgekippt hatte.

Im Wohnzimmer lag auf einem der beiden Tische offen ein Scheck über hundert Mark. In der geöffneten Handtasche auf dem anderen Tisch fand sich ein Portemonnaie – mit mehreren Hundertmarkscheinen. Auch hier kein Hinweis auf eine Durchsuchung des Zimmers.

Die Obduktion brachte wenig Überraschendes. Wilhelmine Heuer war in den späten Abendstunden des Vortages geschlagen, erwürgt und postmortal noch gedrosselt worden. Diese Kombination habe ich oft an Tatorten erlebt, und sie bedeutet eigentlich immer dasselbe: Der Täter wollte sichergehen, dass sein Opfer auch tatsächlich tot war, bevor er den Tatort verließ. Eine Verletzung am Hinterkopf stammte vermutlich von einem Sturz gegen einen Heizkörper, es gab Anzeichen für eine kurzzeitige Ohnmacht. Die Frau hatte sich nicht gewehrt.

DIE FRÜCHTE DER FORSCHUNG

Dafür sprachen fehlende Anwehrverletzungen. Ihre blutende Unterleibsverletzung war zu Lebzeiten entstanden, möglicherweise durch ein schmales, längliches Werkzeug.

Zurück in der Dienststelle erfuhr ich von meinen Kollegen des ED, dass sie bei der Spurensuche zahlreiche Fingerabdrücke und einen Schuhabdruck gefunden und die Leiche mit Folie für Faseruntersuchungen abgeklebt hatten. Anzeichen für einen Einbruch in die Wohnung oder den Laden gab es nicht. Diese Aussage wies für mich darauf hin, dass Wilhelmine Heuer ihren Mörder offensichtlich gekannt und ihn freiwillig nach Geschäftsschluss in den Laden eingelassen hatte, um ihn zu bedienen. Aus den Tatortspuren zog ich weitere Rückschlüsse: Der Täter hatte Wilhelmine Heuer im Bereich des Verkaufstresens angegriffen, ihr dabei die Knöpfe vom Kittel und der Bluse gerissen und sie dann in den Nebenraum gedrängt und zu Boden geworfen. Nach dem sexuellen Missbrauch und der Tötung hatte der Täter das Licht im Laden gelöscht, dabei irrtümlich die Heizstrahler eingeschaltet, in der Wohnung von Wilhelmine Heuer nach Wertsachen und Geld gesucht, über die Gegensprechanlage gelauscht, ob sich Personen im Treppenhaus befinden, und den Tatort über die Wohnung verlassen.

Vermutlich hatte er auch die Flasche Korn auf der Ablage des Tresens zurückgelassen. Denn in der Zwischenzeit hatte die vermeintlich letzte Kundin ausgesagt, auf der Ablage habe keine Flasche gestanden, als sie gegen 18.30 Uhr im Laden gewesen sei. »Das wär mir aufgefallen, ich arbeite in einer Gaststätte, da hat man einen Blick für solche Sachen.«

Aufgrund dieser Überlegungen begannen meine Kollegen und ich den Kreis der Verdächtigen einzugrenzen. Nach allem, was wir bisher über die geschäftlichen Gepflogenheiten wussten, musste der Täter ein ihr so vertrauter Kunde gewesen sein, dass sie ihn ohne Misstrauen in den Laden eingelassen hatte. Dieser Ermittlungsansatz bedeutete aber auch, dass wir in den kommenden Tagen so viele Informationen wie möglich über Wilhelmine Heuers Kunden und deren Gewohnheiten einholen mussten. Kein einfaches Unterfangen bei der Vielzahl der Kunden, zumal manche nur mit Vornamen bekannt und womöglich Obdachlose waren. Mir wurde schnell klar, dass mühselige und zeitaufwendige Ermittlungen auf uns warteten.

Wie immer wurden bei einer Erstbesprechung die Aufgaben verteilt: Während meine Kollegen die Angehörigen und Nachbarn der Toten vernehmen sollten, kümmerte ich mich um die Anträge für die notwendigen kriminaltechnischen Untersuchungen und holte mir aus der Wohnung der Toten sämtliche Aufzeichnungen, um weitere Hinweise auf ihre Bekannten und Kunden zu finden. Mit mehreren prall gefüllten Umzugskartons kehrte ich in mein Büro zurück und begann Adressverzeichnisse, Telefonlisten, Geburtskalender, Journale,

Lieferscheine und Schuldscheine – ungeordnet und auf Karteikarten oder Zettel von Kneipenblöcken geschrieben – aufzulisten. Für jeden neuen Namen legte ich eine eigene Spur an, insgesamt fast vierhundert, und bat meine Kollegen, diese zu überprüfen. Die Durchsicht der Papiere überraschte mich: Wilhelmine Heuer war tatsächlich eine großzügige Frau gewesen. Nahezu hundert Kunden hatten reichlich von der Möglichkeit des Anschreibens Gebrauch gemacht und schuldeten ihr Beträge von über 2 000 Mark. Eine immense Summe bei ihren geringen Tagesumsätzen.

Auch das Opferbild rundete sich weiter ab und bestätigte, was wir bereits wussten: misstrauisch gegenüber Fremden, großzügig gegenüber guten Kunden. Gerüchte, dass sie mit Kunden im Laden intime Kontakte unterhalten haben könnte, erwiesen sich schnell als vollkommen haltlos. Nicht klären ließ sich die Frage, ob der Täter in der Wohnung tatsächlich auch Geld gefunden und geraubt hatte. Abzüglich der von uns gefundenen Summe fehlten laut Buchführung zwar noch nahezu 3 000 Mark, doch konnte sich auch dieses Geld in einem ihrer zahlreichen Verstecke befinden.

Parallel zu diesen Ermittlungen beauftragte ich ein rechtsmedizinisches Institut mit der serologischen Untersuchung der bei der Obduktion von Wilhelmine Heuer aus ihren Körperöffnungen (Scheide, Mund, After) entnommenen Abstriche. Mittlerweile hatte ich von dem Rechtsmediziner erfahren, dass er bei der mikroskopischen Untersuchung eines Scheidenabstrichs Spermien entdeckt hatte. Ich hoffte auf ein schnelles serologisches Ergebnis, da sich aus dem Sperma die Blutgruppe und ihre Untergruppen bestimmen ließen, was die Überprüfung der möglichen Tatverdächtigen wesentlich erleichtern würde. Die Möglichkeit der DNA-Typisierung mit Jeffreys' Verfahren kannte ich zu Beginn der Mordermittlungen noch nicht, so dass wir uns beim Spurenmaterial auf die klassische Blutgruppenbestimmung beschränken mussten.

Meine Hoffnung erfüllte sich rasch: Nicht nur in der Scheide, sondern auch im Mund, an einem Finger und auf Rock und Pullover fanden die Biologen Sperma. Da die darin nachgewiesene Kombination der Blutgruppe AB und den Untergruppen nur auf jeden hundertachtzigsten Mann in Deutschland zutraf, würden wir die meisten Tatverdächtigen mit einer einfachen Blutprobe oder nach Vorlage ihrer Blutspendeausweise ausschließen können.

Zudem befanden sich in dem gesicherten Ejakulat lediglich vereinzelte und teilweise intakte Spermien. Eine Feststellung, die Raum für Spekulationen ließ: Hatte der Täter unmittelbar vor der Tat Geschlechtsverkehr gehabt oder sich selbst befriedigt? Handelte es sich um Vorspermien aus dem Präejakulat? Litt der Täter an einer *Oligospermie* mit einer krankhaft bedingten verminderten Anzahl von Spermien im Ejakulat? Hatte er sich einer Vasektomie, einer Sterilisation mit der Unterbrechung

DIE FRÜCHTE DER FORSCHUNG 207

des Samenleiters, unterzogen? Oder war der Täter einfach alt? In jedem Fall konnte auch dieses Untersuchungsergebnis wertvoll für die anstehenden Überprüfungen möglicher Tatverdächtiger sein.

Die Faseruntersuchungen grenzten die Suche nach dem Täter weiter ein. An den Bandagen und der Unterhose von Wilhelmine Heuer waren Fasern gefunden worden, die nicht aus ihrem Haushalt stammten: violette Polyacrylfasern, verschiedene rote und auch indigoblau eingefärbte Baumwollfasern – Letztere vermutlich von einer Jeanshose. Insbesondere die Jeansfasern schienen für eine spätere Beweisführung geeignet zu sein. Obwohl sie aufgrund der Gleichartigkeit im Herstellungsverfahren ansonsten nur schwer oder überhaupt nicht zu unterscheiden sind, bekommen Jeansfasern durch chemische Elemente beim Herstellungsprozess, Waschen und die Tragedauer einen individuellen Charakter – quasi einen »chemischen Fingerprint«. Durch die genaue Untersuchung aller an der Leiche gesicherten Jeansfasern konnte man diese später mit denen einer möglichen tatrelevanten Jeans vergleichen – also mit der Hose eines Verdächtigen bzw., falls das Kleidungsstück bereits entsorgt war, mit in dessen Wohnung gefundenen Fasern.

Diese erweiterte Faserbestimmung war für mich vollkommen neu, denn bisher waren bei entsprechenden Untersuchungen ausschließlich die Morphologie, der Querschnitt, die Farbe, die Pigmentierung, das Spektral- und Fluoreszenzverhalten untersucht worden. So hatte ich in früheren Fällen lediglich die Auskunft erhalten, dass tatrelevante Fasern von dem untersuchten Textil oder einem Kleidungsstück aus der gleichen Produktion stammen könnten. Ich erfuhr weiter, dass die Elementzusammensetzung in einer Faser immer signifikanter wird, je länger ein Textil im Gebrauch ist.

Mit den Unterscheidungskriterien männlich, Blutgruppe AB, dem Opfer gut bekannt (vermutlich Stammkunde oder aus der Nachbarschaft), Jeansträger und Korntrinker begannen meine Kollegen und ich die Überprüfungen der möglichen Tatverdächtigen. Nach wenigen Wochen konnten wir bereits die meisten von ihnen durch den Blutgruppenvergleich ausschließen. Übrig blieb nur knapp eine Handvoll möglicher Tatverdächtiger. Wir überprüften ihre Alibis und ließen uns ihre Bekleidung für einen Faservergleich aushändigen.

Einer von ihnen war Fritz Henkel: 57 Jahre alt, verheiratet, drei erwachsene Kinder, vormals Bauarbeiter und jetzt arbeitslos, unmittelbarer Nachbar und Stammkunde von Wilhelmine Heuer sowie ihr größter Schuldner. Laut Unterlagen des Mordopfers hatte er gemeinsam mit seiner Frau im Laufe der Jahre Verbindlichkeiten von fast 3 000 Mark angehäuft.

Gut zehn Tage nach dem Mord befragten ein Kollege und ich ihn das erste Mal zu seiner Beziehung zu Wilhelmine Heuer und zu seinem Alibi. Fritz Henkel, untersetzt und kräftig, erschien geradezu bierselig zu der

DIE FRÜCHTE DER FORSCHUNG 209

Vernehmung und machte kein Hehl daraus, dass er
gerne trank. Er kam aus dem »Kohlenpott« und po-
saunte seine Gedanken aus. »Ich kannte Oma Heu seit
meiner Kindheit. Meine Mutter hat mich schon zu ihr
zum Einkaufen geschickt. Unser Verhältnis war gut, wir
haben uns sogar geduzt.«

Zwar bestritt Fritz Henkel die Höhe der Schulden,
räumte jedoch freimütig ein, dass er häufig im Geschäft
zum Einkaufen gewesen sei – selbst nach Feierabend –
und dort auch Bier und Flachmänner getrunken habe,
allerdings keinen Korn. Die Nebenräume und die Wohnung habe er nicht betreten dürfen. Nicht einmal, um
beim Tragen von schweren Kartons zu helfen. »Als ich
das mal trotzdem gemacht habe, ist sie ganz schön sauer
gewesen und hat mich vor allen anderen zusammenge-
faltet. Dachte wohl, dass ich mich bei ihrem Bier bedienen wollte. Habe das dann schnell sein lassen und auch
später nie wieder gemacht.« Fritz Henkel behauptete
weiter, den Laden von »Oma Heu« seit fast zwei Jahren
nicht mehr betreten zu haben. »Ich bin ein häuslicher
Typ und trinke viel lieber zu Hause. Die täglichen Einkäufe macht meine Frau Käthe. Sie holt auch den Nach-
schub und die Zigaretten.«

Als wir ihn mit der theoretischen Möglichkeit konfrontierten, er könnte sexuellen Kontakt mit Wilhelmine
Heuer gehabt und sie getötet haben, reagierte er vollkommen entrüstet: »Das glaubt ihr doch wohl selber
nicht. Ich soll was mit Oma Heu gehabt und sie ermor-

det haben?« Doch ein Alibi für den gesamten Abend konnte er nicht vorweisen: »Ich habe gefeiert. Im kleinen Kreis: nur ein paar Flaschen Bier und ich. So um Viertel nach elf bin ich ins Bett. War ganz schön angeschlagen.«

Seine Angaben könnten vermutlich seine Frau Käthe, die Verlobte seines Sohnes sowie ein Nachbar bestätigen. Seine erst vor wenigen Wochen gekaufte Jeans stellte er bereitwillig für die Faseruntersuchung zur Verfügung, zudem machte er ohne Zögern Angaben zu seinem Gesundheitszustand. Vor drei Jahren sei er wegen Prostataproblemen operiert worden. »Aber mit dem Sex klappt das noch immer. Das lasst mal ruhig meine und Käthes Sorge sein.« Ob sich durch die Operation seine Spermaproduktion verändert hatte, wusste Fritz Henkel nicht zu beantworten: »Fragt doch die Ärzte, und wenn ihr wollt, dann kann ich euch ja mal 'ne Ladung zur Untersuchung mitbringen.«

Sein Alibi zu überprüfen stellte sich als schwieriges Unterfangen heraus, denn fast alle von Fritz Henkel benannten Zeugen hatten am Tattag ebenfalls tüchtig gezecht und ihn am Abend nur kurz gesehen. Käthe Henkel zum Beispiel war bereits gegen 19 Uhr völlig betrunken ins Bett »gekippt« und hatte bis zum nächsten Morgen ihren Rausch ausgeschlafen. Die einzige klare Aussage zum Alibi von Fritz Henkel machte sein Nachbar. Er war nach eigenen Angaben allerdings erst ab halb neun und nur für eine gute halbe Stunde »auf ein Bier«

DIE FRÜCHTE DER FORSCHUNG

bei ihm in der Wohnung gewesen. Außer dass sein Gastgeber »schon ganz schön besoffen war«, hatte der Zeuge nichts Auffälliges an ihm bemerkt.

Demnach konnte Fritz Henkel für den Tatabend kein beziehungsweise nur ein zeitlich sehr eingeschränktes Alibi vorweisen. Grund genug, sich näher mit ihm zu beschäftigen. Seine Kriminalakte enthielt einige Anzeigenkopien, dass er alkoholisiert völlig unberechenbar wurde und zu spontanen und aggressiven Handlungen neigte: Einmal war er während einer körperlichen Auseinandersetzung davongerannt, hatte ein Messer geholt und damit seinen Kontrahenten verletzt. Außerdem war er mit einem Parzellennachbarn in Streit geraten, weil dessen Frau das Essen nicht rechtzeitig gebracht hatte. Daraufhin hatte er dem Mann in großer Erregung einen Spaten auf den Kopf geschlagen. Ein drittes Mal war Fritz Henkel dadurch aufgefallen, dass er mit einer Gaswaffe auf seinen Sohn geschossen und gedroht hatte, ihn umzubringen. Durch Sexual- beziehungsweise Eigentumsdelikte war Fritz Henkel jedoch noch nicht in Erscheinung getreten.

Insgesamt passte er auf das erstellte Täterprofil, aber es gab keine Hinweise auf ein bestimmtes Motiv. Hatte er nach dem Besuch seines Nachbarn einfach noch weiter trinken wollen und Wilhelmine Heuer im Laden aufgesucht? Hatte sie ihm Vorhaltungen wegen der späten Störung und seiner Schulden gemacht? Hatte Fritz Henkel auch dieses Mal wie in früheren Situationen aggressiv reagiert, die Frau angegriffen, sie in seiner Wut und Erregung missbraucht und schließlich ermordet, um einer Anzeige zu entgehen?

Während die Motivfrage noch völlig unklar war, erhielt mein Anfangsverdacht gegen Fritz Henkel durch die Resultate des Jeansvergleichs weitere Nahrung. Die an der Kleidung der Toten gesicherten blauen Jeansfasern unterschieden sich nach ersten Untersuchungsergebnissen nicht von denen seiner Hose. Bei allen anderen potentiell Verdächtigen mit identischer Blutgruppe ließen sich keine übereinstimmenden Jeansfasern finden, so dass sich der Verdacht gegen sie relativierte.

Ein Kollege und ich suchten *unseren* Tatverdächtigen in seiner Wohnung auf, konfrontierten ihn mit dem Untersuchungsergebnis, stellten weitere Kleidungsstücke und die Decke von seinem Wohnzimmersofa sicher und vernahmen ihn erneut. Doch Fritz Henkel bestritt die Tat weiterhin vehement, ballte seine Faust, zeigte uns den gestreckten Mittelfinger und meinte: »Ihr seid ja wohl nur noch bescheuert. Haut bloß ab und lasst mich zufrieden.« Dazu öffnete er eine Flasche Bier und nahm einen kräftigen Schluck.

Ich entschloss mich, die Resultate des Faservergleichs mit einem Test zu hinterfragen. Dafür setzte ich mich mit dem Hersteller von Fritz Henkels Hose in Verbindung und bat ihn, mir mehrere gleiche Hosen zu überlassen. Ich hatte mir Folgendes überlegt: Wenn der Wissenschaftler die Fasern vom Tatort mit der Kleidung von Verdäch-

DIE FRÜCHTE DER FORSCHUNG   213

tigen vergleichen konnte, dann musste er auch in der
Lage sein, Fasern den Jeans zuzuordnen, die meine Kollegen und ich jeweils vierzehn Tage lang tragen würden.

Die scheinbar grenzenlosen Möglichkeiten der Faseruntersuchung waren für mich neu und in gewisser Weise
fremd. Deshalb wollte ich einen Beweis für die Zuverlässigkeit der Methode.

Dann las ich Anfang November 1987 in den Medien Beiträge über die spektakuläre Aufklärung des Mordes an
der fünfzehnjährigen Dawn A. und die Möglichkeiten
der DNA-Analyse. Diese Berichte kamen für mich wie
gerufen, denn der Mord an Wilhelmine Heuer lag erst
wenige Wochen zurück, und wir hatten trotz des Tatverdachts gegen Fritz Henkel ihn der Tat immer noch nicht
überführt beziehungsweise den Täter immer noch nicht
ermittelt. Ich beschloss, ein Stück Rock des Opfers mit
einer Spermaantragung molekulargenetisch untersuchen
und mit dem Blut von Fritz Henkel vergleichen zu lassen. Da zu dieser Zeit in Deutschland noch keine DNA-Profile bestimmt werden konnten, beauftragte ich Cellmark Diagnostics mit der Untersuchung der Tatortspur.
Erst nach dieser Analyse wollte ich entscheiden, was mit
Fritz Henkel passieren sollte. Allerdings sollte es noch
mehrere Wochen dauern, bis das DNA-Ergebnis vorlag.

In der Zwischenzeit verdichtete sich der Verdacht gegen Fritz Henkel weiter. Die erweiterten Faseruntersuchungen waren abgeschlossen, mit dem Resultat, dass

seine Jeanshose »mit sehr hoher Wahrscheinlichkeit« als
Spurenleger für die Fasern an der Kleidung von Wilhelmine Heuer in Betracht kam. Das Bremer Landeskrimi-
nalamt verwendet eine Befundbewertungsskala bei der
Untersuchung von Formspuren, die in sechs Kategorien
von »steht fest« bis »ist auszuschließen« eingeteilt ist.
Darauf übertragen lag das Analyseergebnis in der zweit-
höchsten Kategorie unmittelbar hinter der eindeutigen
Identifizierung. Laut Bericht waren auch drei violette
Polyacrylfasern auf seiner Jeans und rote Baumwollfasern
an Fritz Henkels Sofadecke gefunden worden. Außerdem war an der Unterhose von Wilhelmine Heuer das
Haar eines kurzhaarigen Hundes gefunden worden, das
der Länge und Pigmentierung nach mit auf der Sofadecke gefundenen Hundehaaren übereinstimmte – also
vom selben Tier stammen konnte.

Während unserer Ermittlungen tat Fritz Henkel außerdem einiges, um sich zusätzlich verdächtig zu machen.
So rief er aus einer Telefonzelle anonym bei der Polizei
an und bezichtigte seinen Sohn des Mordes an der
Ladenbesitzerin. Ein Stimmenvergleich identifizierte ihn
zweifelsfrei, trotzdem bestritt er hartnäckig den Anruf.
Doch auch ohne den Beleg, dass Fritz Henkel aktiv von
sich als Täter ablenken wollte, war die Indizienkette gegen ihn inzwischen sehr lang:

- Blutgruppe AB mit identischen Untergruppen
- die an der Kleidung des Opfers gesicherten Fasern wa-

ren von denen an seiner Hose und weiteren in seiner Wohnung gefundenen nicht zu unterscheiden

- das an der Unterhose des Opfers gefundene Hunde-haar zeigte Übereinstimmungen mit Haaren aus seiner Wohnung
- Wilhelmine Heuer und er kannten sich gut: Stamm-kunde, hohe Schulden, Einkäufe nach Feierabend
- für die Tatzeit nur ein eingeschränktes Alibi von einer halben bis drei viertel Stunde; Zeit genug, um trotz seiner Trunkenheit die wenigen Meter von seiner Woh-nung bis zum Laden zurückzulegen und die Frau zu töten
- impulsives und aggressives Verhalten in eskalierenden Situationen; spontane Ausbrüche von Gewalt

Das »i-Tüpfelchen« für den endgültigen Beweis erhoffte ich mir von der Untersuchung in England: die Überein-stimmung seines DNA-Profils mit der Spermaspur.

Doch es kam alles anders: Fast drei Monate nachdem ich die Untersuchung in Auftrag gegeben hatte, lag das Analyseergebnis vor. Heute dauert das Verfahren übri-gens nur noch circa 48 Stunden. In knappen Worten teil-te das Institut mit, dass Fritz Henkel als »Quelle des Samens« auszuschließen war. Als Beweis für die Aussage war die Kopie des Röntgenfilms mit den abweichenden DNA-Banden beigefügt.

Ich schaute mir die dunkle und verschwommene Fotokopie des Röntgenfilms an, in dessen Mitte zwei etwa acht Zentimeter lange senkrechte Balken mit unterschiedlich hohen und breiten Banden abgebildet waren. Beide Balken waren mit jeweils zwei in unterschiedlicher Höhe eingezeichneten Pfeilen gekennzeichnet. Die Pfeile markierten unterschiedliche Banden und wiesen darauf hin, dass die verglichenen DNA-Merkmale nicht identisch waren, sondern von zwei Personen stammten. Das sollte also Fritz Henkels Unschuld beweisen.

Ich mochte es nicht glauben, da das Resultat vollkommen im Widerspruch zu den anderen Untersuchungsergebnissen stand. Konnte das wirklich sein? Ich setzte mich mit den Wissenschaftlern in Verbindung, die sich um die Blutgruppenbestimmung des bei Wilhelmine Heuer gesicherten Spermas gekümmert hatten. Auch bei ihnen sorgte das DNA-Resultat für Verwunderung, allerdings aus anderem Grund. Die Wissenschaftler waren davon ausgegangen, dass die im Gutachten erwähnte und für eine Untersuchung notwendige Menge DNA überhaupt nur hätte extrahiert werden können, wenn in der Spur zigtausende von Spermienköpfen vorhanden gewesen wären. Tatsächlich waren im Mikroskop nur wenige hundert Spermien beobachtet worden. Mit dieser Aussage begann ich, das Ergebnis aus England zu hinterfragen.

Wieder vergingen Wochen, bis Resultate vorlagen: Die englischen Wissenschaftler waren bei ihrer Analyse tatsächlich von falschen Voraussetzungen ausgegangen. Die Antragung auf dem Rock hatten sie irrtümlich für eine reine Spermaspur gehalten und nicht für eine Mischspur, in der sich auch Zellen aus der Scheide der Ermordeten befanden. Aus diesem Grunde hatten sie es versäumt, das Sperma aus der Mischspur zu extrahieren und isoliert zu analysieren. Die Verunsicherung war groß. Nun konnte nicht ausgeschlossen werden, dass bei der Analyse nicht die DNA des Täters, sondern die des Opfers bestimmt worden war – oder gar die einer ganz anderen Person, die mit der Tat überhaupt nichts zu tun hatte. Denn das Opfer hatte den Rock ganz offensichtlich seit längerer Zeit nicht mehr gewaschen.

Unglücklicherweise waren methodenbedingt durch die unterschiedlichen Untersuchungen inzwischen alle Spermaspuren verbraucht, und das von Wilhelmine Heuer bei der Obduktion gesicherte Leichenblut war bereits faul und vernichtet worden. Eine Wiederholung der Analyse war somit ausgeschlossen.

Ich überlegte, was diese Informationen für die weiteren Ermittlungen bedeuteten: Fritz Henkel war trotz des negativen DNA-Ergebnisses für mich weiterhin Tatverdächtiger Nummer eins. Die Überprüfung der anderen Spuren war abgeschlossen. Alle möglichen Tatverdächtigen mit derselben Blutgruppenkombination waren überprüft und als Täter ausgeschlossen worden, da sie ein Alibi hatten oder die am Tatort gesicherten Fasern ihren Hosen nicht zugeordnet werden konnten. Nachdem ich mit allen beteiligten Wissenschaftlern noch einmal die

Ergebnisse besprochen hatte, schrieb ich einen Abschlussbericht, in dem ich alles aufführte, was für Fritz Henkel als Täter sprach.

Drei Wochen später wurde vom Amtsgericht Bremen gegen ihn Haftbefehl wegen Mordes erlassen. Einen Tag später und zehn Monate nach der Tat verhafteten Kollegen und ich den Verdächtigen in seiner Wohnung. Auch dieses Mal bestritt Fritz Henkel energisch, Wilhelmine Heuer ermordet zu haben. Ich hatte erwartet, dass er total ausrasten würde, doch überraschenderweise blieb er vollkommen ruhig. Cremte sich seelenruhig seine Füße ein, steckte sich eine Zigarette an, sprach von einem Justizirrtum und forderte seine Frau auf, einen Rechtsanwalt und den lokalen Fernsehsender zu informieren. Dann verließ er mit uns die Wohnung.

Fritz Henkel wurde in Untersuchungshaft genommen. Wenige Tage später bat er mich um ein Gespräch, er müsse eine wichtige Aussage machen. Doch ein Geständnis legte er auch dieses Mal nicht ab. Stattdessen erklärte er im Beisein seines Anwalts, sein Sohn habe ihm zwei Tage nach dem Mord seine Befürchtung mitgeteilt, Wilhelmine Heuer vielleicht im Delirium getötet zu haben. Er sei nach eigener Aussage noch spätabends bei ihr im Geschäft gewesen. Zur Untermauerung seiner Aussage erklärte er weiter, dass die Befürchtung seines Sohnes stimmen könne, da dieser am Tatabend völlig betrunken seine Verlobte »verkloppt« habe. Zudem wollte Fritz

DIE FRÜCHTE DER FORSCHUNG

Henkel seinen Sohn am Tatabend kurz vor dreiundzwanzig Uhr dabei beobachtet haben, wie er aus der Richtung vom Geschäft kommend an seinem Küchenfenster vorbeigetorkelt sei mit einer Flasche Schnaps in der Hosentasche. Und zum krönenden Abschluss erzählte uns Fritz Henkel noch, dass auch sein Sohn regelmäßig Jeanshosen trage und sie von seiner Mutter waschen lasse, in derselben Waschmaschine, in der auch seine – also Fritz Henkels – Klamotten gewaschen werden würden. Also müssten die ihn belastenden Faseruntersuchungen auch für seinen Sohn gelten.

Ohne es tatsächlich auszusprechen, bezichtigte ein Vater seinen Sohn des Mordes. Was trieb diesen Mann dazu, so weit zu gehen? War er wirklich unschuldig, wie er behauptete, und sah keinen anderen Ausweg mehr aus seinem Dilemma?

Ich vernahm den Sohn, doch der stritt die Anschuldigungen seines Vaters konsequent ab. Er habe weder die Befürchtung geäußert, Wilhelmine Heuer im Delirium getötet haben zu können, noch sei er als später Kunde bei ihr im Laden gewesen. Vielmehr sei er am Tatabend sturzbetrunken gewesen und habe sich zwangsläufig früh ins Bett gelegt. Er erklärte zudem, dass seine Verlobte ihm ein Alibi geben könne.

Mir blieb nichts anderes übrig, als die Verlobte noch einmal zu vernehmen, auch wenn die Tat fast ein Jahr zurücklag und ich bereits wusste, dass auch sie am Tatabend betrunken gewesen war. Sie berichtete, dass sie sich trotzdem noch gut an den Abend erinnern könne, denn es sei einiges passiert: Ihr Verlobter habe sie an diesem Abend zweimal verprügelt und das Bügelbrett nach ihr geworfen, ein Mitzecher sei so »besoffen« gewesen, dass er mit seinem Holzbein einfach umgefallen sei, und ihre Kinder seien im allgemeinen Chaos vom Vater abgeholt worden. Schließlich hätte sich aber alles beruhigt, und ihr Verlobter sei betrunken ins Bett gefallen und sofort eingeschlafen. Dass er nach 22 Uhr noch das Haus verlassen habe, schloss sie aus, denn »er lag doch im Koma. Und erst recht hat er keinen mehr hochgekriegt.«

Mit diesem Ermittlungsergebnis stellte ich mich darauf ein, dass bald gegen Fritz Henkel die Hauptverhandlung vor dem Schwurgericht beginnen würde. Doch wieder einmal kam es anders als erwartet.

Die zuständige Strafkammer des Landgerichts ließ die Anklage der Staatsanwaltschaft gegen Fritz Henkel wegen Mordverdachts nicht zur Hauptverhandlung zu. Den Richtern reichten die vorliegenden Beweise nicht aus, das in der Akte vorhandene DNA-Gutachten hatten sie als entlastend bewertet – *in dubio pro reo*. So wurde der *Angeschuldigte* nicht zum *Angeklagten*, wie ein Verdächtiger erst nach einer offiziellen Anklageerhebung genannt werden darf. Fritz Henkel wurde aus der Untersuchungshaft entlassen und erhielt eine Haftentschädigung. Für den Fall bedeutete diese Entscheidung, dass der Mord aller Wahrscheinlichkeit nach nie geklärt werden könnte. Schließlich waren die Spermaspuren des

Täters durch die Untersuchungen verbraucht und sämtliche am Tatort gesicherten Fingerabdrücke und die Schuhspur dem Opfer oder unverdächtigen Personen zugeordnet worden. Alles sah danach aus, als könnte nur noch das Geständnis eines *Selbstgestellers* Licht ins Dunkel bringen. Oder ein Wunder. An beides mochte ich nicht recht glauben.

Doch während ich mich in den nächsten Jahren anderen Fällen widmete, wurde auch in den DNA-Laboren auf der ganzen Welt fleißig geforscht, getestet und Ungeklärtes gelöst. Und nahezu anderthalb Jahrzehnte später hatten die wissenschaftlichen Resultate Möglichkeiten für die Kriminalistik geschaffen, die mir nach der Abweisung der Klage als nichts anderes erschienen wären als ein Wunder.

Die DNA-Analytik ersetzte inzwischen nicht nur die klassische AB0-Blutgruppenbestimmung (A, B, AB, Null), sondern ließ auch Jeffreys' Verfahren wie eine Methodik in ihren Kinderschuhen erscheinen. Während ursprünglich intakte hochmolekulare DNA von 200 000 bis 400 000 Zellen benötigt wurde, war es nun mit Hilfe der Polymerasen Kettenreaktion (englisch: *Polymerase Chain Reaction, PCR*) bereits ab zwanzig Körperzellen möglich, bestimmte Abschnitte der DNA identisch zu kopieren. Das hieß im Klartext: Für die Identifizierung eines Täters reichten auf einmal statt eines markstückgroßen Sperma- oder fünfmarkstückgroßen Blutflecks geringste Mengen von Körperflüssigkeiten wie Speichel, Blut oder Sperma, aber auch winzige Hautpartikel oder ein herausgerissenes Haar aus, um die DNA zu isolieren. Und im Gegensatz zum früheren Verfahren von Jeffreys konnte jetzt auch älteres und bereits *degradiertes* (abgebautes) Spurenmaterial untersucht werden.

Von den etwa 3,5 Milliarden Basenpaaren eines Zellkerns werden bei der DNA-Analyse nur nicht-codierende Bereiche untersucht. Sie enthalten keine Informationen über Eigenschaften von Personen wie zum Beispiel Aussehen, Alter, Haar- und Augenfarbe oder Krankheiten. Ein nicht-codierender Abschnitt (*Short Tandem Repeat, kurz STR*), auch *Minisatellit* genannt, besteht aus kurzen, sich wiederholenden Abschnitten. Aus dem am Opfer oder am Tatort gefundenen biologischen Spurenmaterial wird die DNA extrahiert und anschließend quantifiziert. Dieser Schritt ist notwendig, um die optimale Menge DNA für die PCR-Vermehrung einsetzen zu können beziehungsweise zu prüfen, ob überhaupt ausreichend DNA für eine erfolgreiche Analyse vorhanden ist. Mit Hilfe der PCR-Technik werden die STR in einem *Thermocycler* vermehrt (*amplifiziert*), bis circa eine Million oder auch mehr Kopien entstehen.

Die »Sichtbarmachung« der vermehrten DNA-Abschnitte erfolgt durch an sie gebundene Fluoreszenzfarbstoffe. Diese Molekülabschnitte werden in einem elektrischen Feld aufgetrennt und *detektiert* (ermittelt, bestimmt), wodurch man die Informationen über Menge

DIE FRÜCHTE DER FORSCHUNG   223

und Länge der vermehrten DNA-Abschnitte erhält. Durch die Kombination von mindestens acht *STR-Loci* (Plural von Locus = Einzelmerkmal) kann das individuelle DNA-Profil einer Spur, eines Opfers oder eines Tatverdächtigen berechnet und mit anderen Profilen verglichen werden.

Der Hintergrund: Die Verteilung der einzelnen Merkmale in der Bevölkerung ist so unterschiedlich, dass die statistisch ermittelten Verteilungshäufigkeiten im Milliarden- bis Billionenbereich liegen. Bei einer Weltbevölkerung von knapp sieben Milliarden Menschen heißt das, die Wahrscheinlichkeit, dass man bei zwei Menschen eine identische Verteilung findet, tendiert gegen null – einzige Ausnahme sind eineiige Zwillinge. Damit liefert die heutige DNA-Analyse sehr aussagekräftige Ergebnisse, um Personen als Spurenleger zu überführen oder auch zu entlasten.

Mit diesen Früchten der Forschung bot sich mir eine zweite Chance, die Spuren im Fall der ermordeten Wilhelmine Heuer erneut untersuchen zu lassen. Ich nahm mir daher noch einmal die Akte vor, denn trotz früherer gegenteiliger Auskünfte war ich zuversichtlich, dass bei Cellmark Diagnostics oder im deutschen Institut noch Reste des Spurenmaterials lagerten. Sei es als Scheidenausstrich auf einem Mikroskoppräparat oder als bisher nicht untersuchte winzige Spermaspur auf der Kleidung des Opfers. Aber auch jetzt hieß es auf meine entspre-

chenden Anfragen lakonisch, sämtliches Spurenmaterial
sei bei den früheren Analysen verbraucht worden. Da
inzwischen geringste Mengen von Körperflüssigkeiten
für ein DNA-Profil ausreichten, mochte ich das nicht
glauben. Also fragte ich in unregelmäßigen Abständen in
beiden Instituten nach und forschte nach den Mikro-
skoppräparaten des Rechtsmediziners, der Wilhelmine
Heuer obduziert hatte.

Trotzdem vergingen noch einmal Jahre, bis ich bei
einer erneuten Anfrage Erfolg hatte. Tatsächlich lagerte
in einem der beiden Institute noch tiefgefroren ein Stück
von Wilhelmine Heuers Rock. Und bei der Untersuchung der Probe war ein auffälliger Antragungsbereich
entdeckt worden. Er entpuppte sich als winziger Sperma-
fleck, der jedoch völlig ausreichte, um per PCR ein DNA-
Profil zu erstellen.

Nach wenigen Tagen lag das Ergebnis vor: Fritz Henkel kam definitiv nicht als Täter infrage. Die am Rock des
Opfers gesicherte Spermaspur kam statistisch nur ein
Mal unter fast einhundert Milliarden Männern vor – also
nahezu dreißigmal seltener, als es Männer auf der Erde
gibt. Bei der klassischen Blutgruppenbestimmung des
am Pullover gefundenen Spermas war das Verhältnis
noch eins zu hundertachtzig gewesen. Ein echter Quan-
tensprung in der Präzision der Resultate.

Für unsere Ermittlungen war das Ergebnis hingegen
ein kriminalistischer Super-GAU, der zeigte, dass die
scheinbar hieb- und stichfeste Beweiskette versagt hatte.

Ich hatte mich geirrt und einen Unschuldigen nahezu zwanzig Jahre zu Unrecht der Vergewaltigung und des Mordes verdächtigt.

Ich fuhr mit Bier, Zigaretten und einem Präsentkorb zu Fritz Henkel. Obwohl ich ihn in den Jahren hin und wieder aufgesucht hatte, um doch noch Ansatzpunkte für ein spätes Geständnis zu finden, war ich erschrocken, wie alt und gebrechlich er geworden war. Ich berichtete ihm von seiner späten Rehabilitierung und fragte, wie ich meinen Fehler wiedergutmachen könnte. Fritz Henkel war sprachlos. Erst jetzt wurde mir bewusst, wie es ihm in den langen Jahren ergangen sein musste: Die unterschwelligen Zweifel seiner Kinder und der Nachbarn an seiner Unschuld hatten ihn scheu werden lassen. Doch Fritz Henkel blieb bescheiden, hatte keine großen Wünsche und bat mich lediglich darum, ihn gelegentlich zu besuchen und die Blumenkästen auf dem Balkon zu bepflanzen. Seine Frau Käthe würde Blumen so sehr mögen, und er sei wegen seines Alters dazu nicht mehr in der Lage. Seinen Wunsch habe ich ihm gerne erfüllt: Wenige Tage später leuchteten rote Geranien vom Balkon.

In der folgenden Zeit habe ich Fritz Henkel und seine Frau häufiger besucht. Zunächst in ihrer Wohnung und später im Altenheim. Über den Fall haben wir nur noch selten gesprochen. Und nie kam die Sprache darauf, weshalb Fritz Henkel zweimal seinen inzwischen bei einem Unfall ums Leben gekommenen Sohn des Mordes bezichtigt hatte. Die Vergangenheit sollte ruhen. Jedenfalls soweit sie ihn betraf. Als ich Fritz Henkel dann von meinem Vorhaben berichtete, in einem Buch über meine Arbeit als Mordermittler und Fallanalytiker auch seine Geschichte zu erzählen, war er sofort einverstanden, ohne auch nur Bedingungen zu nennen. Vielleicht sah er hierin auch die Chance einer späten Rehabilitierung.

Ich dachte über die Gründe meiner falschen Einschätzung nach und fragte mich, ob ich zu sehr den Einzelergebnissen der Spurenuntersuchung und der Kombination der verschiedenen Gutachten geglaubt hatte, statt auch andere Erklärungsmodelle zu verfolgen. Hätte es mich nicht wundern müssen, dass nur wenige violette und rote Fasern in Fritz Henkels Wohnung gefunden worden waren? Konnten die Fasern nicht auch durch sogenannte *berechtigte Kontakte* übertragen worden sein, also durch Kontakte im täglichen Leben? Oder war es bei der Untersuchung der zahlreichen Kleidungsstücke des Opfers und von Fritz Henkel zu ungewollten Fasertransfers gekommen?

Ein Fehler bei der Bewertung von Beweisen, den ich schon früher in komplexen Ermittlungsverfahren beobachtet hatte: Informationen, die die eigene These zu bestätigen scheinen, werden stärker gewichtet als widersprechende. Aber diese Erklärungsversuche halfen jetzt auch nicht weiter. In Bezug auf die Ermittlung des

DIE FRÜCHTE DER FORSCHUNG   227

wahren Täters sollte die Vergangenheit natürlich nicht
ruhen. Mit dem neuen DNA-Profil sollte dieses auch
möglich sein – auch wenn das Muster des Täters bisher
noch nicht in der DNA-Datei eingestellt war. Das bedeutete, dass von Wilhelmine Heuers Mörder wegen eines
anderen Verbrechens die DNA noch nicht festgestellt
worden war.

Ich hatte inzwischen die Mordkommission verlassen
und war seit 2004 Leiter der Operativen Fallanalyse. Gemeinsam mit meinen Kollegen begann ich die Fakten
des Falles im Rahmen einer Analyse noch einmal neu zu
bewerten.

Als Erstes informierten wir uns ausführlich über die
Details des lange zurückliegenden Falles: suchten den
früheren Tatort auf, werteten Tatortbefundbericht, Spurensicherungsbericht, Obduktionsprotokolle und die
Tatortfotos aus. Zudem besprachen wir mit einem
Psychiater, einem Sexualmediziner und einem Rechtsmediziner das Verhalten des Täters und schätzten seine
Persönlichkeit ein. Unser interdisziplinärer Ansatz erlaubt es, menschliches Verhalten aus unterschiedlichen
Blickwinkeln zu betrachten und es in eine umfassendere
Struktur zu bringen als bei meinem lang zurückliegenden Versuch in der Mordkommission. Hierin liegt ein
großer Vorteil der Fallanalyse gegenüber der herkömmlichen Arbeit auf der Spur: Subjektive Einschätzungen
zu Tatgeschehen und Verhalten von Verdächtigen, wie
sie sich bei der unmittelbaren Fallarbeit einer Mord-

kommission gar nicht vermeiden lassen, entfallen und werden durch eine zwar praxisnahe, aber insgesamt analytischere Herangehensweise ersetzt.

In einem zweiten Schritt begannen wir internationale Studien über Tötungsdelikte an alten Frauen über sechzig Jahren, über Sexualstraftäter und Muttermörder auszuwerten, um Parallelen zum Täterverhalten im Fall Wilhelmine Heuer zu ziehen. Es zeigte sich, dass die Sexualmörder häufig das Opfer kannten und in seiner Nähe wohnten. Daher waren sie von den Opfern in die Wohnungen eingelassen worden beziehungsweise hatten sich durch offene Türen oder Fenster Eintritt verschafft. Die Täter hatten fast immer impulsiv und desorganisiert gehandelt, die Opfer überraschend angegriffen und ihnen massive und multiple Verletzungen zugefügt. Als Todesursache kamen – fast immer in Kombination – Erwürgen und Erdrosseln sowie scharfe oder stumpfe Gewalt (Erstechen oder Erschlagen) vor, häufig exzessiv und als Übertöten. Manchmal waren die tödlichen Verletzungen auch begleitet von Genitalverletzungen und Verstümmelungen. Nur in seltenen Fällen waren die Opfer erschossen worden. Obwohl in drei Viertel aller Fälle die Täter Geld und Wertsachen mitgenommen hatten, standen sexuelle Handlungen und Verletzungs- und/oder Tötungsabsicht im Vordergrund. Die Opfer waren am letzten Aktionsort des Täters liegen gelassen worden, waren ganz oder zum Teil entkleidet und sehr häufig sexuell – manchmal auch postmortal – missbraucht wor-

DIE FRÜCHTE DER FORSCHUNG 229

den: vaginale und anale Penetration, Einführen von Gegenständen.

Das Durchschnittsalter der Täter betrug circa siebenundzwanzig Jahre und umfasste die Altersspanne von fünfzehn bis sechzig Jahren. Viele von ihnen hatten Alkohol- und Drogenprobleme, keine Ausbildung und Arbeit. Neunzig Prozent der Täter hatten Vorstrafen wegen Einbruchs, aber nur jeder Fünfte wegen früherer Sexualdelikte.

Da bei einem Mord an einer alten Frau für das Täterprofil immer geprüft werden muss, ob der Täter eventuell negative frühkindliche Erfahrungen mit der Mutter auf das deutlich ältere Opfer projiziert hat, setzte ich mich auch mit dem Phänomen des symbolischen Muttermordes (Fachbegriff: *chiffrierter Matrizid*) auseinander. Aus psychodynamischer Sicht ist die Tötung dabei der Versuch, die eigentlich gegen die Mutter gerichteten aggressiven Gefühle auf eine andere und als weniger bedrohlich erlebte Person zu übertragen.

Da es zu diesem Thema keine eigenen Studien, sondern lediglich psychiatrische Fallbeschreibungen gab, griff ich auf eine kanadische Studie über Elternmorde zurück und übertrug diese auf unseren Fall.

Ich erfuhr, dass in den Jahren 1990 bis 2005 von 720 im häuslichen Umfeld getöteten Opfern in nur 64 Fällen ein Elternteil ermordet worden war. Dabei handelte es sich zu sechzig Prozent um Vatermord (*Patrizid*) und zu vierzig Prozent um Muttermord (*Matrizid*), während die

Tötung von beiden Eltern die Ausnahme bildete. Täter war fast immer der Sohn, nur in vier Fällen die Tochter. Von den Müttern wurden die meisten zu Hause getötet; rund siebzig Prozent der Täter lebten mit den Opfern zusammen. Sie benutzten vornehmlich die unmittelbaren Tötungsarten Erschlagen, Erstechen, Erschießen und Erwürgen/Erdrosseln, so gut wie nie griffen sie zu Gift. Das Alter der Täter lag zwischen 15 und 58 Jahren, das Durchschnittsalter betrug 30 Jahre.

Mit diesen Informationen zogen meine Kollegen und ich uns in unser Besprechungszimmer zurück – ein vom allgemeinen Dienstbetrieb abgeschiedener Kellerraum ohne Telefon, dafür mit viel Platz. Auf großen Packpapierbögen notierten wir die einzelnen Täterentscheidungen, prüften ihre Plausibilität und diskutierten verschiedene Erklärungsmöglichkeiten des Täterverhaltens. Schließlich entstand ein Gesamtbild, von dem wir meinten, dass es dem Geschehen vor fast zwanzig Jahren sehr nahe kam:

Der Täter hat sich am Abend durch Klingeln oder Klopfen bei Wilhelmine Heuer bemerkbar gemacht und ist von ihr in den Laden eingelassen worden. Eine scheinbar belanglose Entscheidung, da der Täter das Geschäft ohne einen besonderen Tatplan aufsucht.

Er nimmt eine Flasche Korn aus einem Regal – oder lässt sie sich geben – und stellt sie auf dem Tresen ab. Die Flasche ist sozusagen sein Entree. Wilhelmine Heuer

Die Früchte der Forschung   231

macht ihm Vorhaltungen, worauf es zum Streit kommt.
Was folgt, ist ein Bruch in dem vom Täter beabsichtigten
Handlungsablauf, das Geschehen eskaliert. Der Täter
packt sie an der Kleidung und zerrt sie in den Nebenraum. Dabei reißt er ihr die Knöpfe von Kittel und Bluse.
Er versetzt der alten Frau einen Schlag gegen den Kopf,
ihre Augenbraue platzt auf, sie stürzt zu Boden und
schlägt mit dem Hinterkopf gegen einen Heizkörper. Sie
wird bewusstlos. Dann beginnt der Angreifer Wilhelmine Heuer zu würgen. Als bei der alten Frau nach einigen Minuten präfinale Schnappatmungen und Krämpfe
einsetzen, fürchtet der Täter, dass sie auf diese Weise
nicht sterben wird. Also holt er das Handtuch und den
Spanngurt und drosselt das Opfer.

Zu diesem Zeitpunkt sind bei dem Täter bereits latent
sexuelle Vorstellungen vorhanden, auch wenn sie nicht
der Anlass waren, Wilhelmine Heuer zu später Stunde im
Laden aufzusuchen. In seinem Kopf nimmt ein Szenario
Gestalt an: alte Frau – Positionieren – Beine spreizen –
orales/vaginales Einführen seines Penis oder eines Ge-
genstandes. Seine Phantasien sind jedoch eher diffus
und stellen kein vorher genau festgelegtes Ritual dar.
Sind möglicherweise von Wut und Aggressionen überlagert. Bald beginnt der Täter, seine latenten Phantasien
zu verwirklichen, befriedigt sich anschließend selbst und
wischt sein Sperma an der Kleidung des Opfers ab.

Im Anschluss an Mord und Masturbation gewinnt
der Täter schnell wieder die Übersicht und zeigt ein kon-

sequentes Nachtatverhalten: Er verlässt den Nebenraum und beginnt mit der schnellen und oberflächlichen Durchsuchung des Ladens und der Wohnung. Auf dem Weg in die Wohnung betätigt er die Kippschalter im Sicherungskasten, um das Licht im Laden auszumachen, und schaltet dabei versehentlich die beiden Heizstrahler ein. Das Licht in der Wohnung löscht er über die Lichtschalter. Danach versichert er sich über die Gegensprechanlage, dass sich niemand im Treppenhaus aufhält, und flüchtet unerkannt – eventuell mit fast 3 000 Mark. Die Motivation für seine Tat ist breit gefächert: Macht, Dominanz, sexuelle Befriedigung und eventuell Bereicherung. Dabei sticht das sexuelle Element aus dem Motivbündel nicht hervor.

Nach und nach bekam das Profil des Täters Konturen:

- Alter zwischen Mitte zwanzig und Mitte dreißig (aufgrund seines stringenten Nachtatverhaltens hielten wir einen jüngeren Täter für unwahrscheinlich),
- kannte das Opfer, sah es häufig in Alltagssituationen und wohnte in seiner Nähe,
- Stammkunde bei Wilhelmine Heuer und schuldete ihr Geld,
- litt an mangelnder Selbstsicherheit und lebte oder lebt gegebenenfalls mit einer älteren dominanten Frau (Mutter oder Großmutter) zusammen beziehungsweise ist auf alte Frauen fixiert,

DIE FRÜCHTE DER FORSCHUNG   233

- stammt aus einem sozial schwachen Milieu, übt eine einfache berufliche Tätigkeit aus oder ist arbeitslos,
- keine oder nur geringe polizeiliche Vorerkenntnisse: kein klassischer Sexualtäter, eventuell Körperverletzungsdelikte, Sachbeschädigung, Diebstahl, Trunkenheitsdelikte,
- eine Alkohol-, Medikamenten- oder Betäubungsmittelabhängigkeit ist möglich, der Täter war aber vermutlich nicht deshalb in psychiatrischer Behandlung.

Parallel hatten Staatsanwaltschaft und die Mordkommission ihre Arbeit am sogenannten *Cold Case* wieder aufgenommen und die Fallspuren von vor fast zwanzig Jahren aktualisiert. Bei den aktuellen Überprüfungen war auch von Bernd Holstein, dem Enkel der besten Freundin von Wilhelmine Heuer, eine Speichelprobe genommen worden. Das Ergebnis der DNA-Untersuchung zeigte, dass es sein Sperma war, das am Rock des Opfers gesichert worden war. Gegen ihn bestand jetzt ein dringender Tatverdacht.

Bernd Holstein war bereits einige Monate nach der Tat überprüft worden, da er Schulden beim Opfer gehabt hatte und in ihrem Geburtstagskalender eingetragen war. Obwohl auch er Blutgruppe AB aufwies, hatten wir ihn damals aus dem Kreis der Verdächtigen ausgeschlossen, weil seine Großmutter und seine Verlobte ihm für die Tatzeit ein Alibi gegeben und ausgesagt hatten, sich an

dem besagten Abend angeblich zu dritt bei der Großmutter aufgehalten zu haben. Zur Tatzeit war Bernd Holstein neunundzwanzig Jahre alt.

Bernd Holstein bestritt in seiner erneuten Vernehmung
die Tat und behauptete, schon mehrere Jahre vor dem
Tod von Wilhelmine Heuer ihren Laden nicht mehr betreten zu haben.

In der Gerichtsverhandlung sah ich den Täter zum ersten Mal, da ich ja nicht mehr Mordermittler, sondern
Fallanalytiker war. Bernd Holstein leugnete die Tat vor
Gericht weiter und überraschte immer wieder mit neuen
Erklärungsversuchen, die er, wie es der Staatsanwalt tref-
fend formulierte, »stets dem Stand der Ermittlungen
anpasste«. Zu guter Letzt gab er an, seit frühester Kindheit von Wilhelmine Heuer sexuell missbraucht worden
zu sein. Das Sperma am Rock der Toten erklärte er mit
jahrelangem einvernehmlichen Sexualkontakt. Den Abschluss seiner wenig nachvollziehbaren Argumentation
bildete die Behauptung, er habe am Tattag nach dem Geschlechtsverkehr mit Wilhelmine Heuer beim Verlassen
des Ladens einen Mann hineingehen sehen, den er allerdings nicht näher beschreiben könne. Von Bernd Holsteins Anwalt wurde die Einlassung des Angeklagten
sinngemäß mit den Worten kommentiert, die späte
Rechtfertigung des Liebesverhältnisses sei nachvollzieh-
bar, denn eine Beziehung mit einer so viel älteren Frau
werde auch heute noch als peinlich empfunden. Wie viel
peinlicher müsse es deshalb für seinen Mandanten vor

Die Früchte der Forschung 235

zwanzig Jahren gewesen sein? Das Gericht mochte sich diesen Erklärungsversuchen nicht anschließen.

Auch von dem Wissenschaftler, der vor Jahren die Fasern von Wilhelmine Heuers und Fritz Henkels Kleidung untersucht hatte, kam keine Entlastung. In einem mündlich vorgetragenen Gutachten relativierte er seine damalige Aussage: Aufgrund von Massenanfertigungen und der damit einhergehenden weiten Verbreitung von Textilien könne es häufiger zur gleichen Zusammensetzung von Elementantragungen kommen. Faseruntersuchungen ließen somit keine eindeutige Aussage zu wie eine DNA-Untersuchung. Es gebe doch keinen chemischen Fingerprint bei Fasern. Diese Aussage bestätigte, was andere Sachverständige bereits früher gesagt hatten: Eine individuelle Zuordnung von Fasern zu einem bestimmten Textil ist nicht möglich.

Das Gericht verurteilte den Angeklagten wegen Mordes zu lebenslanger Haft. Er habe Wilhelmine Heuer getötet, um eine – wie auch immer geartete – sexuelle Manipulation zu verdecken. Die von Bernd Holsteins Anwalt beantragte Revision wurde vom Bundesgerichtshof verworfen. Das Urteil ist damit rechtskräftig.

Ich mochte mich lange nicht dazu durchringen, den Verurteilten im Gefängnis aufzusuchen und ihn zum Zwecke der Evaluation zu befragen. Was würde mir ein leugnender Mörder schon zum tatsächlichen Tatablauf sagen wollen? Schließlich entschied ich mich doch zu einem Besuch, denn ich wollte wissen, ob das von meinen Kollegen und mir erstellte Täterprofil auf ihn zutraf.

Tatsächlich war Bernd Holstein zu einem Gespräch bereit. Das änderte sich auch nicht, als ich ihm deutlich zu verstehen gab, dass ich seine Ausflüchte hinsichtlich seiner Unschuld nicht glaubte und aus Achtung vor dem Opfer auch nicht bereit war, mit ihm darüber zu sprechen. Diese Ansage schien den Mann zu beeindrucken, denn während unserer Unterhaltung schwieg auch er zu dem Thema.

Bernd Holstein erzählte, dass er zwar zunächst bei seinen Eltern gelebt hatte, dann aber bis zu seinem zehnten Lebensjahr bei seiner Großmutter aufgewachsen war. Gute Freunde habe er während seiner Kindheit und auch später als Erwachsener nie gehabt. Als die Familie aus beruflichen Gründen in den Süden von Deutschland zog und das familiäre Zusammenleben problematisch wurde, riss er kurz entschlossen von zu Hause aus und trampte zurück nach Bremen. Für eine längere Zeit zog er wieder bei seiner Großmutter ein, kehrte dann jedoch zu seinen Eltern zurück. Er besuchte die Hauptschule, die er in der achten Klasse ohne Abschluss verließ. Verschiedene Lehren u.a. als Bierbrauer und Einzelhandelskaufmann brach er frühzeitig ab – möglicherweise auch wegen eines Verkehrsunfalls mit seinem Motorrad, bei dem er kurz nach seinem achtzehnten Geburtstag schwere Kopfverletzungen erlitt.

DIE FRÜCHTE DER FORSCHUNG 237

Nach langen Rehamaßnahmen arbeitete er als Lkw-Fahrer für verschiedene Speditionen im gesamten Bundesgebiet. Da er Schwierigkeiten hatte, sein Leben zu ordnen, und Schulden anhäufte, entschloss er sich, wieder nach Bremen und vorübergehend zu seiner Großmutter zu ziehen.

Zur Tatzeit war Bernd Holstein verlobt. Da ihm seine Wohnung fristlos gekündigt worden war, lebte er mit der zehn Jahre jüngeren Frau wieder einmal bei seiner Großmutter. Von ihrer Wohnung war er auch zum Geschäft von Wilhelmine Heuer gegangen, um eine Flasche Korn zu kaufen. Angeblich für seine Großmutter, um sich bei ihr für die Aufnahme zu bedanken. Es war die Flasche, die wir am Tatort neben der Kasse fanden.

Einen Monat nach dem Mord heiratete Bernd Holstein seine Verlobte. Nach körperlichen Übergriffen und zahlreichen Affären wurde die Ehe jedoch zehn Jahre später geschieden. Bernd Holsteins Leben verlief weiterhin unstet: wechselnde Frauenbekanntschaften und Arbeitgeber, zwischen den Jobs Lkw-Fahrten quer durch Europa, Wohnen im Lkw.

Auch über seine Vorstrafen gab mir Bernd Holstein bereitwillig Auskunft: Bis zum Mord war er wegen Diebstahls, Urkundenfälschung, fahrlässiger Körperverletzung, Fahren ohne Fahrerlaubnis und Straßenverkehrsgefährdung verurteilt worden.

Zehn Jahre nach dem Mord an Wilhelmine Heuer hatte Bernd Holstein erneut eine Frau sexuell missbraucht. Dieses Mal eine Prostituierte, die in ihrem Wohnmobil Freier empfing. Nach Zahlungsstreitigkeiten sprühte er der Frau ein Reizgas ins Gesicht, würgte sie bis zur Bewusstlosigkeit und zerriss ihre Strumpfhose im Schambereich. Dann flüchtete er, konnte jedoch ermittelt werden, denn er hatte sein Portemonnaie und seinen Ausweis am Tatort vergessen. Für diese Tat wurde Bernd Holstein – obwohl er sie ebenfalls bestritt und vergeblich Revision beim Bundesgerichtshof einlegte – zu zwei Jahren und drei Monaten Haft verurteilt.

Fritz Henkel hingegen hat die Wende in dem Fall nicht mehr erlebt. Als ich ihn einen Tag nach dem DNA-Treffer im Seniorenheim besuchen und ihm die guten Nachrichten über seine endgültige Rehabilitierung erzählen wollte, war sein Stammplatz in der Raucherecke leer. Meine Befürchtung, zu spät gekommen zu sein, wurde schnell Gewissheit: Fritz Henkel war zwei Tage vor dem abschließenden DNA-Ergebnis gestorben. Drei Wochen später fand seine Beisetzung in einem anonymen Urnengrab statt. Nur eine Handvoll Menschen hatten sich mit mir an einem sonnigen Frühjahrsmorgen auf dem Friedhof versammelt, um ihn auf seinem letzten Weg zu begleiten.

Auch Fritz Henkel hatte wie Dawn A. – ohne es zu wissen und sicherlich auch zu wollen – Kriminalgeschichte geschrieben. Denn es war nicht nur die erste DNA-Untersuchung bei einem in Deutschland begangenen

DIE FRÜCHTE DER FORSCHUNG

Verbrechen, auch war Fritz Henkel der erste Tatverdächtige in Deutschland, dessen Unschuld mit einer DNA-Untersuchung bewiesen wurde.

Wer weiß, vielleicht wäre Fritz Henkel ohne die Berichterstattung über den Fall von Dawn A. und ohne den deshalb durchgeführten DNA-Test allein aufgrund der scheinbar schlüssigen Beweiskette verurteilt worden. Damit wäre er dann tatsächlich einem Justizirrtum – wie er immer behauptet hatte – zum Opfer gefallen.

Beziehungstod

Was heißt hier böse?

Ich kann mit niemandem darüber sprechen, deswegen muss ich mir jetzt endlich alles von der Seele schreiben. Ich liebe ihn, aber ich weiß einfach nicht mehr weiter. Wenn ich versuche, mit ihm über meine Angst zu reden, fühlt er sich angegriffen. Als ich ihm gestern Abend sagte, ich habe Angst, nur ausgenutzt zu werden, wollte ich ihn nicht kränken, doch ich befürchte eben, seine Liebe zu verlieren. Aber es ist ja schon zu viel für ihn, sich einmal in mich hineinzuversetzen. Oder erwarte ich einfach zu viel? Gehe ich von meiner Kraft und meinem Mut aus – ist das mein Fehler? Verlange ich wirklich zu viel? Diese ganzen Fragen.

Wann werde ich eine Antwort erhalten? Wann wird er bereit sein, sich zu ändern? Wie oft hat er mich verletzt, so dass ich Angst hatte, er könnte mich in seiner Wut umbringen? Doch immer wieder wollte ich an bessere Zeiten glauben. Wie kam ich nur auf den bescheuerten Gedanken, es könnte ihm helfen, wenn er mit mir weggeht? Wie konnte ich nur glauben, er würde so den Absprung schaffen? Ich weiß nicht mehr, was ich machen soll. Am liebsten wäre ich tot. Ich habe einfach keine Kraft mehr. Ich fühle mich so unendlich einsam und habe Angst vor der Zukunft. Warum soll es überhaupt noch eine Zukunft geben? Wofür eigentlich?

Ich mache doch einfach alles falsch. Ich will nicht mehr. Es wird Zeit, dass ich das bisschen Mut, das ich noch habe, zusammennehme und mir den besten Weg suche, um mein Leben zu beenden. Ich warte nur auf den richtigen Moment, nicht dass noch jemand versucht, mich aufzuhalten. Alles muss gut vorbereitet sein. Ich weiß, ich laufe feige davon, doch so kann ich wenigstens niemandem mehr weh tun. Vielleicht wird mal jemand diesen Brief lesen, doch dann werde ich schon nicht mehr leben.

Als ich knapp anderthalb Monate später den Hilferuf von Angelika Roth in meinem Büro las, hatte sich ihre düstere Prophezeiung erfüllt. Angelika Roth war tot. Doch nicht, weil sie »feige davongelaufen«, sondern weil sie ermordet worden war.

Begonnen hatte der Fall Angelika Roth mit einer Vermisstenanzeige. Scheinbar ein Routinefall, denn bei konstant rund 6 500 vermissten Menschen in Deutschland gehen bei der Polizei täglich zweihundert neue Anzeigen über verschwundene Personen ein. Die Gründe für das Verschwinden sind unterschiedlich: Probleme mit dem Partner, Wunsch nach Freiheit und manchmal eben auch ein Verbrechen.

Doch die meisten Fälle gehen gut aus: Rund fünfzig Prozent der Vermissten kehren innerhalb der ersten Woche in ihre gewohnte Umgebung zurück, und nur etwa drei Prozent bleiben länger als ein Jahr verschwunden. Die Hälfte aller Vermissten sind Kinder und Jugendliche, gut ein Drittel ist weiblich.

Michael Roth war zu später Stunde angetrunken zur Polizei gekommen und hatte angegeben, dass seine Frau seit fünf Tagen spurlos verschwunden sei. Sie habe sich morgens gegen acht Uhr von ihm verabschiedet, um in ihr Büro zu fahren und dort letzte Vorbereitungen für eine mehrtägige Geschäftsreise nach Berlin zu treffen. Entgegen ihrer sonstigen Gewohnheit habe sich seine Frau seitdem nicht bei ihm gemeldet. Alle Versuche, sie telefonisch zu erreichen, seien vergeblich gewesen; ebenso Nachfragen bei ihrer Familie, bei Bekannten, in Krankenhäusern. Michael Roth konnte sich das Verhalten seiner Frau nicht erklären, mochte allerdings nicht ausschließen, dass sie Abstand von ihm brauchte, da sie in Scheidung lebten.

Die Beamten waren unsicher, was sie von der Anzeige halten sollten: Auf den ersten Blick sprach alles dafür, dass Angelika Roth tatsächlich den Kontakt zu ihrem Mann abgebrochen hatte. Somit lag auch kein klassischer Vermisstenfall vor. Die Polizei sieht eine Person nur dann als vermisst an, wenn sie ihren gewohnten Lebenskreis verlassen hat, ihr Aufenthalt unbekannt ist und ein außergewöhnliches Geschehen wie Verbrechen, Unfall oder Suizid nicht auszuschließen ist. Trotz dieser fehlenden Alarmsignale hatten die Beamten die Vermisstenanzeige aufgenommen und sie an die Vermisstenstelle der Kriminalpolizei weitergeleitet.

Als dort meine Kollegen bei der Befragung von Michael Roth Zweifel an seiner Aussage bekamen und instinktiv ein Verbrechen für möglich hielten, gelangte der Fall Angelika Roth auf meinen Schreibtisch.

Schnell wurde mir klar, dass Michael Roth sich widersprüchlich verhielt: Einerseits scheinbar besorgt, hatte er andererseits erst auf Druck seiner Schwiegereltern die Polizei informiert. Ein Verhalten der Unentschlossenheit, das ich bereits kannte und später noch einige Male bei ähnlich gelagerten Taten erleben sollte: Täter, die spontan, also aus der Situation heraus, einen ihnen nahestehenden Menschen getötet haben und quasi aus dem Stand gegenüber Familie und Freunden dessen plötzliches Verschwinden erklären müssen, befinden sich in einem Erklärungsnotstand. Zwar legen sie für Außenstehende bei ihrer vermeintlichen Suche einen beeindruckenden Aktivismus an den Tag, doch meiden sie gezielt diejenigen, die ihnen am meisten helfen könnten, wären sie denn tatsächlich auf der Suche: die Polizei. Erst wenn Freunde und Familie trotz aller Erklärungsversuche, Suchinszenierung und Verzögerungstaktiken langsam Verdacht schöpfen und auf eine Anzeige drängen, sehen die Täter nur noch einen Ausweg aus dem Dilemma: Sie fügen sich dem Unvermeidlichen und erstatten eine Vermisstenanzeige. Gegenüber den Beamten spinnen sie die begonnene Lügengeschichte weiter, produzieren manchmal sogar Lebensbeweise und – begehen dabei zwangsläufig Fehler. Fehler, wie sie bei jeder Inszenierung vorkommen. Ist die Polizei jedoch erst einmal eingeschaltet, verlieren die Täter die Herrschaft über ihre Inszenierung, da die Beamten die Plausibilität der Angaben überprüfen und dabei zwangsläufig auf Logikbrüche stoßen.

Davon war bei der Vernehmung des fast fünfunddreißigjährigen Mannes zunächst nichts zu spüren. Sosehr ich auch darauf achtete, Michael Roth zeigte sich selbstbewusst und ließ keine Schwachstellen erkennen bei der Schilderung seiner Anstrengungen, seine Frau zu finden. Letztlich war es gerade diese Souveränität, die meine Zweifel bestärkte, zumal ich seine Sorge als beinahe geschäftlich und routiniert empfand – ohne tatsächliche Empathie. Michael Roth sprach von großen Missverständnissen in der Ehe, räumte Streitigkeiten ein, machte den großen Altersunterschied von über zehn Jahren für das Scheitern der Beziehung verantwortlich, schilderte den beruflichen Erfolg seiner Frau und versuchte seine eigene Stagnation im Job zu erklären. Auch versäumte er nicht, darauf hinzuweisen, dass er am Vorabend ihres Verschwindens noch eine Aussprache mit seiner Frau über gemeinsame Zukunftsperspektiven gehabt habe und sie beinahe noch miteinander geschlafen hätten. Er sei derjenige gewesen, der diese Situation nicht habe ausnutzen wollen und sich deswegen verweigert habe. Deshalb könne es auch gar nicht sein, dass seine Frau einen anderen habe. Dieser selbstlose Verzicht war für mich eine weitere Diskrepanz in seinem Verhalten: Wie viele Männer würden in einer vergleichbaren Situation auf einen »Versöhnungsbeischlaf« verzichtet haben? Weiterhin zählte er mir nahezu minutiös auf, was er wann und wo unternommen habe. Eigentlich hatte er nach seinen Schilderungen alles getan, was jemand bei der Suche nach seiner Frau tun konnte. Mit einer Ausnahme: Er hatte nicht in ihrem Büro nachgesehen, ob es dort Hinweise auf ihren Aufenthaltsort gab.

Also bat ich meine Kollegen, dorthin zu fahren. Als ich wenig später einen Anruf erhielt, unterbrach ich die Vernehmung und fuhr zum Tatort.

Meine Kollegen hatten die Tür verschlossen vorgefunden und sie von einem Schlüsseldienst öffnen lassen. Das Büro war von den anderen Räumlichkeiten der Firma abgetrennt, deshalb war niemandem etwas aufgefallen. Als ich eintraf, lag Angelika Roth rücklings auf einem Schreibtisch. Sie war erdrosselt worden. Ein Gürtel, der zu den Drosselspuren am Hals passte, lag direkt neben der Toten. Zudem hatte der Täter ihren Kopf mehrmals so heftig auf die Schreibtischplatte geschlagen, dass die Kopfschwarte bis zum Schädelknochen aufgeplatzt war. Für mich ein Hinweis auf eine spontane eruptive Gewalt, wie sie auch für Beziehungstaten typisch ist. Spuren für ein anderes Motiv fanden wir nicht: Die Kleidung war geordnet – kein hochgeschobener Rock, keine aufgerissene Bluse oder sonstige Anzeichen für ein Sexualdelikt –, die vorhandene Handtasche enthielt Wertsachen, was einen Raubmord nahezu ausschloss, und das Büro wirkte nicht durchsucht.

Das Ergebnis der anschließenden Spurensuche war

eher ernüchternd: keine verwertbaren Spuren, außer den deutlich zu erkennenden Blutspuren – alle vom Opfer –, fanden meine Kollegen im Papierkorb zwischen der Geschäftspost vom Tage ihres Verschwindens viele sehr kleine Papierschnipsel. Hier hatte offenbar jemand ein Schriftstück nicht nur sprichwörtlich in tausend Stücke gerissen. Die Schnipsel konnte ein Kollege der Mordkommission weitgehend zusammensetzen – zu einem Brief von Angelika Roth. Anscheinend an ihren Mann.

Etwa zwei Stunden später kehrte ich in den Vernehmungsraum zurück und informierte Michael Roth über den Tod seiner Frau, ohne dabei erst einmal zu verraten, unter welchen Umständen seine Frau gestorben war. Konkret interessierte mich seine Reaktion auf diesen Schicksalsschlag. Doch der Mann nahm meine Mitteilung scheinbar ungerührt und kommentarlos hin und stellte auch keine Fragen nach dem Wie, Wann und Wo der Tat. Für mich erneut ein sehr auffälliges Verhalten: Verhielt sich so ein besorgter Ehemann, der trotz aller Konflikte alles unternommen hatte, um seine verschwundene Frau zu finden? Bislang hatte er ja nicht einmal die Angst geäußert, ihr könne etwas zugestoßen sein. Ich fragte Michael Roth nach den Gründen seines Desinteresses. Aber auch jetzt wollte er keine Details wissen.

Häppchenweise schilderte ich ihm nun die näheren Umstände der Tat. Erst jetzt zeigte Michael Roth eine emotionale Reaktion: schluchzte, verbarg sein Gesicht in den Händen und verharrte für wenige Momente in dieser Stellung. Doch war seine Trauer tatsächlich echt? Auf mich wirkten seine Regungen aufgesetzt und einstudiert. Ganz anders als sonst bei Menschen, denen ich eine Todesnachricht überbringen musste.

In den nächsten Stunden wiederholte Michael Roth konsequent stereotyp Fragmente seiner ursprünglichen Aussage: »Ich habe gehofft, dass wir wieder zueinanderfinden.« »Ich habe sie überall gesucht.« »Nein, ich habe mit dem Tod meiner Frau nichts zu tun.« Im Büro seiner Frau habe er nicht gesucht, da er doch keinen Schlüssel dafür habe. »Wie sollte ich denn auf die Idee kommen, hinter einer verschlossenen Tür zu suchen?!«

Trotz seiner Erklärungsversuche und Trauerbekundungen verstärkte sich mein Gefühl, dass Michael Roth seine Frau getötet und die Suche nach ihr lediglich inszeniert haben könnte. Dieser Verdacht erhielt neue Nahrung, als meine Kollegen auf der Suche nach Hinweisen in der Wohnung von Michael Roth Geschäftspost fanden, die nach dem Verschwinden von Angelika Roth an die Firmenadresse geschickt worden war. Als ein Kollege und ich Michael Roth auf den Fund ansprachen, versuchte er diesen Umstand als völlig normal darzustellen: Schließlich besitze er doch einen eigenen Briefkastenschlüssel, da habe er die Schreiben an sich genommen, um Hinweise auf den Aufenthalt seiner Frau zu finden. Als Beweis für seine Aussage löste er von seinem Schlüsselbund einen Schlüsselring, an dem ein einzelner abgewetzter Briefkastenschlüssel hing.

Heute weiß ich, dass es ausschließlich mein Misstrauen war, als ich Michael Roth nach fast sechs Stunden Vernehmung über seine Rechte als Beschuldigter belehrte und ihn Stunden später nachts um halb drei wegen Mordverdachts vorläufig festnahm. Außer der ungeklärten Herkunft der Post lag bis dahin kein konkreter Beweis gegen ihn vor. Trotzdem erließ der zuständige Vorermittlungsrichter den Untersuchungshaftbefehl. Was nun folgte, war ein beispielloser Indizienprozess, bei dem ein Briefkastenschlüssel die zentrale Rolle spielte.

Nach und nach kristallisierte sich bei den Befragungen von Angelika Roths Angestellten heraus, dass diese ihrem Mann misstraut und aus Furcht, er könnte ihr Leben ausspionieren und kontrollieren, Vorsorge getroffen hatte. Dazu hatte sie unter anderem den einzigen existierenden Briefkastenschlüssel zusammen mit dem Büroschlüssel an einem Schlüsselring befestigt und an ihren Schlüsselbund gehängt. Die Zeugen beschrieben die deutlichen Gebrauchsspuren auf dem Schlüssel und berichteten weiter, Angelika Roth habe ihnen nur selten den Schlüsselbund gegeben, mit der Bitte, ihren Briefkasten zu leeren.

Zwar war der Schlüsselbund bei der Tatortarbeit gefunden worden, doch der von den Zeugen beschriebene Ring mit den beiden Schlüsseln fehlte. Das konnte nur bedeuten, dass der Täter den Schlüsselring vom Bund gelöst und an sich genommen hatte, um Angelika Roth im Büro einzuschließen und die Post aus dem Briefkasten zu nehmen. Für mich eine wichtige Aussage zum Täter: Hätte ein Fremder nicht den kompletten Schlüsselbund statt des Schlüsselringes an sich genommen, um Angelika Roth im Büro einzuschließen? Weshalb also nur die beiden Schlüssel? War diese Entscheidung nicht ein Beweis dafür, dass der Täter die Bedeutung beider Schlüssel genau kannte und wusste, zu welchem Schloss sie gehörten? Das galt allerdings nicht nur für den Ehemann, sondern auch für die Kollegen des Opfers.

Mit dieser Arbeitshypothese begannen meine Kollegen und ich, die Alibis der Mitarbeiter und die Geschichte des Briefkastenschlüssels zu rekonstruieren. Ohne Probleme stellten wir fest, dass alle Angestellten am Tattag bereits gegen sieben Uhr gemeinsam zu einer zweitägigen Verkaufsaktion außerhalb von Bremen gefahren waren. Und auch die Richtigkeit der Aussagen zu dem Briefkastenschlüssel bestätigte sich schnell: In allen, auch früheren, Übergabeprotokollen der Mietverträge war stets nur ein einziger Briefkastenschlüssel aufgeführt. Da ich nicht ausschließen wollte, dass möglicherweise ein nachträglich angefertigter zweiter Schlüssel existierte, suchte ich die ehemaligen Vormieter des Büros und deren Angestellte auf, die nahezu in ganz Deutschland verteilt waren. Das eindeutige Resultat: Es gab nur diesen einen Schlüssel.

Auch das von Michael Roth skizzierte Bild über sich und die Ehe erschien nach den Aussagen ihrer Familie und von Freunden in einem anderen Licht:

Angelika Roth lernt Michael Roth während ihrer gemeinsamen Tätigkeit als Verkäufer von Messeartikeln kennen. Der Mann macht großen Eindruck auf die Mitte Zwanzigjährige, aber unerfahrene Frau: groß und stattlich, lebenserfahren und selbstbewusst. Bereits nach einem Monat gibt sie seinem Werben nach und heiratet ihn gegen den Rat aller. Allerdings begreift Angelika Roth schon wenige Tage nach der Heirat, wie sehr sie sich geirrt hat. Der scheinbar freundliche und liebevolle Ehemann mutiert zu einem geltungssüchtigen, selbstverliebten, leicht kränkbaren, jähzornigen und eifersüchtigen Narzissten. Sie erfährt außerdem, dass er seit Jahren Heroin konsumiert, trinkt und diverse Entzugstherapien abgebrochen hat.

Als der jungen Frau bald darauf eine Stelle in Bremen als Büroleiterin offeriert wird, nimmt sie das Angebot an und zieht in der Hoffnung, ihre Beziehung werde sich bessern, zusammen mit ihrem Mann um. Die Situation ändert sich grundlegend, als aus der unselbständigen Ehefrau und gleichberechtigten Kollegin eine selbstbewusste, toughe Chefin wird, die statt Familienleben beruflichen Erfolg sucht. Die folgenden Wochen erlebt Michael Roth – wie er in seiner Aussage betonte – als kränkend, und es gelingt ihm nicht, sich an die neue Rollenverteilung zu gewöhnen. Sein Anspruch, kraft Ehe zweiter Chef zu sein, wird weder von seiner Frau noch von den Mitarbeitern akzeptiert. Verletzt in seiner Eitelkeit, beginnt er ihr Leben auszuforschen und ist von der irrationalen Annahme getrieben, sie könne ihn betrügen.

Als eines Tages mehrere Tausend Mark aus der Firmenkasse fehlen und sich der Verdacht gegen Michael Roth richtet, reicht es seiner Frau. Sie entlässt ihren Mann, fordert ihn auf, sich erneut einer Therapie zu unterziehen, und droht bei einem Scheitern mit der Scheidung. Da er Besserung verspricht, bleibt sie in der gemeinsamen Wohnung. Doch die Hoffnung auf ein jetzt normales Eheleben zerbricht schnell: Michael Roth beendet auch diese Therapie vorzeitig, trinkt mehr denn je, bedroht und schlägt seine Frau. Sie sucht Schutz bei einer Freundin, kehrt nach wenigen Tagen jedoch wieder zu ihm zurück.

Drei Wochen später dasselbe Szenario: Angelika Roth flüchtet erneut, kann sich auch dieses Mal nicht zu einer endgültigen Trennung durchringen – glaubt abermals seinen Versprechungen und kehrt zu ihrem Mann zurück. Statt sich zu ändern, steigert sich Michael Roth in seinen Überwachungswahn. Von Angelika Roths Freunden erfahre ich, dass sein Verhalten dem eines *kontrollierenden Stalkers* entspricht: Er durchsucht ihre Handtasche, liest ihre Post, bombardiert sie mit Anrufen, erscheint unangemeldet in ihrem Büro, überwacht sie förmlich auf Schritt und Tritt, macht sie vor anderen schlecht. Offenbar kann er nicht akzeptieren, dass sie ein eigenes Leben führen will. Stattdessen gefällt er sich in der Rolle des Missverstandenen und Zurückgesetzten.

In diesen Hintergrund lässt sich Angelika Roths Brief leicht einfügen. Ihre Worte lassen erkennen, dass sie in ihrer Verzweiflung die Erniedrigungen hinnimmt und die Schuld auf sich überträgt. Sie schreibt den Hilferuf an sich selbst und versucht, sich mit Tabletten das Leben zu nehmen. Doch ihre Verzweiflungstat führt zu einem heilsamen Schock. Angelika Roth erkennt in dieser Situation, dass nicht sie, sondern ihr Mann beziehungsunfähig ist.

Als sie die Demütigungen und das Selbstmitleid ihres Mannes nicht länger ertragen kann, sucht sie ohne sein Wissen einen Anwalt auf, reicht die Scheidung ein, mietet eine eigene Wohnung und bereitet ihren Auszug vor. Am Tattag fährt sie in ihr Büro, um letzte Vorbereitungen für die mehrtägige Geschäftsreise zu treffen. Hier schreibt sie einen zweiten Brief. Diesmal an Michael Roth. Darin erklärt sie die Ehe für gescheitert und fordert ihren Mann auf, noch vor ihrer Rückkehr von der Geschäftsreise die Wohnung zu verlassen. Diesen Brief fanden wir später zerrissen im Papierkorb in ihrem Büro.

Der genaue Tathergang lässt sich nicht faktisch belegen, doch ich bin mir sicher: Michael Roth sucht Angelika Roth an diesem Vormittag in ihrem Büro auf, und es kommt zur finalen Aussprache. Sie gibt ihm den Brief, den er liest, zerreißt und in den Papierkorb wirft. Als sie nicht einlenkt und sich weigert, ihre Entscheidung zurückzunehmen, schlägt er in schierer Raserei ihren Kopf auf die Schreibtischplatte und erdrosselt sie dann.

Getrieben von gekränkter Eitelkeit und Wut. Dann, nachdem der Zorn so weit abgeebbt ist, dass die praktischen Notwendigkeiten in den Vordergrund treten, nimmt er die beiden Schlüssel an sich, schließt die Tote ein, wirft den Büroschlüssel weg und leert in den folgenden Tagen den Briefkasten – nahezu panisch sucht er in ihrer Korrespondenz nach Beweisen für die Untreue seiner Frau.

Sein über den Tod von Angelika Roth hinausgehendes Kontrollbedürfnis – dokumentiert durch den alten abgewetzten Briefkastenschlüssel und die in seiner Wohnung gefundene Geschäftspost – wird Michael Roth in der Gerichtsverhandlung zum Verhängnis. Alle Ausreden schützen ihn nicht vor einer Verurteilung zu elf Jahren Gefängnis wegen Totschlags.

Opfer in einem anderen Fall: Anna Hillmann, 21, Verkäuferin. Agil, lebenslustig und geistig gewandt. Sucht die Abwechslung, geht gerne aus, kontaktfreudig.

Täter: Peter Zettel, 23, zwei Geschwister, wenig frühkindliche Förderung. Sonderschüler mit Abschluss nach zehn Schuljahren. Keine Lehrstelle, ungelernter Hafenarbeiter, zur Tatzeit im Schichtdienst als Wachmann. Verschlossenes Wesen, zurückhaltend, ausgeglichen, hilfsbereit, lehnt Gewalt ab. Bleibt gerne zu Hause und sieht fern.

Anna Hillmann ist für Peter Zettel die erste »richtige Freundin«. Nach ihrer Verlobung ziehen beide in die

Souterrainwohnung im Hause seiner Großeltern. Als Anna Hillmann eine Fehlgeburt erleidet, treten erste Spannungen in der bis dahin harmonischen und gewaltfreien Beziehung auf. Die Gereiztheit verstärkt sich, als die junge Frau eine Stelle als Aushilfskellnerin in einer Diskothek annimmt und von jetzt an erst früh am Morgen nach Hause kommt, wenn ihr Verlobter zur Arbeit muss. Sie verliebt sich in den gleichaltrigen Discjockey des Lokals und beschließt bald darauf, sich von ihrem Verlobten zu trennen. Als sie ihm ihre Absicht morgens mitteilt und die Beziehung beendet, ist Peter Zettel entsetzt und hat kein Verständnis für ihre Pläne. Er bittet und bettelt, fleht sie an und versucht, sie umzustimmen. Doch Anna Hillmann bleibt entschlossen und teilt ihren Entschluss auch seiner Oma mit. Sie legt sich schlafen, um danach ihre Sachen zu packen.

Ohne es zu wissen, ist Anna Hillmann mit der angekündigten Trennung ein hohes Risiko eingegangen. Denn bereits mit der Verbalisierung der Trennungsabsicht beginnt für Frauen eine besonders gefährliche Zeit, und zwar unabhängig davon, ob es in der Beziehung zu Gewalt kam oder nicht. Dazu später mehr.

Wenige Stunden nach der Trennung kommt es zwischen den Ex-Partnern zu einem erneuten Streitgespräch. Der ansonsten stille und zurückhaltende Peter Zettel ist völlig überfordert: Er würgt Anna Hillmann bis zur Bewusstlosigkeit, greift nach einem »zufällig« neben dem Bett liegenden Stecheisen und sticht der Wehrlosen ins

Herz und in den Unterbauch. Anna Hillmann stirbt nach wenigen Minuten.

Kaum wird Peter Zettel klar, dass er seine Ex-Verlobte getötet hat, will er ebenfalls sterben. Hastig kritzelt er einen Abschiedsbrief, den er mit »Mein Geständnis« überschreibt:

> Was ich jetzt schreibe ist die Wahrheit. Ich Peter Zettel habe Anna Hillmann erwürgt aus nur einem Anlass: Ich liebe sie so sehr, dass ich nicht ertragen kann, dass sie mich verlassen will. Wegen eines Anderen (ein Schwein). Ich wollte nicht, dass sie mit dem Schwein zusammen-kommt, das anderen die Frau ausspannt. Da töte ich sie und mich lieber selbst.
> PS: Den Hund bitte zu guten Händen. Danke.

Er legt sich neben die Tote – um ihr im Tod nahe zu sein – und sticht sich mit der Tatwaffe in die Brust. Doch Peter Zettel wird nur ohnmächtig. Als er wieder erwacht und begreift, dass er nicht sterben wird, sticht er sich erneut in die Herzgegend und öffnet sich zusätzlich mit einer Rasierklinge beide Pulsadern. Wieder verliert er nur für kurze Zeit das Bewusstsein. Peter Zettel verlässt der Mut, er sieht keinen Sinn mehr darin, einen erneuten Selbstmordversuch zu unternehmen. »In meinem Kopf drehte sich alles und hämmerte wie verrückt.« Stattdessen traut er sich zu seiner Großmutter und bittet sie ohne weitere Erklärung, seine Verletzungen zu versorgen. Als sie ihn erschreckt fragt, was denn passiert sei, stammelt er nur etwas wie: »Anna ist tot.« Die Frau kann das nicht glauben. Sie rennt in den Keller und – informiert die Polizei.

In seinen Vernehmungen wollte Peter Zettel keinen Anwalt. Saß stattdessen in sich zusammengesunken und sprach mit leiser und tränenerstickter Stimme von gegenseitigen Beleidigungen. Außerdem versteifte er sich auf die Behauptung, seine Verlobte habe ihn angegriffen und er sich lediglich verteidigt. Als ich ihn bat, mir die Situation näher zu beschreiben, setzte er nur kurz an und schwieg dann für Minuten. Für mich ein Anzeichen dafür, dass Peter Zettel die geistige Beweglichkeit und auch die Phantasie fehlte, sich schnell auf unvorhergesehene Situationen einzustellen und eine *Geschichte* zu erfinden. Dann ging förmlich ein Ruck durch seinen Körper, und er revidierte seine Behauptungen. Mit nun wütendem, schmerzverzerrtem Gesicht schimpfte er drauflos, seine Verlobte habe ihn zutiefst gekränkt. Vor allem mit ihrem triumphierenden Ausruf, endlich jemanden gefunden zu haben, der sie »anständig fickt«: »Du bist doch nur ein Schlappschwanz. Hast nichts in der Hose außer einem zu kleinen Schwanz!«

Ob Anna Hillmann ihm diese Worte tatsächlich an den Kopf geschleudert und ihn damit in »seiner Männlichkeit gekränkt« hatte, kann niemand wissen, doch habe ich solche Rechtfertigungen auch von anderen Tätern in ähnlichen Situationen gehört – häufig allerdings erst nach der Besprechung mit ihrem Anwalt. Als Entschuldigung für ihr Handeln und in der Hoffnung, geringer bestraft zu werden.

Für Peter Zettel erfüllte sich diese Hoffnung. Zwar verurteilte das Gericht auch ihn wegen Totschlags, allerdings fiel seine Strafe mit sechs Jahren Gefängnis bei einem möglichen Rahmen von fünf bis fünfzehn Jahren noch relativ milde aus.

Es ist ein dunkler Wintertag, als sich die zweiundsiebzigjährige blonde Frau am späten Nachmittag schminkt, weiße Handschuhe überstreift, bequeme Laufschuhe und einen beigen Kamelhaarmantel anzieht, eine 9-mm-Pistole einsteckt und mit dem Wagen in ein Bremer Nobelviertel fährt. Hier wohnt Ingrid Brünjes seit ihrer Scheidung vor sieben Jahren mit ihrem zweiten Ehemann Herbert. Als die Frau klingelt, geht Herbert Brünjes zur Wohnungstür und sieht durch den Spion. Er kennt die Besucherin nicht und öffnet ihr arglos. Was jetzt folgt, gleicht einem Amoklauf: Die Unbekannte schießt sofort und tötet den Mann noch an der Haustür mit zwei Schüssen in Brust und Rücken. Dann stürmt sie in die Wohnung, trifft im Flur auf Ingrid Brünjes und streckt sie ebenfalls mit zwei tödlichen Schüssen nieder. Anschließend hält die Frau sich die Pistole an die Stirn und drückt ab – der Tod tritt sofort ein. Sechzig Sekunden nach dem ersten Schuss herrscht Totenstille in der Wohnung.

Während meine Kollegen und ich den Tatort untersuchten, standen wir zunächst vor einem Rätsel: drei Leichen und die blonde Frau, durch die Waffe neben ihr als Täterin zu erkennen. Ein völlig ungewöhnlicher Gewaltexzess für eine Frau, denn normalerweise sind Tötungsdelikte mit Schusswaffen und mehreren Opfern eine Männerdomäne. Umso überraschender, aber auch einleuchtend war des Rätsels Lösung: Als ein Spurensucher die blonde Frau im Mantel abtastete und in ihre Hosentasche griff, fühlte er ein männliches Glied. Schnell war die Identität der vermeintlichen Dame geklärt: Otto Rausch, der Exmann der acht Jahre jüngeren Ingrid Brünjes.

Sieben Jahre lag ihre Scheidung bereits zurück, als Otto Rausch seine frühere Frau und ihren neuen Ehemann und dann sich selbst erschoss. Ein Ausnahmefall bei der Tötung eines früheren Intimpartners, denn normalerweise birgt das erste Trennungsjahr für Frauen, die ihren Partner verlassen haben, das höchste Risiko, getötet zu werden.

Warum Otto Rausch zum zweifachen Mörder wurde und sich selbst tötete, darüber lassen sich nach dem Suizid des Täters nur Vermutungen anstellen. Normalerweise helfen Abschiedsbriefe oder Zeugenaussagen, das Motiv so weit einzukreisen, dass sich ein einigermaßen klares Bild ergibt. Doch Otto Rausch hatte zurückgezogen gelebt, mit niemandem über sein Vorhaben gesprochen und auch kein Schreiben hinterlassen. Bei meinen Hintergrundrecherchen erfuhr ich, dass er sich vom einfachen Heizungsinstallateur zum erfolgreichen Geschäftsmann hochgearbeitet und den Betrieb gemeinsam mit seiner Ehefrau geführt hatte. Als sich die wirtschaftliche Situation verschlechterte, überschrieb er aus haftungsrechtlichen Gründen seiner Frau Ingrid seinen Anteil und arbeitete danach als ihr Geschäftsführer und Angestellter. Angeblich hatte er mit ihr vereinbart, bei dem späteren Firmenverkauf den Erlös zu halbieren. Doch dazu kam es nicht: Statt zu teilen, hatte seine Ehefrau die Scheidung eingereicht und Herbert Brünjes geheiratet.

War es eine Reaktion auf die jahrelangen finanziellen Streitigkeiten mit seiner Frau, die in den vergangenen Monaten an Schärfe zugenommen hatten? War es die Gewissheit, im Leben gescheitert zu sein? War es sein Besitzanspruch und das Bewusstsein, den in seinen Augen legitimen Anspruch der alleinigen sexuellen Kontrolle über die Exfrau verloren zu haben? Oder war es – für mich die wahrscheinlichste Variante – ein Mix aus allen drei Motiven? Fest steht nur, dass es eine emotionale Tat war – trotz der kalkulierten Vorbereitung. Das zeigt allein die Tötung von Herbert Brünjes als im Grunde unbeteiligtem Dritten. Beteiligt war er allein aus der Sicht von Otto Rausch – als sein Konkurrent und gegenwärtiger Ehemann der Frau, die ihn verlassen und damit zurückgewiesen und gedemütigt hatte. Leider ist eine solche Tat keine Ausnahme, und oft fallen ihr nicht nur die neuen Partner, eben die verhassten Nachfolger zum

Opfer, sondern auch Kinder – vor allem Kinder aus früheren Beziehungen der Frau – die Stiefkinder der Täter. Auch das charakterisiert männliches Täterverhalten. Es sind ausschließlich Männer, die gleichzeitig mit der (Ex-) Partnerin auch andere töten, ehe sie sich suizidieren.

Hierbei handelt es sich weniger um klassische Mitnahmesuizide, bei denen die häufig depressiven Täter sich zur Selbsttötung entschlossen haben und einen geliebten Menschen aus einer Art Verantwortungsgefühl mit in den Tod nehmen. Vielmehr haben wir es hier mit »normalen« Tötungsdelikten von »Lebensbankrotteuren« zu tun: Das Opfer soll zerstört werden, der anschließende Suizid(versuch) ist nur eine zusätzliche Variante dieses absoluten Vernichtungswunsches. Aus diesem Grunde wird in der amerikanischen Fachliteratur bei solchen Fällen auch von *murder-suicide* gesprochen.

Als Erna Rosen starb, war sie fast fünfundsechzig Jahre alt: klein, ausgemergelt, wehrlos. Zwei Jahre zuvor hatte sie den fast zwanzig Jahre jüngeren und frisch geschiedenen Bertold Heindel bei sich aufgenommen und mit ihm ihr kleines Gartenhäuschen in einer Laubenkolonie geteilt.

Die Beziehung steht – nicht nur wegen des großen Altersunterschiedes – von Anfang an unter keinem glücklichen Stern, denn beide sind Alkoholiker, und ihr Zusammenleben ist geprägt von täglicher Gewalt. Während Erna Rosen in nüchternem Zustand ihren Haushalt halb-

wegs in Ordnung halten und den Lebensgefährten be-
muttern kann, schafft sie das betrunken nicht mehr.
Jedenfalls nimmt es ihr Partner so wahr. »Dann ging alles
schief«, wie es Bertold Heindel bei der Vernehmung formulierte. »Sie trieb sich rum, soff und flirtete mit den
jungen Böcken aus der Nachbarschaft und kümmerte
sich um nichts.«

Auch Bertold Heindel kommt nach seiner Scheidung
mit dem Leben nicht zurecht. Obwohl er als Schlachter
beruflichen Halt hat und über ein geregeltes Einkom-
men verfügt, versinkt er mehr und mehr im Alkohol-
sumpf. Für den jähzornigen Mann ein unbefriedigender
Zustand, an dem seiner Meinung nach nur eine Person
schuld ist: Erna Rosen. »Ich hab es im Guten mit ihr
versucht, sie ermahnt. Doch sie wollte einfach nicht mit
dem Saufen aufhören. Ich habe sie sehr geliebt, doch sie
machte einen Trinker aus mir.« Da seine »Ermahnun-
gen« keinen Erfolg zeigen und Erna Rosen weiterhin zur
Flasche greift, schlägt und tritt Bertold Heindel zu – und
das nicht nur ein Mal. Mehrmals muss die zierliche und
schwächliche Frau stationär im Krankenhaus behandelt
werden, doch ihre Anzeigen gegen den jüngeren Mann
nimmt sie immer wieder zurück.

Eines Tages kommt Bertold Heindel gegen Mittag von
der Arbeit nach Hause. Er hat Fisch »bestellt«. Doch statt
Mittagessen gekocht zu haben, schläft Erna Rosen wieder einmal ihren Rausch aus. Wütend verlässt er die
Wohnung und zecht bis Mitternacht in seiner Stamm-

kneipe. Als Bertold Heindel zurückkehrt, ist Erna Rosen zwar wach und ansprechbar, doch gekocht hat sie immer noch nicht. Stattdessen bietet sie ihm eine Flasche Bier an, um ihn zu besänftigen. Jetzt ist Bertold Heindel »erst recht sauer«, empfindet ihre Offerte als »Provokation« und »langt hin«. Voller Ärger sucht er erneut seine Stammkneipe auf. Nach vier Stunden hat er genug getrunken: »Ich hatte bestimmt keinen Streit im Sinn, doch dann hat sie mich angepöbelt. Da habe ich zugeschlagen – vielleicht auch mit einer Bierflasche. Was dann passiert ist, weiß ich nicht mehr. Zuletzt saß sie im Sessel und war verletzt.«

Bertold Heindel bleibt nach der Tat noch einige Stunden in der Wohnung und legt sich ins Bett. Dann geht er zu einer früheren Geliebten und beichtet ihr die Tat: »Ich habe die Erna geschlagen und totgemacht.«

Allerdings ist dieses Geständnis nur ein Bruchteil der Wahrheit. Der Tatort zeigte ein Bild extremer Gewalt. Bereits der Anblick der Toten und die Blutspuren in allen Räumen zeugten von der Brutalität des Tathergangs, der sich durch Tatortspuren und Obduktion der Leiche rekonstruieren ließ:

Bertold Heindel prügelt die hilflose Frau durch die Wohnung, schlägt ihr mit seinen Fäusten und einer Flasche das Gesicht zu einer breiigen Masse und zerschmettert ihren Brustkorb mit einer Serie von Tritten.

Anschließend schleift der Mann die Schwerverletzte ins Wohnzimmer, steckt ihr eine brennende Zigarette zwischen die Finger, schiebt ihr Kleid hoch und zieht ihr die Unterhose aus. Dann spreizt er ihre Beine weit auseinander, drückt ihr ein dünnwandiges Trinkglas in die Vagina und stellt eine leere Bierflasche neben ihrem Oberkörper ab. Erst danach legt er sich ins Bett und schläft seinen Rausch aus. Erna Rosen stirbt qualvoll an einer Kombination aus langsamem Verbluten und einer Luftembolie. Als Bertold Heindel gegen Mittag schließlich aufwacht, deckt er die Leiche von Erna Rosen mit Tüchern ab. »Hab mich gefragt, ob ich das mit Erna war. Muss ja wohl. Konnte nicht mehr ansehen, was ich da gemacht hab.«

Ohne die Erkenntnisse der Fallanalyse würde sich sicher manchem Ermittler die Bedeutung der einzelnen Handlungen bei der Tat von Bertold Heindel nicht erschließen. Zumal das ungewöhnliche Ausmaß an Gewalt ein Differenzieren und Analysieren nur dann zulassen, wenn die einzelnen Entscheidungen des Täters zunächst für sich bewertet und dann zu einem Gesamtbild zusammengefügt werden.

Beim Betrachten der Tatortfotos wurde mir bewusst, dass die extreme Gewalt und die anschließenden Handlungen von Bertold Heindel als eine Reaktion auf das in seinen Augen »verabscheuungswürdige« Verhalten von Erna Rosen zu bewerten sind. Ob Erna Rosen tatsächlich ein so »verabscheuungswürdiges« Leben führte oder nicht, ist dabei unerheblich: Wichtig bei der Interpretation von Verhalten ist der Umstand, wie es der Täter bei der Tat empfand. Es sind symbolische Handlungen, mit denen Bertold Heindel alles Negative ausdrücken wollte, was Erna Rosen für ihn verkörperte und wie er es in seiner Vernehmung bei meinen Kollegen mit den Worten »Saufen, Rauchen, Rumhuren« unbewusst beschrieben hatte.

Solches Täterverhalten wird in der Fallanalyse auch als *Personifizierung* bezeichnet: die Umsetzung von besonderen Bedürfnissen, in diesem Fall die Erniedrigung von Erna Rosen. Entsprechend spiegelt der Tathergang eine Kombination aus *Depersonifizierung* (Zerschlagen des Gesichts), *Dominanz* (durch die Wohnung prügeln, Zerschmettern des Brustkorbs als Zeichen körperlicher Überlegenheit), *Degradierung* (das Glas in der Vagina, die zwischen die Finger gesteckte Zigarette und die neben der Leiche platzierte Bierflasche) und *Distanzierung* vom Verbrechen (sich nach der Tat in aller Ruhe schlafen legen und das Abdecken der Leiche) wider.

Als Bertold Heindel bei seiner Vernehmung nach dem Sinn der Tat gefragt wurde, antwortete er nur: »Hab nicht groß überlegt, ging alles von allein. In mir war nur eine Wut wie selten. Hab Erna nur noch gehasst und deshalb immer wieder zugeschlagen. Diese Visage konnt' ich nicht mehr sehen!«

Das Schwurgericht verurteilte Bertold Heindel zu zehn Jahren Freiheitsstrafe wegen Totschlags und begründete das hohe Strafmaß mit der »besonders brutalen« Tatausführung. »Ihm war es gleichgültig, was mit der schwerverletzten Frau geschah. Er nahm ihren Tod in Kauf.«

Bei einem ersten flüchtigen Blick in das schummrige Schlafzimmer deutete nichts darauf hin, dass hier erst vor wenigen Stunden ein Mensch getötet worden war: keine Leiche, kein Blut, keine Unordnung. Stattdessen nur absolute Ruhe und Ordnung. Mir kam es so vor, als wäre in dem Raum die Zeit stehen geblieben, fast erinnerte mich die Szenerie an ein in dunklen Farben gemaltes barockes Stillleben. Doch ein zweiter, genauerer Blick ließ schnell das scheinbar harmonische Bild schwinden.

Hier war tatsächlich ein Verbrechen geschehen: Die Leiche von Sarah Klein – eine kleine, zartgliedrige Frau, knapp 50 Kilo schwer – lag auf dem Rücken in einem rustikalen Doppelbett aus Kiefernholz und war unter einer bis zum Hals reichenden goldbraun gemusterten Bettdecke fast vollständig verborgen. Eine gebügelte langärmelige, gelbe Bluse lag ausgebreitet auf der Bettdecke in Höhe des Oberkörpers der Toten. Sarah Kleins Kopf ruhte auf dem erhöhten Bettgestell des Fußendes. Ihr Gesicht war nicht zu erkennen, da es der Täter mit ihren langen aschblonden Haaren vorhanggleich abgedeckt hatte – wie um eine nicht wieder zu korrigierende Realität zu verschleiern. Am eigentlichen Kopfende waren drei Kopfkissen über die gesamte Breite des Bettes drapiert.

Die schweren dunklen Vorhänge vor dem Fenster waren zugezogen. In einer Ecke spendete eine kleine Stehlampe schwaches Licht. Auf der rechten Seite des Zimmers stand an der Wand eine Kommode mit zugeschobenen Schubladen. Auf der Ablage ein Plüschtier, Kosmetikartikel und ein Blatt Schreibpapier. Das Kopfteil des Bettes war von einem Regalsystem umgeben. In den einzelnen Fächern standen ordentlich nebeneinander aufgereiht Kosmetika und diverser Nippes: Kerzenständer, Porzellanfiguren, Fläschchen, Dosen, Tuben.

Als die Beamten des Erkennungsdienstes die Bluse und die Bettdecke von der Leiche genommen hatten, konnte ich mir die Tote genauer anschauen. Wieder ein ungewöhnlicher Anblick, denn was ich jetzt sah, erinnerte mich an eine aufgebahrte Tote in einem Bestattungsinstitut: Die vor der Brust verschränkten Arme ruhten auf einem hellblauen Badehandtuch, das ihren Körper von der Scham bis zum Hals verhüllte. Die blutverschmierten und von Messerstichen verletzten Hände konnte es dennoch nicht verbergen. Nach dem Hochnehmen des Badetuchs sah ich, dass Sarah Klein nur ein geknöpftes Hemd trug, das zudem bis zum Hals hochgeschoben war. In ihrem Herzbereich erkannte ich zahlreiche und deutlich unterblutete Stiche: insgesamt siebzehn. Die Verletzungen waren auf einen Bereich von circa zwanzig mal dreißig Zentimeter konzentriert und sehr gleichförmig angeordnet – so als hätten Opfer und Täter bei den Stichen ihre Positionen nicht verändert. Offenbar war Sarah Klein zu diesem Zeitpunkt nicht mehr handlungsfähig.

Ich strich Sarah Klein die Haare aus dem Gesicht und zog das Hemd so weit herunter, bis ihr Hals frei lag. Trotz des schummrigen Lichtes konnte ich jetzt zahlreiche unterblutete Würgemale im Kehlkopfbereich sowie halbmondförmige Hautabschürfungen und Kratzer erkennen: Zeichen eines beidhändigen Würgens von vorne, bei dem die Fingernägel beider Daumen tief in die Haut eingedrungen waren.

Ich rekonstruierte, dass der Täter Sarah Klein zunächst bis zur Bewusstlosigkeit gewürgt und dann, ohne innezuhalten, der handlungs- und widerstandsunfähigen Frau in die Herzregion gestochen hatte. Sein Verhalten war in diesen Momenten von großer Erregung und Wut geprägt. Danach musste er die Lage der Frau im Bett verändert haben. An welcher Stelle Sarah Klein bei den ersten Stichen gelegen hatte, zeigte sich, als die Spurensucher die drei Kopfkissen von der Bettdecke nahmen: Darunter kamen eine große Blutlache und drei Einstiche im Bettlaken zum Vorschein.

Nach der eigentlichen Tathandlung, dem Töten, wechselte jedoch die Stimmungslage des Täters: Ihn überfielen Schuldgefühle. In seiner plötzlichen Reue versuchte er, die Tötung emotional zurückzunehmen, indem er die Verletzungen mit einem Tuch abdeckte und der Toten die Hände vor der Brust verschränkte. Das Abdecken von Gesicht und Blutspuren weist ebenfalls auf das Bedürfnis hin, die Tat ungeschehen zu machen. Entsprechend lautet der Fachbegriff dafür *emotionale Wiedergutmachung* oder *Undoing*. Oft gesellt sich zu diesem personifizierenden Verhalten bei reuigen Tätern die Rücksicht gegenüber dem Finder der Leiche: Er oder sie soll beim Betreten des Zimmers nicht erschrecken, nicht gleich bemerken, dass hier ein Mensch getötet wurde.

Der Täter musste eine nähere Beziehung zu dem Opfer haben. Und so war es auch hier. Sarah Klein war von ihrem früheren Intimpartner Wilhelm Raabe getötet worden. Die Ermittlungen ergaben, dass die beiden vier Jahre lang in einer harmonischen Beziehung gelebt hatten. Wieder war der Hintergrund eine Trennungsgeschichte:

Den Mann stört es nicht, dass Sarah Klein Mutter eines sechsjährigen Sohnes ist. Knapp ein Jahr nach dem Kennenlernen wird die gemeinsame Tochter geboren – ein Wunschkind. Fortan lebt das Paar im selben Haus, allerdings in getrennten, einander gegenüberliegenden Wohnungen.

Nach einer Mutter-Kind-Kur beginnt Sarah Klein das Verhalten ihres Freundes kritisch zu sehen: Auf einmal stört es sie, dass er sich den ganzen Tag in ihrer Wohnung aufhält und in den Tag hineinlebt. Als sie ihn darauf anspricht, versteht er sie nicht – findet alles in Ordnung. Als Wilhelm Raabe weiterhin lethargisch bleibt, beendet sie die Beziehung. Er aber kann und will ihre Entscheidung nicht akzeptieren und nutzt stattdessen jede sich bietende Gelegenheit, der früheren Partnerin und den Kindern nahe zu sein. Sie wiederum lässt dies zu, wohl nicht zuletzt deshalb, weil sein Babysitten ihr zusätzliche Freiräume verschafft. Trotz seiner Bemühungen und sogar gelegentlicher sexueller Kontakte nimmt sie die Trennung nicht zurück, lässt stattdessen das Schloss ihrer Wohnungstür auswechseln und öffnet sich neuen Männerbekanntschaften.

Wilhelm Raabe weiß Sarah Kleins Verhalten nicht einzuordnen. Er verwechselt die pragmatische Nähe ihrerseits mit Zuneigung und hofft weiterhin auf eine zweite Chance. Mit der Zeit wird der geistig eher unbewegliche und ohnehin schweigsame Mann noch stiller und verschlossener, gleichzeitig versucht er seine Sprachlosigkeit durch ständige Liebesbeweise zu kompensieren. Er intensiviert die Kontakte zu den beiden Kindern, macht Sarah Klein Geschenke, ruft sie ständig an und tippt Gedichte aus dem Internet ab (die wir später auf der Festplatte seines Rechners fanden). Zudem sendet er ihr eine SMS nach der anderen und überreicht ihr immer wieder mit ungelenker Schrift geschriebene Liebeserklärungen:

Liebe Süsse Sarah,
Ich moss dir Sarah noch ein Brief schreiben, weil ich nicht anders kann als die Sarah einen Brief zu schreiben und weil ich dich Sarah würklich noch liebe.
Ich weiß das ich dich Sarah nicht betränen soll. Aber ich moß die frage die ich dir Sarah schon einmal gestellt habe noch einmal stellen.

Kannst du Sarah mir Bitte Bitte nicht doch noch Eine aller leste Chance geben?

Gleichzeitig verschlechtert sich Wilhelm Raabes mentaler Zustand. Er leidet unter psychosomatischen Störungen: kann nicht schlafen und hat starkes Händezittern. Er begibt sich in ärztliche Behandlung, nimmt Beruhigungsmittel und Schlafmittel ein.

Als Sarah Klein ihn eines Tages nach einem Streit auffordert, ihre Wohnung zu verlassen, wird er handgreiflich und würgt sie. Sein zufällig in der Wohnung anwesender Bruder verhindert eine weitere Eskalation und wirft ihn aus der Wohnung.

Als Wilhelm Raabe kurze Zeit später von Nachbarn erfährt, dass Sarah Klein nachts Männerbesuch empfangen haben soll, verändert sich sein Verhalten abrupt: aus der Suche nach Anerkennung und Nähe wird zwanghaftes Kontrollverhalten. Fortan beäugt er Sarah Klein auf Schritt und Tritt und lauert ihren Besuchern auf. Zudem hält er ihr das in seinen Augen »ungebührliche« Leben vor, und seine Wutausbrüche häufen sich. Trotzdem betreut er die beiden Kinder weiterhin ganztägig, wofür sie ihm auch wieder einen Wohnungsschlüssel gibt.

Am Tattag kümmert sich Wilhelm Raabe wie üblich um die Kinder. Als Sarah Klein gegen 16 Uhr von der Arbeit nach Hause kommt, trinken sie gemeinsam in ihrer Wohnung Kaffee. Dann begleitet er die Kinder zum Spielplatz, isst mit ihnen bei sich zu Abend und bringt die Kinder gegen 19 Uhr in der Wohnung ihrer Mutter zu Bett. Zu dieser Zeit schläft Sarah Klein bereits auf dem Sofa. Wilhelm Raabe verlässt die Wohnung, kehrt allerdings gegen 22 Uhr noch einmal zurück. Sarah Klein ist in der Zwischenzeit wach geworden, hat den Schlafplatz gewechselt und liegt jetzt in ihrem Bett. Er sieht, dass sie nur eine Bluse trägt, und wertet dies, wie er später in seiner Aussage erklärte, als Aufforderung, sich zu ihr ins Bett zu legen und mit ihr intim zu werden. Kurze Zeit später kommt es zu Streit, der nach Sekunden eskaliert und für Sarah Klein ein tödliches Ende nimmt.

In seiner Vernehmung behauptete Wilhelm Raabe, seine ehemalige Partnerin habe ihn mit einem neben dem Bett liegenden Messer angegriffen und auf ihn einstechen wollen. Da habe er ihr ohne zu überlegen das Messer entrissen und spontan und unkontrolliert auf sie eingestochen und sie gewürgt. An sein darauf folgendes Verhalten, und warum er den Tatort veränderte, konnte er sich angeblich nicht erinnern. Seine bewusste Wahrnehmung habe erst wieder eingesetzt, als er ein Taxi bestellt, um zum Flughafen zu fahren und von dort per Nachtflug auf eine Baleareninsel zu flüchten. Das Geld für die Flucht stiehlt er aus einer Kassette der Toten. Als es nicht reicht, stellt er sich der Polizei.

Nach Jahren suchte ich Wilhelm Raabe im Gefängnis auf, wo er wegen des Totschlags im Affekt eine Freiheitsstrafe von neun Jahren und sechs Monaten verbüßt. Ich bat ihn, mit mir über sein Nachtatverhalten zu sprechen.

Wie bei seiner Vernehmung blieb er zunächst einsilbig und sah mich misstrauisch an. Doch bei meinem zweiten Besuch legte er allmählich seine Zurückhaltung ab und versicherte mir fast euphorisch und verklärt, dass er Sarah Klein immer noch liebe. Die Beschreibung seiner Gefühle wirkte auf mich wie eine wahnhaft ausgeprägte Liebe zu einem nicht erreichbaren Menschen. Fachbegriff: *Liebeswahn* oder *Erotomanie.*

Trotz seiner leidenschaftlichen Ausführungen ging Wilhelm Raabe nur sehr vage auf die Gründe für sein emotionales Nachtatverhalten ein. Es war durchaus vorstellbar, dass er sie selbst nicht besser kannte. Doch dann auf einmal bröckelte die Mauer des Unbewussten. Oder hatte er nur sein Misstrauen aufgegeben? Es sei »gut möglich, dass er nach der Tat Bestürzung empfunden und Sarah Kleins Wunden, ihren Körper sowie die Blutspuren aus Reue abgedeckt« habe. Dabei beließ ich es und stellte meine Besuche ein.

Für einen Mord, bei dem Opfer und Täter Intimpartner waren, gibt es einen Namen: *Intimizid.* Die fünf soeben beschriebenen Fälle sind im Detail sehr unterschiedlich, haben jedoch eines gemeinsam:

Der Täter ist ein Mann.

Und das liegt keineswegs an einer einseitigen, männerfeindlichen Auswahl. Pauschal gilt: Gewalt- und Tötungsdelikte sind Männersache. Nicht nur die Statistik ist hier eindeutig, auch die kriminalistische Erfahrung zeigt: In neun von zehn Tötungsfällen sind die Täter Männer. Und wenn Männer töten, dann sind mehrheitlich auch die Opfer männlich. Männer töten Männer – so einfach ist es aber auch wieder nicht. Das Bild ändert sich nämlich, sobald man sich die Beziehung zwischen Tätern und ihren Opfern näher betrachtet. Während Männer in der Regel durch Fremde oder flüchtige Bekannte getötet werden, finden Tötungsdelikte an Frauen überwiegend im engen familiären oder partnerschaftlichen Umfeld statt.

Das heißt für die Frauen: Allein der Umstand, in einer Beziehung zu leben oder gelebt zu haben, birgt für sie das größte Risiko, zu irgendeinem Zeitpunkt vom Partner oder Ex-Partner getötet zu werden.

Dabei ist die Trennungsphase für alle Frauen eine besonders gefährliche Zeit – es gibt wohl kaum eine Zeit, in der ihr Risiko, Opfer einer Gewalttat zu werden, so hoch ist wie nach einer Trennung. Immer wieder sehen wir Fälle, in denen auch bis dahin völlig unauffällige, friedfertige Männer durch die Trennung dermaßen die Kontrolle verlieren, dass sie zum letzten Mittel Gewalt greifen. In anderen Fällen ist Gewalt in der Beziehung gerade der Trennungsgrund: Dass diese Männer ihre gewalttätigen Besitzansprüche auch nach der Trennung fortsetzen, häufig sogar steigern, verwundert nicht.

Diese Gewalt muss nicht zwangsläufig tödlich enden – in vielen Fällen tut sie es aber eben doch. Über die Hälfte aller Intimizide ereignet sich vor dem Hintergrund von

Trennungskonflikten, wobei die ersten drei Trennungs-
monate besonders kritisch sind.

Aber warum töten Männer die Frau, mit der sie zu-
sammengelebt, mit der sie sich ein gemeinsames Leben
aufgebaut haben? Kann man den Worten von Tätern
glauben, die vorgeben, aus Liebe getötet zu haben?

Die Kriminalpsychologie lehrt uns etwas anderes: Die
Tötung der (Ex-)Partnerin ist alles andere als ein Ausdruck romantischer Liebe. Das Motiv ist nahezu ausschließlich eine Zurückweisung seitens der Partnerin, sei
es explizit durch eine vollzogene Trennung oder durch
einen empfundenen Mangel an Respekt und Fürsorge.
Zum *emotionalen Cocktail* eines solchen Motivs gehören
Kränkung, Wut, Rache, Eifersucht, Macht sowie der Anspruch auf ausschließliche (sexuelle) Kontrolle der Frau.
»Wenn ich dich nicht haben kann, dann soll dich auch
kein anderer haben.« – »Wann die Beziehung zu Ende
ist, entscheide ich!« Sätze wie diese sind es, die immer
wieder das wahre Motiv der Täter enthüllen: Kontrolle
bis zum bitteren Ende und um jeden Preis.

Wie sieht es nun mit dem einen von zehn Fällen aus, in
dem eine Frau ihren Partner tötet? Sind die Motive ähnlich?

Ganz und gar nicht: Während Männer töten – so para-
dox es auch klingen mag –, um eine Trennung zu verhindern, töten Frauen, wenn sie kein anderes Mittel zur
Trennung sehen.

Nachdenklich sah ich mir die unscheinbare junge Frau in meinem Büro an. Dagmar Menzel: zweiundzwanzig Jahre alt, klein und dick, lange strähnige Haare. Schlabberpullover und Trainingshose, braune Socken und Schlappen – alles aus Polizeibeständen für vorläufig Festgenommene. Fünf Geschwister und Halbwaise, Analphabetin und Sonderschülerin. Aber war sie auch eine Mörderin, wie es in der gegen sie vorliegenden Anzeige hieß?

Wenige Stunden zuvor war ich Dagmar Menzel das erste Mal begegnet – an einem Tatort, zu dem ich in den frühen Morgenstunden gerufen worden war, nachdem sie ihren Chef erdrosselt hatte. Horst Tafel: neunundsechzig Jahre alt, verwitwet, alleinstehend, wohlhabend, quallige Figur, Architekt und Alkoholiker. Als mein Blick an dem Morgen auf die Täterin fiel, wusste ich, dass ein Gespräch nicht sofort möglich war. Der starre, geistesabwesende Blick und die verlangsamte Sprache wiesen auf einen schockähnlichen Zustand hin. Meine Kollegen der Schutzpolizei stellten sie einem Rechtsmediziner vor, der ihr eine Blutprobe abnahm, sie auf Verletzungen untersuchte und trotz ihrer Verfassung ihre Haft- und Vernehmungsfähigkeit bescheinigte. Daraufhin wurde Dagmar Menzel in einer Zelle im Polizeipräsidium untergebracht, während ich mir den Tatort mit der Leiche und den Spuren ansah.

Eine auf dem Boden liegende Obstschale, eine zersplitterte Flasche, umgefallene Gläser, zwei leere Literfla-

schen Wein, verrückte Möbel und überall Blut dokumentierten das Bild einer offensichtlich vollkommen aus
dem Ruder gelaufenen Situation. Horst Tafel lag auf dem
Fußboden im Wohnzimmer und war seit einigen Stunden tot, wie die ausgeprägte Leichenstarre und die Totenflecken zeigten. Der Tote wies erhebliche Kopfverletzungen auf und hatte ein kariertes Geschirrtuch eng um
seinen Hals geschlungen. Er war mit weißer Rippunter-
wäsche und schwarzen Socken bekleidet; seine Unterhose war im Schrittbereich großflächig gelb von Urin.
Auf dem Sofa lagen ein weißes Oberhemd und eine dun-
kelblaue Stoffhose – scheinbar hastig ausgezogen und
achtlos auf einen Haufen geworfen.

Bei der Vernehmung erzählte mir die geistig zurückge-
bliebene Dagmar Menzel, Horst Tafel habe sie als Haushälterin eingestellt und ihr ein Zimmer in seinem Haus
gegeben. Diese Anerkennung ist für sie eine vollkommen neue Erfahrung. Sie dankt es ihm mit anhimmeln-
der Bewunderung. Bald ist sie seine Geliebte. Doch dann
der schleichende Wandel des von ihr zunächst als väter-
liche Fürsorge empfundenen Verhaltens: Horst Tafel
hatte anscheinend ihr Vertrauen sexuell ausgenutzt und
sie nach und nach zu seiner »Sexsklavin« gemacht, die
ihm immer zur Verfügung stehen musste.

Die von mir festgestellten Spuren am Tatort passten zu
dem Tathergang, wie Dagmar Menzel ihn schilderte:

Als Horst Tafel am Tattag nach einem Trinkgelage
wieder einmal von Dagmar Menzel Geschlechtsverkehr

fordert, versucht sie sich den Annäherungsversuchen des betrunkenen Mannes zu entziehen. Doch er will ihre Weigerung nicht akzeptieren, fordert stattdessen sein vermeintliches Recht ein und macht Anstalten, seine Haushälterin zu vergewaltigen. Dagmar Menzel ist dieser Situation nicht gewachsen. Sie weiß nicht, wie sie sich verhalten soll. Nur eines weiß sie genau: Sex will sie mit dem betrunkenen Mann nicht haben. In höchster Erregung greift sie nach einer auf dem Tisch stehenden Weinflasche und schlägt sie dem Angreifer mehrmals auf den Kopf, bis das Glas zersplittert. Der Mann bricht zusammen, versucht aufzustehen und sich an ihr hochzuziehen. Doch sie hastet in die Küche, nimmt das Geschirrtuch und drosselt den von Alkohol und seiner Kopfverletzung benommenen Horst Tafel so lange, bis er sich nicht mehr regt. Dagmar Menzel bleibt am Tatort, durcheinander und wie gelähmt. Nach mehreren Stunden unschlüssigen Wartens nimmt sie ihren Mut zusammen, greift zum Telefon und ruft bei der Polizei an.

Als sie Stunden später mir gegenübersaß, wirkte sie immer noch verwirrt und erschüttert, hatte sich aber so weit beruhigt, dass sie einigermaßen zusammenhängend von den letzten Monaten erzählen konnte. Nur durch kurze Nachfragen meinerseits unterbrochen, berichtete sie schüchtern von einer monatelangen Zwangsbeziehung und schilderte Details von sexuellen Exzessen – vaginal eingeführte Gegenstände, Analverkehr, Aufforderung zum Posing –, denen sie sich nie hatte entziehen können, teils aus Angst um ihre Stelle, teils aus ihrer Unfähigkeit, ihren Widerwillen zu formulieren und sich zu behaupten. Trotz dieser Vorgeschichte fühlte sie sich schuldig, wie ihre Worte bewiesen: »Ich war böse drauf.« Ich hatte keinen Anlass, an ihren Worten zu zweifeln. Nicht nur, dass die infantile junge Frau ganz ernsthaft auf den Namen ihrer Mutter schwor, die Wahrheit zu sagen. Entscheidend war: Es gab keinerlei Hinweise auf eine andere Wahrheit, aber mehrere Aussagen von Bekannten, die die Charakterisierung des Toten als gewalttätig, »Säufer« und »Hurenbock« bekräftigten.

Dagmar Menzel wurde wegen Totschlags zu fünf Jahren Freiheitsstrafe verurteilt und nach verbüßten dreieinhalb Jahren aus dem Gefängnis entlassen. Das entspricht der gängigen Zwei-Drittel-Regelung bei guter Führung.

Obwohl ich nur wenige Fälle sogenannter *Tyrannenmorde* bearbeitet habe, kann ich sagen, dass alle Täterinnen eines gemeinsam hatten: Alle lebten in einer Gewaltbeziehung und töteten den Partner in tiefster Verzweiflung – indem sie ihn in einer wehrlosen Situation, zum Beispiel im Schlaf, erschlugen oder erschossen. Der Grund für diese Tötungsart liegt auf der Hand: Nur auf diese Weise haben sie bei ihrer körperlichen und nach all der Erniedrigung auch psychischen Unterlegenheit eine Chance. Allerdings birgt diese Art des Tötens für die Frauen ein großes Risiko in der folgenden Bestrafung – viele Gerichte bewerten ein solches Verhalten als *heimtückisch* und neigen zu einer Verurteilung wegen Mordes.

Auch Cora Walden behauptete, sich von einem Tyrannen befreit zu haben, als sie ihren langjährigen Freund mit zweiundzwanzig Stichen in den Hals und die Brust tötete. Ob ihre Behauptung stimmte, ließ sich nie zweifelsfrei klären. Dennoch lieferten meine Ermittlungen ein deutlicheres und letztlich anderes Bild von der Vorgeschichte als Cora Waldens Erzählungen:

Die erste Begegnung von Cora Walden und Rolf Erler in einer Bahnhofsgaststätte beginnt, wie sie später endet: mit Gewalt. Cora Walden kommt zu vorgerückter Stunde von ihrer Arbeit aus einem Bordell und angetrunken in die Kneipe und nimmt am Tresen neben Rolf Erler und seiner Freundin Platz. Es dauert nicht lange, bis der Mann mit Cora Walden zu flirten beginnt und ihr – sehr zum Missfallen seiner Begleiterin – auch noch ein Getränk spendiert. Schnell geraten die beiden Frauen in einen lautstarken Streit, beschimpfen einander und drohen sich gegenseitig Schläge an. Als »das Gezeter« nicht enden will, wird es Cora Walden zu bunt. Sie packt ihre Kontrahentin kurz entschlossen an den Haaren, schüttelt sie kräftig durch und verspricht, ihr die Augen auszukratzen, wenn sie nicht sofort verschwindet.

Die Frau muss instinktiv begriffen haben, dass es sich nicht um eine leere Drohung handelt, denn mit ihren gut fünfzig Jahren beherrscht Cora Walden den »Überlebenskampf auf der Straße« perfekt. In Süddeutschland geboren, blickt sie auf eine trostlose Kindheit zurück: unehelich geboren, zahlreiche Männerbekanntschaften der Mutter mit wechselnden »Stiefvätern«, Alkoholmissbrauch der Eltern. Wegen ihrer unterdurchschnittlichen Intelligenz kommt sie auf die Sonderschule, wo sie schlecht lernt und früh beginnt, Alkohol zu trinken. Allerdings begreift Cora Walden offenbar rasch, wie sie ihre intellektuellen Schwächen kompensieren kann und dass Gewalt ein probates Mittel der Selbstbehauptung ist. Klassenkameraden, die sie bedrängen, kratzt und beißt sie und verschafft sich so Respekt. Nach dem frühen Tod ihrer Mutter bleibt sie bei dem gerade aktuellen »Stiefvater« wohnen, der schnell wieder heiratet. Mit dessen neuer Lebensgefährtin versteht sich Cora Walden nicht. Als auch der »Stiefvater«, ihre einzige Bezugsperson, wenige Jahre später verstirbt – sie ist gerade fünfzehn Jahre alt –, »setzte meine Stiefmutter mich kurzerhand auf die Straße«. Das Mädchen, beinahe noch ein Kind, schlägt sich nach Hamburg durch und beginnt dort auf dem Kiez in Bars und billigen Absteigen anzuschaffen, gleichzeitig nimmt sein Alkoholkonsum beständig zu.

In den nächsten Jahren setzt sie ihr unstetes und trauriges Leben mit häufigen Männerbekanntschaften und neuen Anstellungen in Bordellen fort. Einen tragischen Höhepunkt erreicht ihr Leben nach einer durchzechten Bordellnacht in einer Großstadt im deutschsprachigen Ausland. Bei einer Spritztour mit fünf Männern verliert sie die Gewalt über den Wagen und fährt frontal gegen einen Baum: Die fünf Männer sterben noch am Unfallort, Cora Walden hingegen wird mit schweren Verletzungen ins Krankenhaus eingeliefert und monatelang behandelt. Noch in der Klinik wird sie wegen fahrlässiger Tötung verhaftet, sitzt mehrere Monate in Untersuchungshaft und wird ohne Gerichtsverhandlung nach Deutschland abgeschoben. Die Zeit im Untersuchungsgefängnis ist für die inzwischen Sechsundzwanzigjährige eine sehr prägende Erfahrung: »Wenn sich im Knast nicht welche von den Frauen da so um mich gekümmert hätten, wär ich da vor die Hunde gegangen. Jeden Tag musste ich gucken, wie ich mich vor den anderen Frauen schütze und überlebe.«

Zurück in Deutschland sucht sie sofort wieder ihre gewohnten Orte auf: Bordelle, Kneipen, Appartements. Sie begeht kleinere Straftaten wie Beleidigungen und Körperverletzungen in Bars. Zudem »zockt« sie manche ihrer Freier ab, indem sie nach dem Abkassieren versprochene Leistungen gezielt verweigert, bei anderen bedient sie sich heimlich an deren Geldbörse. So landet sie abermals im Gefängnis und kehrt nach einem Urlaub nicht in die Anstalt zurück. In den nächsten Jahren lebt sie unter verschiedenen falschen Namen, um einer erneuten Verhaftung zu entgehen. 1990 zieht sie nach Bremen, lässt sich zum ersten Mal häuslich nieder und mietet sich sogar eine kleine Wohnung. Ebenfalls zum ersten Mal trennt sie ihr Privatleben von ihrem Beruf: »Endlich hatte ich was für mich. Da wollte ich nicht arbeiten.«

Kurze Zeit nach dem Streit mit Rolf Erlers Freundin hatte auch Cora Walden die Gaststätte verlassen, vorher gab sie ihre Telefonnummer dem Wirt – er sollte sie dem Mann beim nächsten Besuch zustecken. In einer von mehreren Vernehmungen beschrieb sie mir später auf charakteristische Weise ihre damaligen Gefühle: »Mir hat der Typ gefallen. Hat mit seiner Schlampe wegen mir Streit angefangen. Den wollte ich kennenlernen!« Wenige Tage später besucht Rolf Erler sie in ihrer Wohnung und zieht kurz entschlossen bei ihr ein. Mit dem fünfzehn Jahre jüngeren und ihr körperlich über-, geistig aber eher unterlegenen Mann lebt Cora Walden bis zur Tat fast vier Jahre zusammen. In ihren Erzählungen über die Beziehung sagte sie unter anderem: »Über meinen Beruf habe ich ihn nie im Unklaren gelassen. Ich wollte die Beziehung nicht mit einer Lüge anfangen.«

Dieses Mal scheint Cora Walden tatsächlich eine Nische für ihr »kleines Glück« gefunden zu haben. Doch ihr Beruf und nahezu tägliche Alkoholexzesse sind keine gute Basis und zerstörten nach und nach die von ihr zunächst als harmonisch empfundene Beziehung. Und noch etwas »nervt« Cora Walden an Rolf Erler: Er ist eifersüchtig auf ihre Freier, mag es nicht, wenn sie mit Männern spricht, und beginnt sie deswegen zu schlagen. Insgesamt sieben Mal erstattet Cora Walden in den kommenden Monaten gegen ihn Anzeige, doch jedes Mal nimmt sie die Vorwürfe später zurück: »Er hat mich damit erpresst, dass er das mit den falschen Namen weiß.

Immer wieder wollte ich ihn rausschmeißen, doch er hat nur geantwortet: ›Du wirst mich nicht los. Wann du mich verlässt, das entscheide ich.‹«

Trotz dieser Eifersuchtsszenen bietet Cora Walden weiterhin wochentags von zehn bis zwanzig Uhr ihren Körper an und ärgert sich über die nach ihrer Meinung ungerechtfertigten Vorwürfe ihres Freundes: »Ich würde ja sowieso mit jedem ins Bett gehen, wie das Huren so machen. Nur mit ihm nicht. Dabei hab ich ihn kein einziges Mal betrogen.«

Die Tat beginnt bei einem späten Frühstück am Wochenende, für das Cora Walden Brötchen, Wurst, Jägermeister und Bier eingekauft hat. Stunden später ruft Cora Walden bei der Polizei an und teilt aufgeregt mit, dass ihr Freund vor wenigen Minuten erstochen wurde.

Als ich gegen 23 Uhr an ihrer Wohnungstür klingelte, erwartete mich neben meinen Kollegen der Schutzpolizei eine angetrunkene, aber dennoch sehr beherrschte Cora Walden. Es war schon ein ungewöhnlicher Auftritt der Frau: grell geschminkt, toupierte rote Haare, frisch lackierte rote Fingernägel. Dazu eine weiße Bluse, ein enger schwarzer Rock – beides anscheinend frisch gebügelt aus dem Schrank – und hochhackige rote Schuhe. Mit einem saloppen Fingerzeig deutete sie hinter sich und sagte: »Dort liegt er.«

Tatsächlich lag »dort« Rolf Erler auf dem Fußboden und zeigte die typischen Spuren einer notärztlichen Versorgung. Rettungssanitäter und der Notarzt hatten sich auf Cora Waldens Behauptung verlassen, die Tat sei erst vor wenigen Minuten passiert, und Rolf Erler vom Balkon der Wohnung ins Wohnzimmer getragen und ihn etwa eine Stunde lang zu reanimieren versucht. Eine vergebliche Anstrengung, denn Rolf Erler war, wie ich an den Leichenerscheinungen erkennen konnte, seit mehreren Stunden tot.

Ich schaute mir den Toten näher an. Die rechte Halspartie war von Stichen übersät, die seine rechte Halsschlagader und die umliegende Haut nahezu perforiert hatten. Dabei war das Blut fontänenartig über den mit Gläsern und Tellern für drei Personen gedeckten Frühstückstisch und Stühle gespritzt. Von dem Tisch führte eine breite Blutspur zur Balkontür und zurück bis zur Leiche.

Als ich Cora Walden auf das Tatgeschehen ansprach, erklärte sie mir, dass sie nicht wisse, wie der Täter heiße. Ein früherer Arbeitskollege ihres Freundes, der überraschend zu Besuch gekommen sei. »Zu dritt haben wir seit Mittag gefrühstückt und auch was getrunken. Plötzlich fangen die Männer grundlos an zu streiten. Waren ja besoffen. Dann hat er zugestochen. Als Rolf sich nicht mehr rührte, hat der Kerl ihn auf den Balkon gezerrt und mir gedroht, auch mich abzustechen, wenn ich die Polizei rufe. Ich habe noch ein paar Minuten gewartet und dann doch telefoniert.«

Eine scheinbar logische Geschichte, doch Cora Waldens Erklärungen stießen bei mir auf Skepsis: nicht nur wegen der Diskrepanz zwischen der von ihr genannten Tatzeit und den Leichenerscheinungen, sondern auch wegen ihres Äußeren. Ich konnte mir nicht vorstellen, dass sie so gestylt den ganzen Tag gefeiert und bei diesem Tatablauf kein Blut an ihrer Kleidung haben konnte.

Ich bat Cora Walden, mich zu begleiten, um die näheren Einzelheiten zu protokollieren. Bei ihrer anschließenden detailreichen Vernehmung in meiner Dienststelle verwickelte sich Cora Walden recht schnell in Widersprüche. Als dann meine Kollegen vom Erkennungsdienst in der Waschmaschine und auch in einer Wäschetruhe, sorgsam unter anderer Kleidung verborgen, blutige Kleidungsstücke von ihr fanden, gestand Cora Walden, den ehemaligen Arbeitskollegen erfunden und Rolf Erler mit einem auf dem Tisch liegenden Kartoffelschälmesser erstochen zu haben: »Der ist mir mit seinen doofen Sprüchen echt auf die Nerven gegangen. Ich wollt ihn nicht töten. Wollt ihm nur zeigen, dass ich nicht mehr kann. Als ich das Blut sah, war ich total durcheinander. Ich bin doch kein Serienkiller, der jeden Tag einen mit dem Messer absticht.« Auch gab Cora Walden zu, dass sie Rolf Erler auf den Balkon gezogen und sich nach der Tat geduscht, umgezogen und geschminkt hatte, um den Verdacht von sich abzulenken. Für die vielen Stiche hatte die Frau keine Erklärung und konnte sich auch nicht daran erinnern. »Ich weiß nur noch, dass er so merkwürdig ruhig war und sich nicht wehrte.«

Auf dem blutbesudelten Tisch fanden die Spurensucher einen von Cora Walden geschriebenen und ebenso blutigen Zettel:

Er ist betrunken, tu endlich was.

Diese Zeilen wirkten auf mich wie eine Verabredung zum Mord. Doch für wen hatte Cora Walden die Aufforderung geschrieben? Bei den weiteren Ermittlungen rückte ein gerade einmal zwanzig Jahre alter Mann in den Fokus der Überprüfungen, der so gar nicht zu Cora Walden passte und den sie in einer Kneipe kennengelernt hatte. Er bestätigte mir in einer Vernehmung zwar, dass er an dem Besäufnis teilgenommen und Cora Walden ihm den Zettel zugesteckt hatte, doch bei der Tat sei er nicht dabei gewesen. »Ich hatte überhaupt keinen Plan, was sie von mir wollte und was das sollte. Mich hat das Gekreische der beiden nur total genervt, da bin ich abgehauen.«

Cora Walden wurde wegen Mordes angeklagt. Ein Vorwurf, der sich in der Gerichtsverhandlung allerdings nicht beweisen ließ. Als ihr ein Rechtsmediziner zusätzlich attestierte, dass sie zur Tatzeit stark betrunken war und weit über zwei Promille Blutalkohol aufgewiesen haben dürfte, wurde Cora Walden wegen eines *vorsätzlichen Vollrauschs* zu vier Jahren Gefängnis verurteilt.

Die Strafvorschrift des Vollrauschs ist ein *Auffangparagraph* für Täter, die sich fahrlässig oder vorsätzlich betrinken beziehungsweise Betäubungsmittel einnehmen und in diesem Zustand eine Straftat begehen. Eigentlich könnten sie für die Tat nicht bestraft werden, da ihnen durch den starken Rausch nicht bewusst war, was sie taten, sie also schuldunfähig waren. Unter Strafe gestellt ist das »Sichberauschen« und nicht die im Rausch begangene Tat. Die Höchststrafe liegt bei fünf Jahren.

Ein psychologischer Gutachter hatte bei Cora Walden einen Vollrausch – und damit die aufgehobene Schuld-fähigkeit – nicht ausschließen können. Deswegen kam ihre Verurteilung wegen Mordes nicht mehr in Betracht.

Unabhängig davon kann dieser Fall nicht als Tyrannenmord angesehen werden. Schon allein deshalb, weil eine zentrale Voraussetzung dafür nicht gegeben war: die mentale Unterlegenheit der Frau und die damit verbundene Ausweglosigkeit ihrer Situation. Die Tat von Cora Walden wirkt tatsächlich eher wie die eines Mannes. Vielleicht weil ihre Sozialisation vornehmlich im männlich dominierten Bordell- und Zuhältermilieu stattgefunden hat und dort Gewalt als probates Mittel eingesetzt wird, um Konflikte zu lösen. Vielleicht aber auch, weil sich – unter dem Einfluss von Alkohol – Kränkungen eines ganzen Lebens in einem einzigen Gewaltexzess entladen haben. Gerade im sogenannten Alkoholikermilieu sind wir immer wieder mit Taten konfrontiert, bei denen selbst nichtigste Streitanlässe zu Gewalteskalationen führen, die in exzessives Töten münden. Der Tatort jedenfalls sprach auch hier eine deutliche Sprache: Hier war keine eiskalt planende Täterin am Werk, hier war ein Konflikt zu einem tödlichen *Overkill* eskaliert.

Trotz solcher Ausnahmen von der Regel gilt: Partner töten ihre Partnerin, nicht umgekehrt. Dabei geht dem meist geplanten Töten in der Regel ein langer Konflikt voraus, fast immer mit einer bereits ausgesprochenen oder vollzogenen Trennung oder dem drohenden Verlust der Partnerin verbunden.

Der Mann erlebt den Verlust und vor allem die in der Trennung enthaltene Zurückweisung seiner Person als existenziell. Entsprechend weisen die Spuren am Tatort und an den Opfern auf die Emotionalität der Tat hin, obwohl Intimizide häufiger geplant sind, als dass sie im Affekt stattfinden. Die Emotionalität bestimmt die Intensität der Gewalt: teilweise exzessiv, manchmal auch über den Tod hinaus, und häufig verschiedene Tötungsarten kombiniert. Missbrauch von Alkohol und Betäubungsmitteln steigert zusätzlich die Gewalt. Reue, Bestürzung und Verzweiflung zeigen sich in dem anscheinend »überflüssigen« Täterverhalten, das spezielle Bedürfnisse ausdrückt – zum Beispiel bei dem Bemühen um emotionale Wiedergutmachung oder bei beabsichtigten oder vollendeten Suiziden.

Doch auch dies ist wieder einmal nicht die ganze Wahrheit, wie der letzte Fall in diesem Kapitel und in diesem Buch zeigt.

»Meine Frau ist mit unseren beiden Kleinkindern verschwunden. Sie wollten eine größere Einkaufstour machen. Als ich morgens um sechs Uhr zur Arbeit fuhr, haben die drei noch geschlafen.«

Als Uwe Gräfe mit diesen Worten seine Familie an einer Polizeiwache als vermisst meldete, begann für meine Kollegen und mich einer der aufregendsten und rätselhaftesten Fälle meiner Laufbahn: die Suche nach der achtundzwanzigjährigen Frau Anja und ihren beiden kleinen Kindern Lisa und Sven – wenige Wochen beziehungsweise vier Jahre alt.

Nachdem sich die als korrekt und zuverlässig beschriebene Frau auch am nächsten Tag noch nicht bei ihrem Mann oder ihrer Familie gemeldet hatte, entschlossen sich meine Kollegen von der Vermisstenstelle zu einer *Öffentlichkeitsfahndung* und veröffentlichten Fotos der Vermissten. Selten habe ich bei einem Fall so viel Anteilnahme in der Bevölkerung erlebt wie bei diesem. Das Schicksal der jungen Familie rührte die Menschen und veranlasste sie, uns jede nur mögliche Information zum vermeintlichen Aufenthaltsort der Vermissten zu geben. Dem verzweifelten Familienvater und selbständigen Taxiunternehmer gehörte die Anteilnahme und Sympathie einer ganzen Stadt.

Da die eingehenden Hinweise nicht in der Alltagsroutine eines Kommissariats für Tötungsdelikte abgearbeitet werden konnten, begannen meine Kollegen und ich in einer Sonderkommission die einzelnen Spuren zu überprüfen: erfolglos. Frau und Kinder schienen sich förmlich in Luft aufgelöst zu haben.

Parallel dazu untersuchten Beamte des Erkennungsdienstes das Haus von Uwe Gräfe auf Spuren eines Einbruchs oder einer Entführung. Doch diese gibt es nicht. Als sich auch kein Erpresser meldete, sorgte das Gebaren von Uwe Gräfe bei uns für Erstaunen: Er hatte einem Massenblatt seine Exklusivstory verkauft, den Reportern sein Fotoalbum gegeben und sich mit dem Teddy seines Sohnes fotografieren lassen, doch für meine Kollegen von der Vermisstenstelle war er für Rückfragen nicht zu erreichen. Wir fragten uns, ob sein Verhalten für einen besorgten und verzweifelten Familienvater angemessen war, wie er es bei der Anzeige, der anschließenden Vernehmung und seinen öffentlichen Auftritten zu vermitteln suchte: Konturen eines ersten vorsichtigen Verdachts.

Fünf Tage später kam überraschend Bewegung in den Fall, als ein Spaziergänger in der Nähe von Bremen die Leiche einer Frau fand. Der Täter hatte die Tote in einem Wald abgelegt, sie mit Benzin übergossen und angezündet. Zwei Tage später war die bis zur Unkenntlichkeit verbrannte Frau identifiziert: Es war Anja Gräfe. Die Todesursache war nicht eindeutig zu klären, doch alles sprach für Mord.

Meine Kollegen von der niedersächsischen Mordkommission übernahmen den Fall, da die Tote in ihrem Zuständigkeitsbereich gefunden worden war und nach der Strafprozessordnung das *Tatortprinzip* gilt. Das heißt: Wenn der Tatort nicht bekannt ist, gilt der Fundort als Tatort. Das bedeutete, dass unsere Sonderkommission die Kollegen in Niedersachsen unterstützte. Wird später bei den Ermittlungen der Tatort bekannt, dann übernimmt – wenn er sich vom Fundort unterscheidet – die für den Tatort zuständige Staatsanwaltschaft. In unserem Fall die Staatsanwaltschaft Bremen.

Uwe Gräfe zeigte sich jetzt wieder kooperativ, doch in seiner nächtlichen Vernehmung blieb er konsequent: »Ich habe nichts mit dem Tod meiner Ehefrau und dem Verschwinden meiner Kinder zu tun.« Trotzdem durchsuchten Beamte des Erkennungsdienstes und der Sonderkommission sein Haus ein zweites Mal. Jetzt jedoch mit einer anderen Zielrichtung: Gab es Indizien, die dafür sprachen, dass Uwe Gräfe seine Frau und Kinder getötet hatte? Dabei fanden sie den Schlüsselbund seiner Frau sowie die Wickeltasche von Lisa, die ihre Mutter nach Aussage mehrerer Zeugen zu allen Ausfahrten mitgenommen hatte. Zudem konnte Uwe Gräfe den Ermittlern nicht sagen, wo er die Bettwäsche gelassen hatte, die er am Tag des Verschwindens seiner Familie gewechselt haben wollte. Beides zusammen war für den zuständigen Richter Grund genug, einen Untersuchungshaftbefehl wegen Mordverdachts auszustellen.

Gleichzeitig intensivierten wir die Suche nach den Kindern und dem verschwundenen Fahrzeug und überprüften Orte mit privatem oder beruflichem Bezug zum mutmaßlichen Täter – vergeblich. Nachdem eine Hubschrauberbesatzung in einem kleinen See in der Nähe von Uwe Gräfes Firma ein versunkenes Auto entdeckt hatte, fuhr ich dorthin. Doch das aus dem Wasser gezogene Wrack war nur ein vor Jahren gestohlener Wagen.

Zwischenzeitlich verdichteten sich die Indizien gegen den Familienvater weiter: Bei einer erneuten Durchsuchung seines Hauses stießen meine Kollegen auf die Quittung eines auswärtigen Taxifahrers für die Fahrtstrecke vom Flughafen zum Hauptbahnhof. Wir überlegten, welche Bedeutung der Beleg haben konnte, standen Uwe Gräfe als selbständigem Taxiunternehmer doch mehrere Fahrzeuge zur Verfügung. Weshalb hatte er also ein Taxi eines Konkurrenten benützt? War er mit dem Wagen seiner Frau zum Flughafen gefahren und hatte ihn auf einem der Parkplätze abgestellt? Wir schalteten die örtlich zuständige Polizei ein, und tatsächlich wurde dort kurze Zeit später von einer Streifenbesatzung der Wagen gefunden. Ein weiterer und starker Beweis dafür, dass Uwe Gräfe in das Verbrechen involviert sein musste: Der Wagen seiner Frau war mit einer Wegfahrsperre versehen, deren Code außer einer dritten Person, die frei von jedem Verdacht war, nur noch er kannte.

Meine Bremer Kollegen suchten daraufhin Uwe Gräfe in der Untersuchungshaft für weitere Vernehmungen auf, in der Hoffnung, dass er sich bei einer Konfrontation mit dem Pkw-Fund doch zu einem Geständnis durchringen würde. Uwe Gräfe blieb weiterhin höflich und zuvorkommend und gab sich gesprächsbereit – bestritt aber noch immer, mit dem Tod seiner Ehefrau zu tun zu haben und etwas über das Schicksal seiner Kinder zu wissen.

Daraufhin entschloss sich mein Kollege von der Vermisstenstelle zu einem ungewöhnlichen Schritt: Er arrangierte ein Vier-Augen-Gespräch mit Uwe Gräfe. Was er vorhatte, fiel unter Vernehmungspsychologie. Er wollte versuchen, an dessen Gefühle zu appellieren, denn egal was passiert war, Uwe Gräfe musste seine Kinder doch geliebt haben. Nicht, indem er ihn als Ermittler befragte, sondern als Anwalt der verschwundenen, aller Wahrscheinlichkeit nach toten Kinder. Er wollte ihn fragen, ob er seine Kinder nicht einmal genug lieben würde, um sie in Würde beerdigen zu lassen.

Das Gespräch dauerte nicht lang, und ich kann mir vorstellen, mit welchen Worten und in welchem Ton Uwe Gräfe konfrontiert wurde: leise, einfühlsam und nicht vorwurfsvoll. Wenige Stunden später gab Uwe Gräfe tatsächlich einen Hinweis, wo sich seine Kinder befanden: in einem Fleet außerhalb von Bremen. Wie und wann sie dort hingekommen waren, verriet er nicht, ebenso wenig legte er ein Geständnis ab. Die Ermittler schickten sofort ein Tauchteam dorthin, und noch am selben Tag erfüllten sich unsere schlimmsten Befürchtungen. Die Taucher bargen im Fleet eine Metallkiste mit den beiden Kinderleichen. Beide noch in Schlafanzügen und mit einem Bademantelgürtel beziehungsweise einem Strick erdrosselt – der ihnen jeweils noch um den Hals lag.

Ein fast perfektes Versteck und für Uwe Gräfe naheliegend. Ganz in der Nähe ist er als Kind zur Schule gegangen. Er kennt sich in der Gegend aus. Das bestätigt wieder einmal den fallanalytischen Theorieansatz: Täter agieren an ihnen vertrauten Orten, weil sie sich dadurch sicher fühlen.

Durch Uwe Gräfes Hinweis und den anschließenden Fund stand auch ohne Geständnis hinreichend fest, dass der angeblich besorgte Familienvater seine Frau und seine zwei Kinder getötet hatte. Doch was das Motiv betraf, standen wir von der Sonderkommission noch immer vor einem Rätsel. Warum hatte Uwe Gräfe seine Familie ausgelöscht? Das Verbrechen ließ sich mit dem uns bekannten Bild von Uwe Gräfes Persönlichkeit nicht vereinbaren: liebevoller Ehemann und glücklicher Vater, erfolgreicher und hart arbeitender Geschäftsmann, Kumpel seiner Angestellten – von allen anerkannt und respektiert. Ein Arbeitskollege erinnerte sich in der Vernehmung: »Als seine Tochter geboren wurde, hat er jedem davon erzählt. So glücklich war er.« Und wie passte zum Geschehenen die Aussage des Gemeindepastors, der am Vorabend vor dem Verschwinden der drei Opfer noch mit den Eltern über die bevorstehende Taufe von Lisa gesprochen hatte?

Dann kam es zu einer weiteren Wende in dem Fall. Sie ließ alles, was wir bisher über Uwe Gräfes Persönlichkeit wussten, in einem vollkommen anderen Licht erscheinen: Eine Prostituierte meldete sich bei uns. Sie hatte auf einem Foto in der Zeitung Uwe Gräfe als ihren Freier wiedererkannt. »Er ist ein ungewöhnlicher Gast gewesen: gepflegt, gebildet und großzügig. Stets elegant mit schwarzem Anzug, schwarzen Edelschuhen, hellem Hemd bekleidet.« Als wir noch eine zweite Prostituierte ermitteln konnten, die mit Uwe Gräfe die gleichen positiven Erfahrungen gemacht hatte, wurde deutlich: Der scheinbar biedere Familienmensch hatte ein nahezu perfektes Doppelleben geführt:

In Erzählungen aus seinem »zweiten Leben« beeindruckt er die beiden Frauen, die nichts voneinander wissen, mit Berichten über sein exklusives und aufregendes Leben – japanische Großeltern, Adoptiveltern, verwitwet, Samurai, kampferprobter Rambo, Fallschirmspringer und Lebensretter in Bosnien, Security-Beauftragter im Disneyland und wohnhaft in Paris.

Uwe Gräfe besucht die Frauen mehrere Male in ihren Apartments, bleibt dort mehrere Stunden und bezahlt sie – Geld scheint für ihn keine Rolle zu spielen – großzügig für ihre Dienste. Einmal gibt er sogar 1 800 Mark als Honorar und ein zusätzliches Trinkgeld von 200 Mark. Außerdem verwöhnt Uwe Gräfe die Frauen mit Geschenken: darunter Kaffee und Schokolade, aber auch Kühlschrank, Videorekorder und wertvoller Schmuck. Eine der Frauen berichtet: »Sex war für ihn nicht so wichtig, auch wenn er bis zu sechs Stunden blieb. Er wollte reden.« Dabei habe Uwe Gräfe auch von einem Bekannten erzählt, dass dessen Frau ein Kind erwarte und, Monate später, dass die Frau vermisst werde.

Jede der beiden Frauen begreift schnell, dass ihr Freier eine enge Beziehung sucht, erkundigt er sich doch jeweils, ob sie ledig sei, und behauptet, sie nur dann weiter besuchen zu wollen: »Eine Familie möchte ich nicht zerstören.« Beide Frauen leben in festen Beziehungen, verhalten sich aber geschäftstüchtig und verschweigen ihre Partner. Uwe Gräfe zeigt Beharrlichkeit, lädt sie als Begleiterinnen für Empfänge, Bälle oder zum Essen ein. Als eine der Frauen tatsächlich auf seine Offerten eingeht, ihn ins Kino begleitet und auch seine Einladungen zum Essen annimmt, scheint Uwe Gräfe am Ziel zu sein. »Er hat mich gefragt, ob ich nicht mit der Prostitution aufhören möchte – schließlich habe er Geld genug.« Uwe Gräfe mietet in der Nähe von Bremen eine Wohnung an. Eine Woche nachdem er seine Familie als vermisst gemeldet hat, bekommt er die Wohnungsschlüssel und präsentiert der Frau das mögliche gemeinsame Zuhause.

Als das Gericht nach dreiundzwanzig Verhandlungstagen das Urteil »lebenslänglich« wegen Totschlag in drei Fällen verkündete, waren für mich viele Fragen immer noch nicht geklärt. Hatte ihm seine Familie im Weg gestanden, um mit einer anderen Frau ein neues Leben beginnen zu können? Hatten bei dieser Vorstellung seine Phantasien immer mehr an Bedeutung gewonnen, wie er seine Familie verschwinden lassen könnte? Schizophren war er nach dem psychiatrischen Gutachten nicht. Warum hatte Uwe Gräfe also getötet? Und wer war dieser in seinem Verhalten so widersprüchliche und geheimnisvolle Mann? Die Antworten auf diese Fragen kann, wenn überhaupt, nur eine Person geben: Uwe Gräfe. Doch der schweigt – seit nahezu zwanzig Jahren.

Ich weiß, dass ich über die Gründe nur spekulieren kann, doch vieles spricht dafür, dass Uwe Gräfe – salopp ausgedrückt – seine Familie schlicht loswerden wollte, weil sie der Umsetzung seiner offenbar höchst hartnäckigen Phantasien und seinem Traum von einem neuen Leben im Wege stand.

Derartige Tötungsdelikte fallen nicht nur durch ihre besondere Psychodynamik aus der Reihe, sie sind – statistisch betrachtet – auch ausgesprochen selten. Hier gibt es keinen lange schwelenden Partnerschaftskonflikt, sondern nur das klare Kalkül des Täters, für den seine Partnerin oder seine Familie nichts anderes als ein Hindernis ist, das es zu eliminieren gilt. Solche Täter agieren eher wie »Auftragskiller« – scheinbar unbeteiligt, kalt planend, ganz auf die Beseitigung der Person ausgerichtet, die einem neuen Lebensentwurf im Wege steht.

Jedenfalls deutet nichts darauf hin, dass Uwe Gräfe aus Enttäuschung, Wut oder Hass getötet hat. Ohne Frage ein Täterprofil, das aus der Rolle fällt.

Ein in seiner Eitelkeit verletzter Narzisst, ein scheinbar betrogener Verlobter, ein vom Leben enttäuschter alter Mann, ein Schuld verlagernder brutaler Trinker, ein verzweifelter Erotomane, eine sexuell ausgebeutete Frau, eine vom Leben benachteiligte, alkoholkranke Prostituierte, ein unscheinbarer Familienvater mit Doppelleben – acht Berichte über acht Täter, deren Lebensgeschichten und Motive jeweils ein ebenso individuelles wie komplexes Bild zeichnen, dem die Kurzcharakterisierungen nicht gerecht werden. Und alle haben sie jemanden getötet, mit dem sie eine intime Beziehung hatten.

Das Alter der Täter variiert von jung bis alt und liegt im Durchschnitt bei fünfunddreißig. Intimizide finden in allen Bevölkerungsgruppen statt – in gutbürgerlichen Partnerschaften ebenso wie im sozial schwachen Milieu. Was diese Täter eint, ist eine Art Sprachlosigkeit – die Partner sind es nicht gewohnt, über Probleme oder Gefühle zu reden. Konflikte stauen sich an, die Täter befinden sich in einer Art Tunnel, aus dem sie alleine nicht mehr herausfinden, bis dann über die Zeit die Entscheidung wächst, diesen unerträglichen Zustand durch die Tötung der Partnerin zu beenden. Denn eines darf nicht übersehen werden: Auch wenn es so aussieht, als wäre der Tatentschluss durch eine scheinbare Nichtigkeit ausgelöst worden – zumindest in der Phantasie des Täters hat die Tötung bereits lange vorher Gestalt angenommen. Die Tötung erfolgt in der Regel alles andere als spontan, die Würfel sind bereits lange vorher gefallen. Nicht selten haben die Täter vorher Zeichen gesetzt, die Tötung in ihrem Umfeld angekündigt. Nur hat es ihnen keiner geglaubt – wer nimmt es schon ernst, wenn ein langjähriger Bekannter ankündigt, seine Ex-Partnerin umbringen zu wollen?

Denn gerade im Bereich der Intimizide fallen die Täter in der Mehrzahl nicht wie etwa Serienmörder durch außergewöhnliches Tatverhalten und spezielle, schwer zu entschlüsselnde Symbole auf. Vielmehr haben wir es hier oft mit unauffälligen Täterpersönlichkeiten zu tun, die eine Lebenskrise auf außergewöhnlich destruktive Weise »lösen« – Männer, die an ihren eigenen Lebensentwürfen und übersteigerten Kontrollansprüchen scheitern. Gerade diese »normale« Seite der Täter macht es letztendlich so schwierig, die Vorboten eines sich anbahnenden Intimizids rechtzeitig zu erkennen und damit die Chance zu haben, ihn zu verhindern.

Vor diesem Hintergrund ist wohl auch die Äußerung eines Psychiaters zu verstehen, den ich während eines Kongresses über Tötungsdelikte im sozialen Nahraum zur Problematik des Intimizids befragte: »Solche Taten können jeden von uns treffen. Und auch ich kann für mich nicht ausschließen, dass ich im Affekt, in höchster Erregung, meine Partnerin töten könnte.«

Für mich bedeuten diese Worte vor allem eins: Tötungen des Intimpartners können nicht als eine Angelegenheit unter Charakterlosen abgetan werden. Und erst recht nicht als das, was vereinfacht gern als »das Böse«

bezeichnet und verurteilt wird. Dafür sind schlicht zu viele Faktoren beteiligt – die menschliche Psyche wie äußere Umstände.

Danksagung

Dafür, dass dieses Buch entstehen konnte, habe ich vielen zu danken, besonders aber meinen Söhnen Julian, Norman und Claudio. Wenn ich von den dreien nicht immer wieder zum Weiterschreiben gedrängt worden wäre, würde es dieses Buch nicht geben.

Ralf Höcker / Klemens Skibicki / Frank Mühlenbeck
Lexikon der Internetfallen
Was Ihnen im Netz blühen kann und was Sie dagegen tun können
Originalausgabe

ISBN 978-3-548-37322-5
www.ullstein-buchverlage.de

Web 2.0 hat die Welt verändert. Das Internet wird zunehmend zum Minenfeld für arglose Nutzer. Ungewollte Geschäftsabschlüsse durch falsche Mausklicks, illegale Downloads mit strafrechtlichen Konsequenzen oder Mobbing via SchülerVZ sind nur ein paar der Fallen, die im Netz lauern. Das Autorenteam um Ralf Höcker verdeutlicht anhand konkreter Beispiele die Gefahren des Internets und zeigt, wie man sich juristisch gegen unrechtmäßige Ansprüche oder Verleumdungen wehren kann.

Michael Tsokos
Dem Tod auf der Spur
Dreizehn spektakuläre Fälle aus der Rechtsmedizin
Originalausgabe

ISBN 978-3-548-37347-8
www.ullstein-buchverlage.de

Ein verkohltes Skelett auf der Rückbank eines ausgebrannten Wagens. Ein halbnackter Mann, der bei eisiger Kälte tot aufgefunden wird. Eine Wasserleiche, gekleidet im Stil der 19. Jahrhunderts, und der bohrende Verdacht: Könnte es sich hierbei um Rosa Luxemburg handeln? Michael Tsokos, Deutschlands bekanntester Rechtsmediziner, erzählt von dreizehn mysteriösen Todesfällen, die er allesamt selbst untersucht hat. Hochinformativ und spannend wie ein Krimi.

»Kein Fachbuch, sondern eine spannende Dokumentation von realen Fällen« *www.morgenpost.de*

»Nach dem Lesen hat man so viel über seine Untersuchungsmethoden gelernt, dass man beim nächsten Krimi vielleicht sogar einen gewissen Vorsprung vor den Ermittlern hat.« *Brigitte.de*